Manifest Destiny on the Seas?
The Birth and Rise of Pax Americana

海洋国家としてのアメリカ

パクス・アメリカーナへの道

田所昌幸
阿川尚之【編】

千倉書房

序論

アメリカにとっての海洋

田所昌幸
Masayuki TADOKORO

「非常にきれいな品のよいところがあるかと思うと、ごろつきみたいなところが同時にある」[1]

ワシントン、ロンドンの両海軍軍縮条約を、文字通り命がけでとりまとめた山梨勝之進海軍大将がアメリカについて戦後語った言葉である。今日、アメリカはおそらく最も身近な外国であり、留学や仕事でアメリカに在住、滞在した日本人も多いのでわかったような気になりがちだが、それはあまりに巨大かつ多様なので実のところを理解するのはすこぶる難しい。民主主義と自由という高邁《こうまい》な理想を語るアメリカも、原住民やメキシコの領土を容赦なく奪う冷酷なまでに攻撃的なアメリカも、ともにアメリカの一面なのである。

山梨が格闘したそのアメリカと日本は太平洋によって結びついている隣国の間柄である。日本を最初に訪れたアメリカ人は、一七九一年に紀伊半島に到達したジョン・ケンドリック率いる一行であるとされている。ケンドリックは一七八七年に北太平洋探検のためにボストンを出発、ホーン岬をまわってアメリカ大陸の太平洋岸を北上した。一七九〇年には太平洋を横断してマカオに達し、そこから和歌山県串本町《くしもとちょう》に停泊したことが知られている。またフランス革命後、フランスに事実上支配されたオランダが、敵国となったイギリス海軍の妨害をさけて長崎での貿易を続けるため、中立国だったアメリカ船を利用したので、アメリカ船は繰り返し長崎を訪れていた[2]。このような冒険商人たち以上に太平洋で活発に活動していたアメリカ人は捕鯨船の乗組員たちである。反捕鯨運動が盛んな今となっては皮肉な話だが、ペンシルベニアで石油が発見されるまで燃料としての鯨油の需要は強く、イギリス船とともにクジラを乱獲していたことは、おそらく当のアメリカ人も記憶していまい。メルヴィルによる有名な小説『白鯨』が出版されたのはペリー来航の数年前の一八五一年だが、そこにはこんな記述がある。

「多年にわたって、捕鯨船は世界の最果てや未知の領域を探索する開拓者だった。クックやヴァンクーヴァーも航海したことのない、海図にものっていない海や群島を探索したのは捕鯨船だった」。そして日本についても、「もし、あの二重にかんぬきをかけた国、日本が外国に門戸を開くことがあるとすれば、その功績は捕鯨船にのみ帰されるべきであろう。事実開国は目前に迫っている」[3]。アメリカの捕鯨船は日本近海にしばしば現れていたし、ジョン万次郎こと中濱万次郎のケースが有名だが、救助した日本の漂流民を届けに来航したことも記録されている。ペリー来航については改めて多くを語る必要もないだろう。日米双方が航空母艦機動部隊を繰り出す壮絶な戦闘を繰り広げたのも、太平洋が舞台だった。そのためわれわれ日本人には、アメリカと海洋の関連は自明のことのように思える。

実際、第二次世界大戦後アメリカは、その比類なき海軍力によって世界の海を事実上支配してきた。アメリカが世界中で推進してきたのは、建国以来の理念である民主主義を伝道するとともに(新たな領土を獲得することではなく)、自由な市場経済を展開することであった。第一次世界大戦後のアメリカの原則を高らかに謳《うた》ったウィルソンの一四カ条には、その第二条で海洋自由の原則が標榜《ひょうぼう》されている。言い換えればグロー

連邦政府支出のGDP比

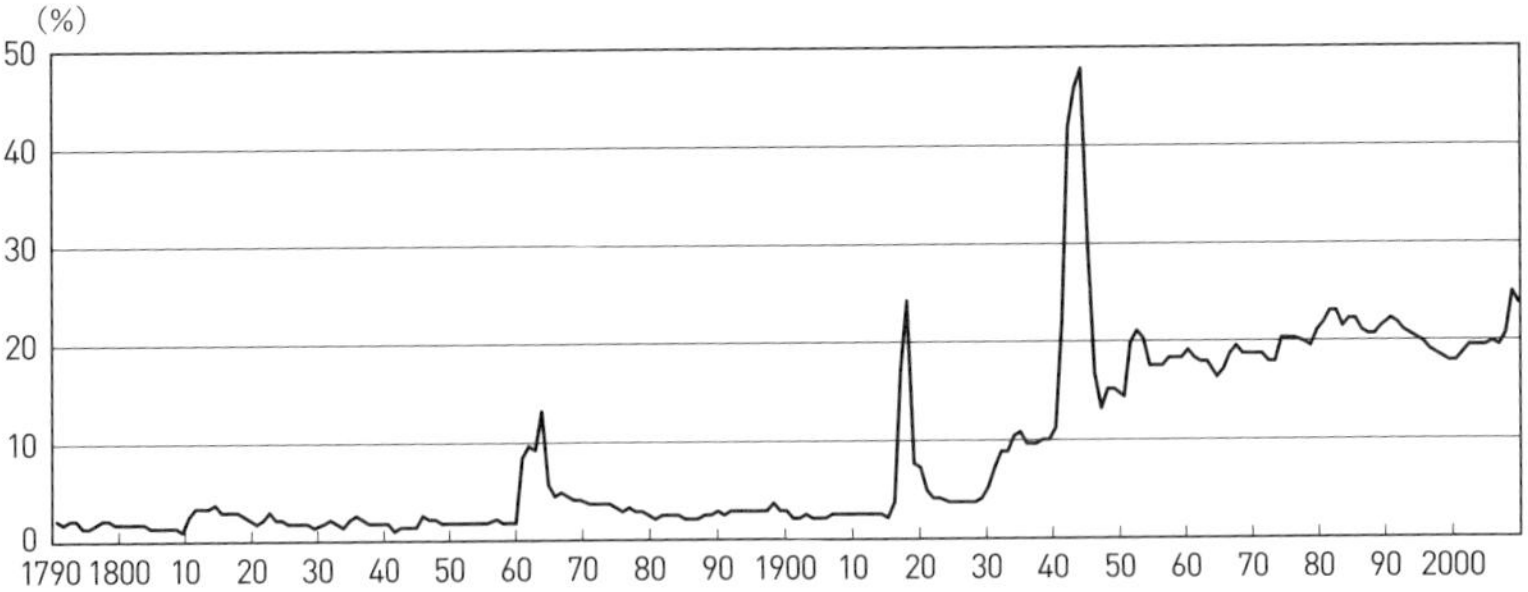

出典：GDPは、http://www.measuringworth.com/index.php、連邦支出は、Susan B. Carter (editors in chief, Susan) [et al.] *Historical statistics of the United States : earliest times to the present*, New York : Cambridge University Press, 2006, vol.5, Ea636-643によった。

バルな自由主義的な秩序を構築し、それによって自国の繁栄を確保しようとしてきたと言ってよいであろう。海洋はそのようなグローバルな交易や通信のネットワークのルートであり、一九世紀にはイギリスの海洋帝国が維持していた開放的な海洋秩序を維持することは、二〇世紀アメリカの対外政策の常に重要な要素であった。以上を出発点に、この書物でわれわれは、海洋との関わりを通してアメリカの姿を語ってみようと思う。

　しかしアメリカをイギリスと同様の意味で海洋国家と呼べるかどうかは疑わしい。一八世紀に建国されたアメリカ合衆国はアメリカ大陸の大西洋沿岸を領土とする国家であった。しかもイギリスから独立したのはあくまでも自治に依る一三の州であり、それが一つの「国家」を形成するには、合衆国憲法の制定を待たねばならない。様々な論議の末にできあがった建国期の連邦政府は、今日の感覚からすると驚くほど小さな存在だった。新たな国家を設計するにあたって、海軍がどのように位置づけられるかについても、まったく白紙から考えねばならなかった。新興国家にとって海軍はそれなりに高価な投資だったこともあり、そもそも海軍を保有すべきかどうかについても、建国期の指導者たちの考えが一致していたわけではなかったのである。ゆえにまず建国期のア

陸海軍予算の連邦支出に占める比率

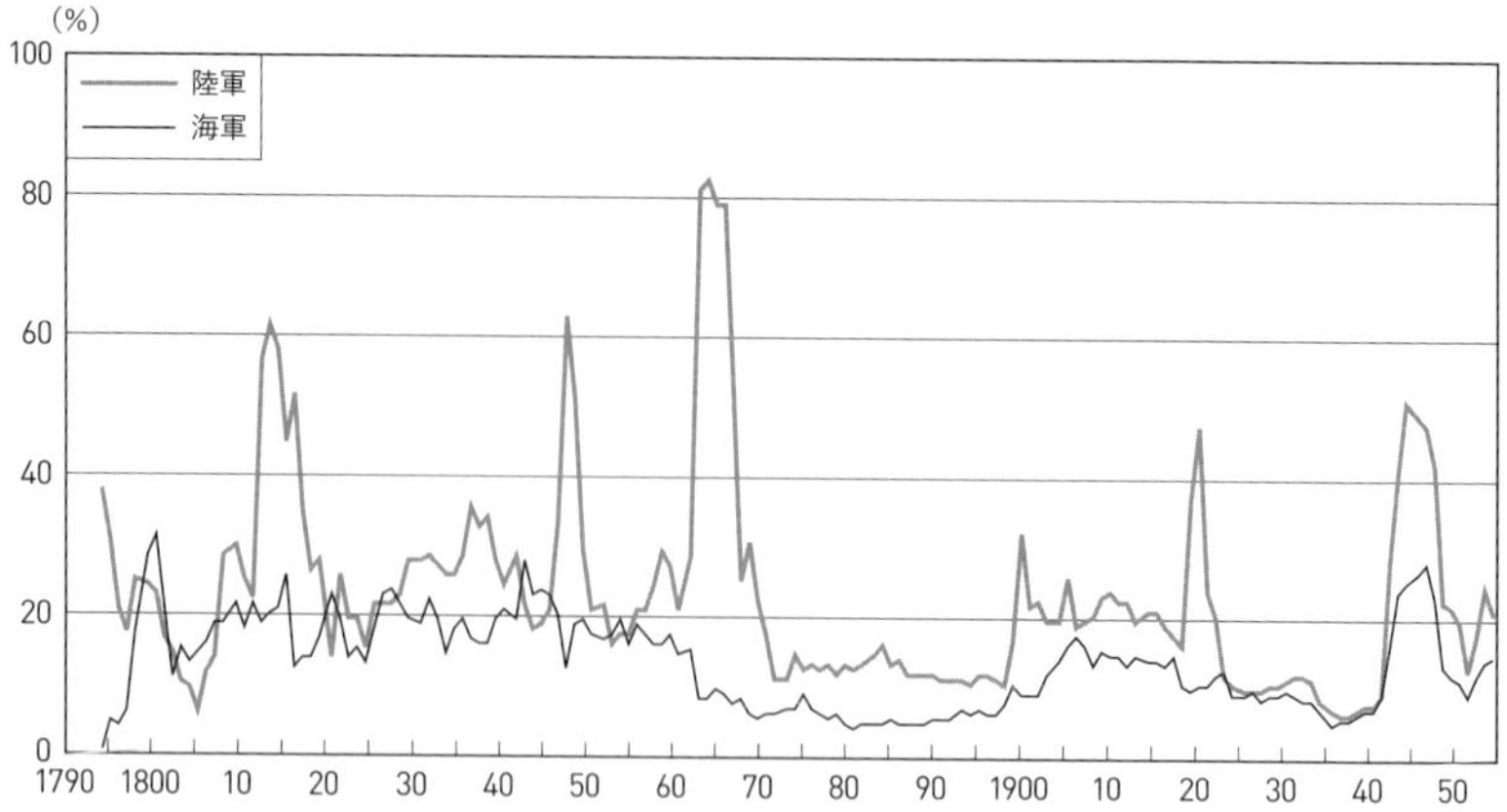

出典：Susan B. Carter (editors in chief, Susan) [et al.] *Historical statistics of the United States : earliest times to the present*, New York : Cambridge University Press, 2006, vol.5、Ea636-643から筆者作成

メリカ海軍がどのように生まれたのかを語ることから本書は始まる（第一章、阿川論文）。

しかし新生アメリカ合衆国にとって差し迫った課題は大陸内の諸勢力との角逐《かくちく》だった。アメリカの地政学的条件としてより重要だったのは、北に英国領（つまりカナダ）、南にスペイン領（メキシコ等）、そして西には今日のモンタナからルイジアナに至るミシシッピー川流域の広大なフランス領（一八〇三年に購入するまで）が地続きに存在したことであろう。そしてその西部には、インディアンと呼ばれたネイティブアメリカン諸部族が居住していた。事実一九世紀のアメリカは、米英戦争で今日のカナダと、米墨戦争でスペインから独立したメキシコと、そして何よりも西部におけるインディアン諸部族との闘争を通じて急拡大している。米墨戦争の結果として太平洋岸のカリフォルニアをメキシコから獲得するのは一八四八年、独立した王国だったハワイに至ってはアメリカに併合されるのは一八九八年のことにすぎない。ペリー艦隊も東海岸のノーフォークから出帆して大西洋を横断し、喜望峰を回って日本に到達している。

アメリカ領土の拡大（1789-1853）

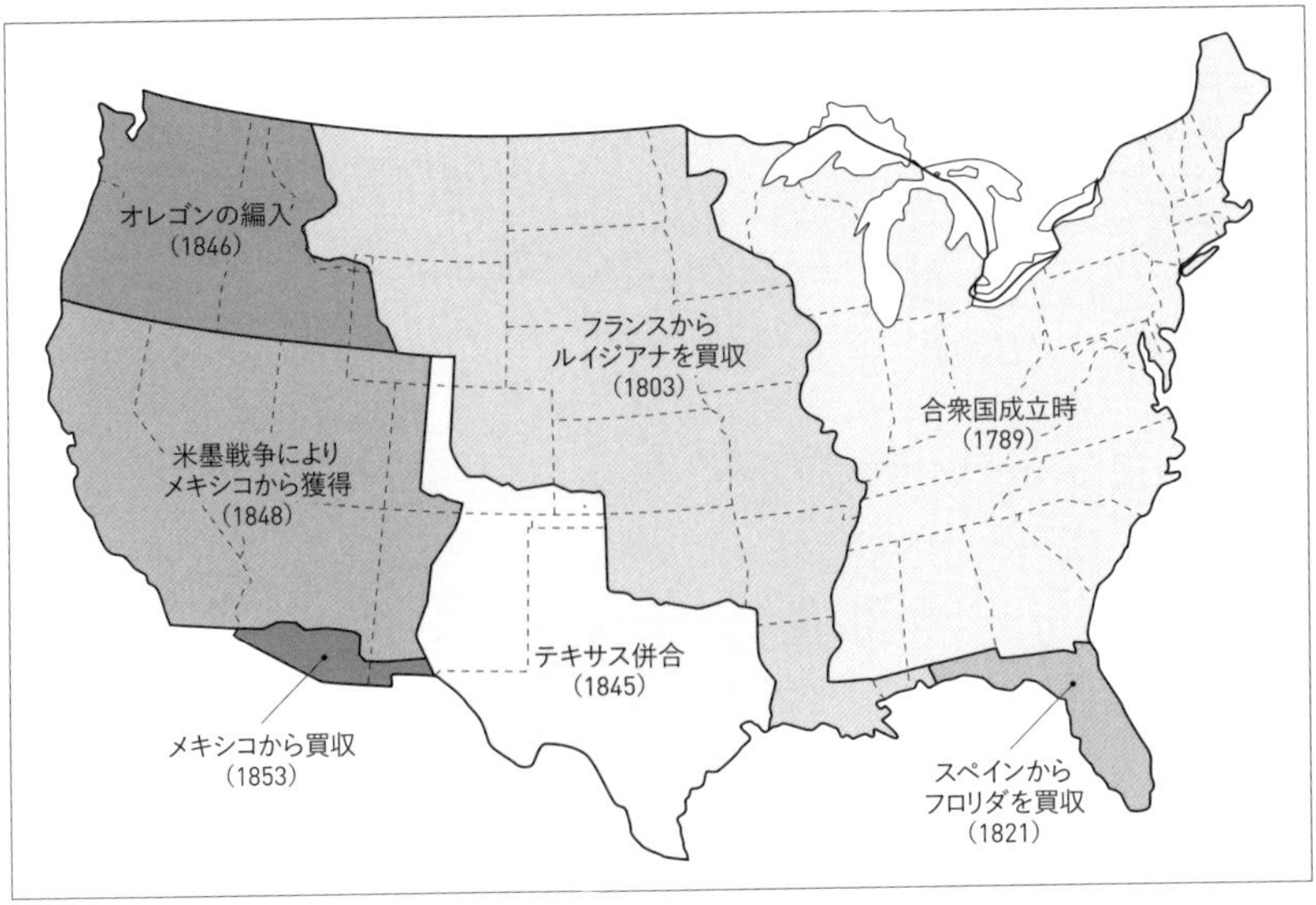

今日世界を圧倒するアメリカ海軍の姿を知っているわれわれにとっては想像すら難しいが、議論の末できあがった一九世紀のアメリカ海軍は、およそ世界一流などと言えるような代物ではなく、独立戦争や米英戦争の際にもイギリス海軍による海上封鎖を突破できなかった。当時のアメリカ海軍の姿を、とりわけ士官の養成や教育に注目しながら検討したのが第二章（田所論文）である。アナポリスの海軍兵学校は今日では重要な全米的制度である。だが、議会の反対によってその設立は一八四〇年代までまたねばならなかった。初期の士官教育に投影された当時のアメリカの軍人像とともに、海軍が南北戦争によって引き裂かれた様子を、日本遠征にサスケハナの艦長として参加し、南北戦争では南軍の海軍で活躍することになる、初代海軍兵学校の校長フランクリン・ブキャナンの人生を通して見ていきたい。

一九世紀のアメリカ海軍の活躍は華々しいとは言えなかったが、その半ばには太平洋岸まで急速に領土を拡大し、その結果アメリカは太平洋と大西洋の両方に臨む島嶼《とうしょ》国家としての性格を持つようになった。だがそれは島嶼という言葉で語るにはあまりにも巨大で大陸国家としての性質も併せ持った。大陸国家と海洋国家の二面性を持つアメリカだが、南北戦争後の時代には大陸国家としての性格が前面に出た時代と見ることができよう。アメリカ産業はめざましい発展を遂げたが、それは主として国内市場の急速な拡大によるものだった。そのためにアメリカの海洋への関心は低下し、海軍も停滞を極めた。この時期「アメリカ戦艦で外洋航行が可能なものは、木造の老朽艦のみだった。アメリカ国民は海軍を不要と見なし、議会予算にもその感情は反映された。アメリカに守るべき植民地はなく、アメリカ経済にとり国内市場の方が海外市場よりはるかに重要だった」[4]。

沈滞した一九世紀後半のアメリカ海軍だったが、そこでは次の時代を準備する動きが起こっていた。『海上権力史論』を書いてシーパワーの重要性を説いた有名なアルフレッド・セイヤー・マハンは、世界中の海軍関係者に広く読まれ、後のアメリカの海軍政策にも理論的な根拠を提供するものだったが、そのマハンは突然変異ではなく実は海軍内部の改革運動の延長線上にある人物だった。海軍大学を創設するなどして組織の知的能力を高め、マハンをはじめとする海軍軍人を養成して、後の海軍の大拡張を準備した人物がスティーヴン・ルースである。ルースの一連の業績を挙げながら、一九世紀末の海軍の改革運動を論ずるのが第三章(北川論文)である。

二〇世紀にはアメリカの海洋国家としての性格が発揮され、二つの世界大戦を経てアメリカは世界の海を支配するようになった。海洋はアメリカにとって厄介な旧世界から自分たちの「丘の上の町」を保護する障壁ではなく、外部世界に通ずるハイウェーになったのである。このようなアメリカと海との関わりの大転換が起こったのは、フィリピンやハワイを獲得し、海軍の大拡張が行われる一九世紀末から二〇世紀初頭である。第四章（簑原論文）ではセオドア・ローズヴェルトに焦点を当てながらこの一大転換期を論ずる。彼が個人的にも海洋進出に並々ならぬ関心を持っていたことは、多数の海軍関連の著作を出版し、ルースやマハンと親交のあったことからも明らかである。その時代にアメリカは海軍国として世界に躍り出ることになる。そして日露戦争の勝利によって「一等国」となり、太平洋の重要な戦略的プレーヤーとなった日本との関係を重視したのもこのローズヴェルトだった。

もっとも当時、世界最大の海軍国はイギリスである。第五章（細谷論文）では英米関係の観点からこの時代を検討する。ロイヤルネイヴィーは言うまでもなく大英帝国の存続のためになくてはならない装置であり、その実力が世界最高であることは自他共に認めるところだった。だが一九世紀末を迎える頃、圧倒的な規模を誇ったこの帝国は、壮麗な外見とは裏腹に世界の到る所で様々な問題に直面していた。今日では想像しにくいが一九世紀を通じてアメリカは反英的であり、しかも南北戦争後は急速にその力を拡大していた。イギリスは新興国への譲歩を重ねてまで対米関係の強化に動いている。二〇世紀に「英米特殊関係」と呼ばれる親密な二国関係を演出し、二つの世界大戦を通じてパクス・ブリタニカからパクス・アメリカーナへの円滑な移行を可能にした一つの条件は、この時代のイギリスの対米「宥和外交」にあったのである。

海洋の重要性は領土防衛とならんで、物資を大量に遠距離運搬できる交易ルートとしての必要性によるものでもあった。大型の帆船は鉄道ができるまでは運搬手段として比類ない優位性を持っていたし、一九世紀になると木造帆船から鋼鉄の蒸気船へと技術が発達したことで、世界のガバナンスのありようを大きく変貌させた。そんな中、兵力投射のチャネルや交易路という面に比べて見落とされがちなのは通信ルートとしての海洋である。一九世紀半ば以来、海底ケーブルがイギリス主導で世界中に敷設されはじめイギリスの帝国統治になくてはならない装置になった。太平洋では英米の角逐によって海底ケーブルの敷設は遅れ、その完成は二〇世紀初頭を待たねばならなかったのである。通信衛星の登場によって一度は衰退の兆しを見せたものの、グラスファイバーの開発によるトラフィックの増大によって現在再びインターネットを支えるインフラとして重要性を増す海底光ケーブルだが、アメリカ政府による法的支配は必ずしも強いわけではない。第六章（土屋論文）では海洋の通信ネットワークのルートとしての側面を検討している。

二〇世紀の二つの戦争の結果アメリカの海洋での覇権は確立し、アメリカ海軍に正面から立ち向かう勢力は存在しなくなった。それによって開放的な海洋秩序によって世界経済のネットワークを維持するとともに、海洋を通して世界中に影響力を行使するパクス・アメリカーナが登場した。パクス・アメリカーナにおけるアメリカ海軍を象徴するのが航空母艦である。海軍力の中心は、もはや敵艦隊との交戦を目的にする巨大な大砲を持つ戦艦ではなく、航空母艦を中心とする機動部隊になった。この空母機動部隊を生成と発展を論じたのが第八章（八木論文）である。空母艦機動部隊は、多数の艦船と航空機およびその間のコミュニケーションシステムなどからなる巨大な複合システムである。すでに公海上でアメリカ海軍に挑戦する勢力が考えられない以上、アメリカ海軍は敵国の海軍力と対峙するというよりも、艦載機によって世界の陸地の沿海部に兵力を投射するのが主な任務になった。朝鮮戦争でもベトナム戦争でも、大規模な海戦は起こっていない。だが航空母艦は航空基地のない地域の沿岸に機動的に移動して艦載機によって陸上を攻撃する能力を発揮してきた。

とはいえ現実は、上述したような大まかな図式で割り切れるほど単純ではない。様々な現実的な要請をやりくりすることも避けられない。通商路の開放性を維持するのがパクス・アメリカーナの重要な柱だが、通商そのものは民間業者の営みであるし、船舶も民間の造船業界が建造している。ところが一九世紀前半に新鋭のクリッパー船を建造してイギリスの海運業を脅かし、捕鯨船や冒険商人たちが海洋に繰り出したアメリ

アメリカの港湾を利用する船舶の総トン数

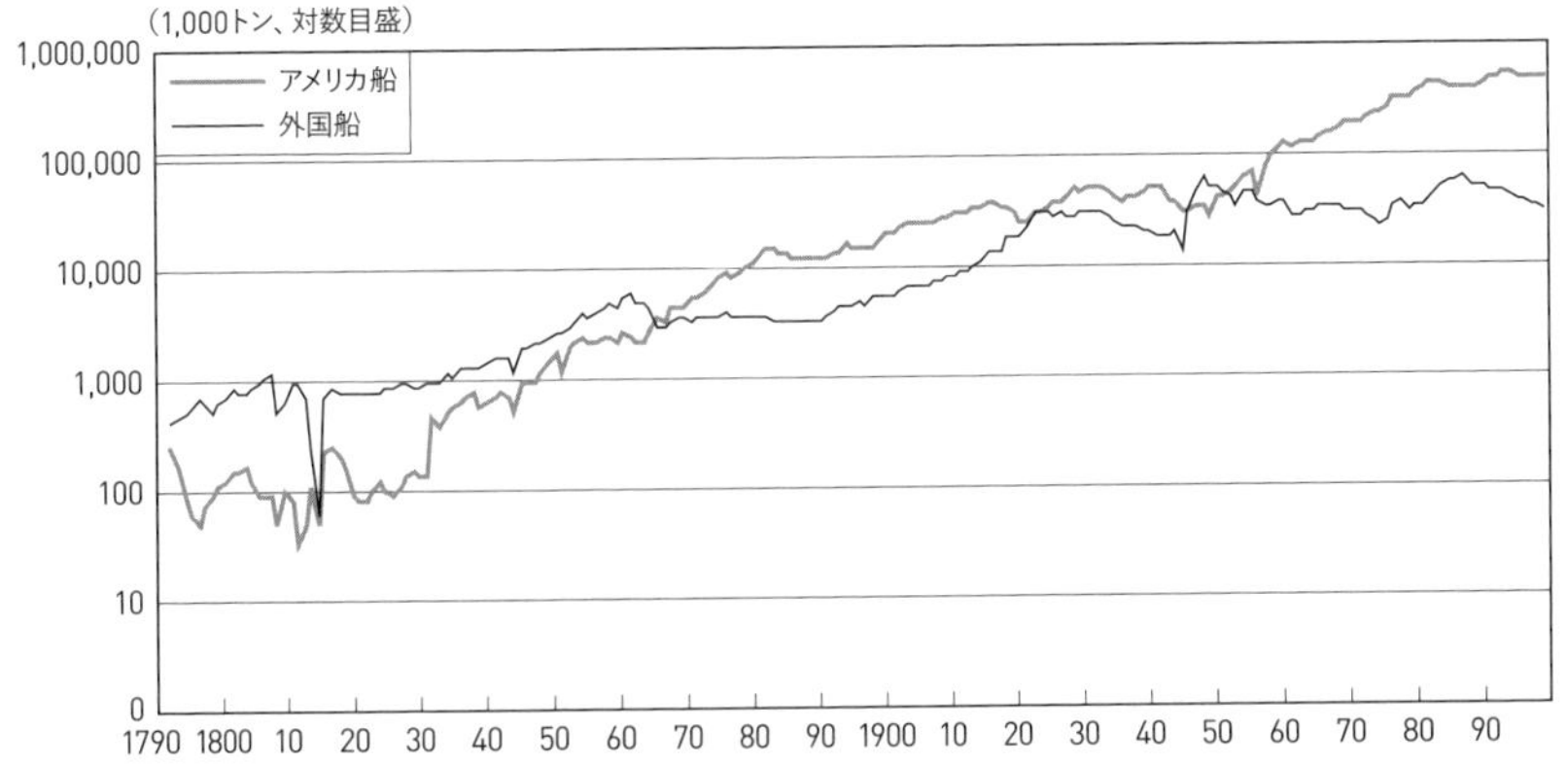

出典：Historical statistics of the United States, V. 4, table Df594-605より作成。

カの造船業や海運業は、南北戦争後の一九世紀後半になると急速に国際競争力を失い始めた。そして二〇世紀後半ともなるとアメリカ国際海運業はほぼ壊滅状態に陥り、アメリカの造船業は国防関連の受注こそこなすものの、中国や韓国の支配する世界市場ではほとんど問題にならない存在になっている。自由貿易主義の原則から考えれば、造船業も海運業だから国際競争に晒《さら》すべきだということになるが、実は歴代アメリカ政府は自由貿易主義というパクス・アメリカーナの原則に反し、内航海運において自国船主義を採用することで国内の造船業・海運業を保護してきた。これは建前としての自由主義とは違うパクス・アメリカーナの等身大の姿を物語っている。このようなアメリカの海運政策を分析したのが第七章(待鳥論文)である。

また空母機動部隊による兵力投射に依存するアメリカの世界戦略も、実際に地域戦略に適用しようとすると、その限界も浮かび上がってくる。最終章(第九章、三上論文)では現在に至るアメリカのペルシャ湾地域への関与のあり方を追跡している。本国からはるか遠方で大規模な軍事作戦を展開するには、海洋からの物資の大量輸送が欠かせない。空母艦載機によって海洋から内陸部に軍事力を行使することにはどうしても無理があり、継続的な関与には陸上兵力との組み合わせが不可欠になるが、陸上兵力を海外に常駐させるのは国内的にも対外的にも大きな政治的覚悟が必要である。海洋からの兵力投射に大きく依存するアメリカは、その関与の実際を見ると大きな限界に直面しているとも考えられるのである。

「もし一六〇〇年ごろに異星人がやってきて、当時、ルネサンス・ヨーロッパの海洋・軍事技術になじんでいた日本人を見たとすれば、いずれは日本人が自分の海の支配者となると結論づけたかもしれない」[5]。また「中国人は世界一の人口を誇り火薬も発明し、産業革命以前では比類のない溶鉱法を開発し、どの民族よりも卓越した造船・操船技術を有していた・伝説的な司令官、鄭和《ていわ》の率いる明の大船はサッカー場ほどの長さがあって、インド洋を通りアフリカまで達した。明の船がポルトガルよりも数十年前に喜望峰を廻っても不思議はなかった」[6]。だが日本も中国も海洋への発展を自身の判断で禁じ、一方で一七世紀には存在もしなかったアメリカが世界の海を支配するようになったのは、自然の条件による必然ではなく、あくまで歴史の産物である。そのアメリカから、政治的・経済的、また知的にも絶大な影響を受けてきたわれわれ日本人は、すでにアメリカをよく知っているという気持ちになりがちだが、実はそれは多様で複雑な存在なのである。海洋を共通項にアメリカのたどってきた道を再検討することで、われわれ執筆者も様々な発見をすることができた。編者としては、本書が多くの読者を得ることで、そういった知的発見が共有されることを願っている。

註

1——山梨勝之進『歴史と名将』毎日新聞社、一九八一年、二七九頁。

2——Donald Johnson, *The United States in the Pacific: Private Interests and Public Policies 1784-1890*, 1995 Praeger, p.23. 佐山和夫『わが名はケンドリック 来日米人第一号の謎』彩流社、二〇〇九年、一九〜三四頁。

3——メルヴィル(八木敏雄訳)『白鯨』岩波文庫、二〇〇四年、上巻二八七、二八九頁。

4——ジョン・C・ペリー(北太平洋国際関係史研究会訳)『西へ——アメリカ人の太平洋開拓史』PHP研究所、一九九八年。

5——ウォルター・マクドゥーガル(加藤祐三、木村剛久訳)『太平洋世界』共同通信社、一九九六年、上巻五九頁。

6——同上七一頁。

海洋国家としてのアメリカ――パクス・アメリカーナへの道

目次

第Ⅱ部

第6章 海底ケーブルと通信覇権
――電信の大英帝国からインターネットのアメリカへ

第III部

第Ⅰ部

第1章 海洋国家アメリカの夢

——合衆国憲法の制定と海軍の誕生

阿川尚之
Naoyuki AGAWA

1 はじめに

合衆国海軍は世界最強の海軍である。かつて世界の海を支配したイギリス海軍、近代史上唯一互角に戦った日本海軍、二度の世界大戦中潜水艦で対抗したドイツ海軍は、アメリカ海軍と緊密に連携する同盟国海軍となった。冷戦期に建艦競争を繰り広げたソ連海軍も結局及ばず、近年拡大のめざましい中国海軍もまだ太刀打ちできない。

アメリカ合衆国の枠組みのなかで海軍が占める地位は、建国以来不変である。憲法制定の過程で、なぜ海軍が必要か、どんな役割を果たすべきか、活発な議論がおこなわれた。とりわけアレクサンダー・ハミルトンは議論を終始リードし、海洋国家アメリカと海軍の構想を示した。

本章ではアメリカ合衆国という「物語」の始まりにあたって、ハミルトンらが海洋国家と海軍をどのように語り憲法のなかに組み入れたか、また憲法が定めたこの国の形と仕組みがどのようにパクス・アメリカーナの実現に寄与したかを明らかにしたい。

2　アメリカ海軍の産みの親

アメリカ海軍が世界有数の規模と能力を誇るようになって、まだせいぜい一〇〇年ほどしか経っていない。今日の海軍の基礎を築いたのは第四章（簑原論文）で詳しく論じられるとおり、米西戦争時代に海軍次官、のちに大統領をつとめる、セオドア・ローズヴェルトである。第一次大戦後、国民のあいだで海軍への関心が低下するのを憂いたアメリカ海軍協会（Navy League）は、一九二二年、ローズヴェルトの誕生日である一〇月二七日を「海軍の日」（Navy Day）に定めた[1]。

ただしアメリカ海軍自体の歴史はさらに古く、長い伝統がある。一九七二年、ズムワルト海軍作戦部長（当時）は、「海軍誕生日」を公式に一〇月一三日と定めた。この日は独立戦争が始まって間もない一七七五年、一三の植民地代表からなる大陸議会が大陸海軍（Continental Navy）創設を承認した日である[2]。

❖ワシントンとアダムズ――最初の海軍の創設者

アメリカ海軍創設には多くの人がかかわったが、海軍の父として、まずはジョージ・ワシントンを挙げねばなるまい。名前が示すとおり、大陸海軍は独立をめざして編成されイギリス軍と戦った大陸陸軍（Continental Army）の一部として編成されたものであり、その総司令官ワシントンは大陸海軍の司令長官を兼ねた。

ワシントンは陸軍軍人で、海軍について特別の知識や経験はない。大陸海軍をあくまで陸軍の補助戦力程度に考えていた。しかし共に対英戦を戦ったフランスのラファイエット将軍あての一七八一年一一月一五日付書簡に、「圧倒的な海軍力なしには、われわれは何も達成できない。海軍があれば、すべての名誉と栄光を得ることができる」と記した[3]。同年九月、ド・グラス提督率いる二八隻のフランス艦隊がイギリス艦隊を追い払い、チェサピーク湾を封鎖してイギリス陸軍の退路を断つ。優勢な大陸陸軍に囲まれたコーンウォリス将軍麾下《きか》の英軍は進退窮《きわ》まって一〇月一九日ヨークタウンで降伏し、独立戦争の帰趨《きすう》が決まる。書簡はそのことを述べている。

ワシントンは、その後も海軍に理解を示し続ける。憲法制定後の一七九四年、大統領として合衆国海軍創設を承認した。さらに大統領の任期を終える前年の一七九六年一二月、最後の議会向け一般教書で、恒久的な海軍の整備を求めた[4]。

ワシントンが象徴的な意味での海軍の父であるとすれば、実際の産みの親はジョン・アダムズであろう。アダムズはボストンに近いブレインツリーの生まれである。土地が痩せ資源に乏しいニューイングランドの人々は、海へ出て貿易や漁業によって生計を立てねばならない。海洋の安全は死活問題であった。

一七七五年一〇月一三日、二隻の軍艦購入を承認した大陸議会は、同月三〇日に七人からなる海軍委員会(Naval Committee)を設立し、大陸海軍の基本設計を任せる。マサチューセッツ代表のアダムズはその一人に選ばれ、他の委員と一緒にフィラデルフィアの波止場に近い酒場シティタバーンの二階に部屋を借り、大陸海軍の詳細について検討した。

しかしこうして誕生した新しい海軍は問題だらけだった。士官は一部を除くと、規律、団結心、敢闘精神に欠け、昇進と給料ばかり気にし、酒とけんかと決闘に明け暮れた。海軍委員会は商船の軍艦転用に加え一三隻のフリゲート艦建造を許可したが、実際の建艦は大幅に遅れ、完成しても大砲や良質の帆布が不足していた。ようやく完成した一三隻のうち七隻がイギリス海軍に捕獲され、残りの四隻も捕獲を避けるために破壊された。大陸議会の許可を受けイギリス商船を襲った私掠船《しりやくせん》と比べ、目立った戦功を挙げていない[5]。

独立戦争の勝利が確定すると、大陸議会は大陸海軍の解体に踏み切る。戦争の結果、巨額の負債を負った新しい共和国に海軍を保有し続ける余裕はなく、残った艦艇は一七八五年までにすべて売却された。大陸海軍が戦争の勝利にほとんど貢献せず費用ばかりかかったので、国民は海軍の有用性そのものを疑った。このような状況下でアダムズは海軍の再興はむずかしいと考え、一旦はあきらめる。しかし憲法制定による連邦政府発足後、大西洋から地中海方面の情勢が緊迫し海軍の必要性が再び主張されはじめるや、一七九四年副大統領として連邦議会を説得し、フリゲート艦六隻の建造を承認させる。合衆国海軍はこうして誕生した。一七九七年第二代大統領に就任したアダムズは翌年四月議会に海軍省設立を認めさせ、同年からフランス革命政権を相手に戦われたいわゆる疑似戦争中、海軍拡張に尽力する。

❖ジョン・ポール・ジョーンズ——最初の英雄

アメリカ海軍軍人から現在も崇敬を受けるのは、ジョン・ポール・ジョーンズというスコットランド出身の大陸海軍士官である。正規の海戦ではとてもイギリス海軍に歯が立たなかった大陸海軍だが、私掠報復特許状を与えられた多くの商船と共にイギリスの通商破壊活動に携わり成果を上げげた。その中でも特に同盟国フランスに派遣されたジョーンズは、同国の港を基地としてイギリス本土と商船を何度も襲い、恐れられた。

一七七九年九月、フランスから譲り受けた軍艦ボノム・リシャールに乗り組み米仏混成部隊を率いて航行中、イングランド東岸沖でイギリスの船団とそれを護衛する軍艦二隻に遭遇する。すぐに近接戦が始まった。さんざんに砲弾を打ちこまれたボノム・リシャールを見て、英艦セラピスの艦長が降伏を勧告したとき、ジョーンズは「我いまだ戦を始めおらず」という有名な言葉を残す。四時間に及ぶ激しい戦いの末、劣勢を跳ね返して敵を降伏させたジョーンズは、沈没した自艦から捕獲したセラピスに乗り換え、フランスへ戻った。

独立戦争後ジョーンズはロシア海軍に雇われるが、やがて失脚し、失意のうちに一七九二年パリで亡くなる。フランス革命後の混乱期にわからなくなっていた埋葬場所を一九〇五年、駐仏アメリカ大使が突き止めた。遺骸は海を渡りアナポリスの海軍兵学校に改葬され、彼の墓は海軍の聖地となった。ちょうどセオドア・ローズヴェルト大統領の任期中であり、ジョーンズの英雄化はアメリカ海軍が大きく発展しはじめていたことと無関係ではないだろう[6]。

❖アレクサンダー・ハミルトン――海洋国家アメリカの夢

大陸海軍がいったん消滅したあと、憲法制定にあたってアメリカという国の形を論じながら、若い共和国が海洋国家として進むべきこと、力のある海軍を必要とすることを、もっとも雄弁に語ったのがアレクサンダー・ハミルトンである。

今日ハミルトンは、ワシントン、フランクリンなどと並び、建国の父祖の一人に数えられる。しかし彼には他の者と大きく異なる特徴が一つあった。一三植民地以外の生まれだということである。一七五五年(一七五七年という説もある)英領西インド諸島のニーヴィス島で生を受け、ヨーロッパ列強の勢力が交差する海の環境に育ったハミルトンは、他のリーダーにない独特の視点を有するようになる。

ハミルトンは嫡出子でなかった。夫のもとを逃げ出した母親がスコットランド貴族出身の流れ者と所帯をかまえ、もうけた息子である(母親がさらに別の男と不倫してできた子供だという有力な説もある)。この父は彼が

❖アレクサンダー・ハミルトン(1755-1804)

一〇歳のころ当時一家が居を構えていたセント・クロイ島を出奔し二度と帰らず、母も一七六八年に熱病で亡くなる。ハミルトンとその兄は完全な孤児となった。どこにも属さないという気持ちは、彼の人生観に大きな影響を与えた。

明晰な頭脳をもっていたハミルトンは母の死後、ニューヨーク出身の商人がセント・クロイで経営する商社に事務員として雇われ、そこで運が開けた。この仕事を通じて大英帝国の巨大な通商システムを学び、海洋の重要性を認識する。熱心に古典を読んで身につけた教養と生来の才能を認めた周囲の人々が援助の手を差し伸べ、ハミルトンは一七七二年、北アメリカへ渡ってニューヨークのキングズ・カレッジ、のちのコロンビア大学へ入学した。

独立戦争が始まるや志願してニューヨーク州軍に入隊する。才能を認められ大陸陸軍総司令官ワシントン将軍の副官へ任命されて共に戦った。独立戦争の前線にあって、なかなか決断を下さない大陸議会の優柔不断さに強い憤りを感じた経験を通じ、一三州がそれぞれ独立したままのアメリカ合衆国には滅亡の道しかない、中央政府をつくらねばならないと確信する。西インド諸島出身のハミルトンに燃えるような野心はあったものの、連合を構成するいずれの州にも特別な愛着がなく、そのため常に合衆国全体の利益を考える傾向があった。

独立戦争末期には戦場へ出た。一七八一年、ヨークタウンの戦いで勇敢に戦い戦功を挙げる。ワシントン同様、ハミルトンはフランス海軍がイギリス海軍を打ち破るのを間近に見て、海軍の力と有効性を認識しただろう。

戦争後ハミルトンはニューヨークで法曹として成功し、名を上げた。フィラデルフィアで開かれた憲法制定会議のニューヨーク州代表として、憲法草案の起草と確定に大きな役割を果たす。さらに後述の『ザ・フェデラリスト・ペーパーズ』を通じて、同憲法の批准を訴えた。憲法発効後新しく発足した連邦政府では初代財務長官として大きな役割を果たし、合衆国海軍の創設と発展に助力を惜しまなかった。

アメリカ草創期に活躍した外国生まれの人物は他にもいるが、地縁も血縁もない若者がアメリカに渡って短期間のうちにこれほど枢要な地位につき、国の将来に大きな影響を与えた例は、ハミルトン以外にない。一八〇四年に政敵アーロン・バーとの決闘で命を落としたとき、彼はまだ五〇歳に達していなかった[7]。

3 憲法制定会議と連邦海軍設立の権限

❖独立後のアメリカ海洋安全保障

一七八三年のパリ条約締結によりイギリスとの和平が成立すると、独立した一三州は早速いくつもの問題に直面する。その一つが、この国をどうやって外敵から守り、アメリカの海洋権益をいかに確保するかであった。

切望した独立達成は、同時に旧宗主国がもっとも強大な潜在敵国になることを意味した。国王に対する旧植民地の謀反をイギリスは許しておらず、将来の勃興を警戒してもいた。合衆国との和平達成直後、イギリスは枢密院勅令によってアメリカの商船を英領西インド諸島の港から締め出す。西インド諸島との交易停止はアメリカの通商と海運に深刻な影響を及ぼした。加えてイギリスから船舶建造の注文が入らない。大西洋岸の造船業者たちは深刻な不況に襲われた。

独立はイギリス海軍がアメリカの商船隊を守らないことも意味した。大英帝国諸港との交易を禁じられたアメリカ商船は、大西洋から地中海、中東方面へ、ホーン岬をまわって北米西岸へ、あるいは喜望峰をめぐって遠くは中国に達し、新しい貿易ルートを開拓する。しかしもはや、これらの海でイギリス海軍の庇護《ひご》は期待できず、遠い海への航海は大きな危険をともなった。そのなかでも北アフリカ沿海地域に本拠を置く、いわゆるバーバリー海賊は、アメリカ商船を盛んに襲い船員を拉致して身代金を求めた。

❖憲法制定会議と海軍創設への第一歩

アメリカ合衆国（the United States）が独立したといっても、一七七六年独立宣言の正確な主体はthe thirteen united States of Americaである。「連帯した一三の州」という意味で、「アメリカ合衆国」の実態は独立国家（state）のゆるやかな連合体であった。大陸議会に代わり一七八一年に発足した連合議会にも、合衆国全体を統率する力はほとんどなかった。

この結果、イギリス国王のもとで統一されていた旧植民地はかえってバラバラになる。州間の通商が阻害されるなど、さまざまな弊害が出た。共通の防衛体制欠如はその一つである。

独立以後に生じたさまざまな問題に対処するためには、新たに中央政府を設けねばならない。その思いを強めたハミルトンやジェームズ・マディソンらの呼びかけで一二州の代表がフィラデルフィアに集まり、一七八七年五月二五日、アメリカ合衆国憲法制定に向けた議論を開始する（ロードアイランド州は代表を送らなかった）。彼らは五月から九月まで真剣な討議を重ね、憲法最終草案に合意した[8]。

草案が規定する新しい連邦政府の形と権限のなかには、合衆国陸海軍の設立と維持が含まれている。諸外国からの脅威には、各州バラバラでなく一三州一体となって対処せねばならない。したがって草案はその前文で、憲法制定の目的の一つに「共通の防衛を提供するために」という文言を加えた[9]。続いて連邦議会が有する立法権限のなかに、戦争と陸海軍に関するいくつかの規定を盛りこむ。

まず第一条八節一一項は、議会に宣戦布告をおこなう権限を与えた[10]。制憲会議に提出された起草委員会作成の初期の案では、「戦争をおこなう」(make war) 権限となっていた。しかし、この表現では議会が自ら指揮して戦うように解釈されかねない。一年のうち限られた期間しか開かれない議会が実際に戦争をおこなうのは不可能との意見もあり、「戦争を宣言する」(declare war) に代えた。

同項はまた私掠報復特許状を発行し[11]、陸上洋上における捕獲の規則を制定する[12]権限を議会に与えた。独立戦争中、力不足の大陸海軍に代わって私掠船が活躍したことからも、この条項の重要性がわかる。また一〇項は、公海上の海賊行為および重罪、ならびに国際法に違反する行為を定義し罰する[13]権限を議会に与えた。主としてバーバリー海賊を念頭に置いたものだろう。

❖ジェームズ・マディソン(1751-1836)

戦争権限は執行機関を必要とする。憲法はそのために、第一条八節一二項で陸軍を招集し支援する[14]権限を、一三項で海軍を創設し維持する[15]権限を、議会に与えた。さらに一四項は、陸海戦力の統率と規制に関する規則を制定する[16]権限を加える。これによって連邦陸海軍の創設が可能となった。

なお第一条八節一五項は民兵の招集権限[17]を、一六項が民兵の組織、武装、訓練、統率の権限[18]を、議会に与えた。当時大規模な連邦陸軍の維持は現実的でなく、国家防衛には各州の民兵に頼る伝統と必要があった。現在でもこの伝統は州軍を中心とする予備役の制度として残る。ただしすべての州が州陸軍と州空軍を保有運用するのに対し、州海軍は六州に留まる。

一方憲法草案は、陸海軍の指揮統率権を大統領に与えた。まず第二条一節一項が、すべての執行権は大統領に属する[19]と定め、三節が、大統領は法律が忠実に執行されるよう監督し、合衆国のすべての官僚を任命する[20]と定める。大統領は議会が制定した法律を執行する唯一の機関であり、戦争と軍隊に関しても同様である。

また第二条二節一項は、大統領が陸海軍ならびに連邦軍に編入された各州民兵の最高指揮官である[21]と定める。陸海空軍および海兵隊の四軍を統率するアメリカ合衆国大統領の強大な権限は、この規定に基づく。

このように憲法草案は、議会と大統領の両方に戦争権限を与え、抑制と均衡の原則がこの重要な権限行使にも当てはまるようにした。ただし両者の戦争権限がどのように分けられ、どのように重なるのかは、文言上明らかでない。議会が法律を制定していなくても、あるいは議会の決定に反しても、大統領は独自の戦争権限に基づいて武力行使ができるのか。これについては長い憲法上の論争があり、合衆国最高裁判所その他の判例がある[22]。

憲法草案はさらに「共通の防衛を提供するために」、戦争権限はもっぱら連邦政府に委ね、原則として各州には戦争権限がないと定める。第一条一〇節三項は、いかなる州も連邦議会の同意がないかぎり、平時に部隊や軍艦を保持し戦争を戦ってはならない[23]と規定する。ただし実際に侵略された場合、あるいは一刻も猶予のない差し迫った危険が存在する場合は除く[24]。また一項は、いかなる州も「同盟」に加入し私掠報復特許状を発行してはならない[25]と定める。州は緊急時やむを得ない場合を除いて、自ら軍事行動を取るのを禁じられた。

なお第四条四節の下で、合衆国は各州を侵略から守る義務を有する[26]。それまで各州が個別に保持していた戦争権限は連邦政府に委ねられ、その見返りとして連邦政府が各州防衛の責務を負ったのである。

こうして合衆国憲法の草案に合衆国大統領を最高指揮官とする海軍創設の根拠規定が設けられ、合衆国海軍誕生へ向けての第一歩が踏み出された。

4 『ザ・フェデラリスト・ペーパーズ』と海軍

アメリカ合衆国憲法草案は一七八七年九月一七日、一二州の代表三九人が憲法制定会議で署名して確定する。一〇日後、連合議会はこれを各州議会に送付した。草案第七条は一三州のうち九州の憲法会議で批准が完了した時点で憲法が発効する旨を定めていた。それぞれの州議会は、憲法会議の日程と同会議へ出席する代表選出方法を定め、批准手続きが開始された。

実は各州に憲法制定への強い反対論が存在した。理由はさまざまであったけれども、中央政府による圧政の恐れがもっとも大きい。独立によってイギリス国王の暴政からようやく自由になったのに、わざわざ遠いところへ中央政府をつくり、その統治下に一三州を置けば、一握りの者が人々の自由や権利を抑圧するだろう。連邦の軍隊が圧政に用いられるのではないか。そうした疑惑が根強くあった。各州の憲法会議では反海軍派をふくむ常備軍創設反対の勢力も無視しえなかった。

❖なぜ憲法は必要か――『ザ・フェデラリスト・ペーパーズ』

憲法制定への反対が特段強かったのはニューヨークである。当初ハミルトンと一緒に同州代表として憲法制定会議に出席したイェーツらは、反対派の中心人物クリントン州知事の意向を受け、ニューヨーク市の新聞紙上で盛んに反対論を展開した。人口と経済力で勝るこの州が批准しなければ、発効に必要な九州の批准そのものが危うい。この事態に危機感を抱いたハミルトンは、同じ新聞紙上で批准賛成の論を張ることを決意する。

憲法制定会議のあとニューヨークへ戻り法律の仕事を再開していたハミルトンは、弁護士仲間であるジョン・ジェイ、さらに当時連合議会のヴァージニア代表として同市に滞在中だったマディソンを誘い、手分けして論説を執筆、一七八七年一〇月から新聞紙上への掲載を始める。三人の寄稿者はそれぞれ仕事を持ちながらの執筆であったが、一七八七年一〇月から翌八八年四月までに七七篇を新聞に掲載した。

これらの論説は書き足した八篇とともに二度にわけて論文集として出版される。当時、憲法制定と連邦政府樹立に賛成する人々は自分たちを連邦派(Federalists)、反対した人々を反連邦派(Anti-Federalists)と呼んだ。したがって連邦派の論説を集めたこの書には、『ザ・フェデラリスト』という名がつけられ、現在では『ザ・フェデラリスト・ペーパーズ』として一般に知られている。彼らがもっとも力をこめた論点の一つが、陸海軍創設の必要性である。

❖国家安全保障における連邦の必要性

「共通の防衛」実現のためにはどうしても連邦が必要だと最初に説くのは、ジェイである。『ザ・フェデラリスト・ペーパーズ』第三篇でジェイはまず、外国から戦争をしかけられる「正当な原因」について考える。

戦争は「多くの場合は、条約違反からか、あるいは直接的暴力行為から生じ」る。したがってアメリカ自身が「国際法を遵守することは、アメリカの平和にとってきわめて重要」である。その際、「統一した全国的政府の下でのほうが、国際法はより完全に正確に遵守される」であろう。「国際法も条約や条約の個々の条項も、統一した解釈が加えられ、その統一的見解の下で実施される」からである[27]。

また全体を通して行動するほうが、不法な武力行為を引き起こして戦争になる恐れは少ないだろう。全国的政府ならばその「英知と思慮」ゆえに「直接利害関係をもつ当事者を左右する感情によって損なわれ」ないし、「戦争になるような原因をうまく調整し、平和裏に解決」できよう。

しかし国際法を遵守し不法な武力行為を慎んでも、外国が戦争をしかけてくる可能性は十分あると、ジェイは第四篇で説く。アメリカは「フランス、イギリス、さらにほとんどの他のヨーロッパ諸国に対して（中略）海運業、通商業の面で競争関係にあ」り、これらの国はアメリカの繁栄を好まない。「時期と機会とを与えられさえすれば、戦争の原因をもっともらしく色づけ、正当化する口実に事欠かない」。したがって、アメリカ人が将来「戦争を招来することなく、戦争を抑制する」ためには、「可能なかぎりの最良の防衛体制」を必要とする。

そうした防衛体制は単一の全国的政府下でのみ可能である。連邦政府なら「才能ある人物の能力と経験を集め」、統一政策を立て、「国家の資源と軍事力をいかなる特定の地方の防衛のためにも動員」できる。また「民兵は一つの統一された訓練計画の下におかれ、民兵の士官は行政首長（大統領）の（中略）指揮下に配属される」ため統一された軍隊として組織され、「一三の独立した軍隊（中略）より、はるかに有効になる」。

ジェイはイギリス艦隊が強いのは、単一のイギリス政府が「イギリスの海運業をよく統制して、船員の養成に資」し、「全国の施設や資源を動員して艦隊の建設にあたっ」たからだと指摘する。「アメリカが一三の政府に、あるいは(中略)三ないし四の独立政府に分割されたまま」であったら、「そもそも艦隊を保有することなど望みうるであろうか」。しかし「もし、われわれが賢明であ」ってイギリスの例にならうなら、「アメリカ艦隊も世の注目を引くにいたるときがくるかもしれない」。

最後にジェイは第五篇で、イングランドとスコットランドの連合結成をめざしたアン女王が一七〇六年七月一日に発したスコットランド議会あて書簡を引いて、共同防衛のための連邦の必要性を説く。「全面的で完璧な連合こそ、永続する平和の固い礎になるであろう。(中略)友愛をもって、また利益の違いを乗り越えて結ばれる連合によってこそ、この(ブリテン)島全体は、すべての外敵から自らを守れるようになる」。

❖海洋国家アメリカの構想

ジェイの主張を受け、次にハミルトンが第一一篇で海軍創設の必要性について説いた。彼はまずアメリカがヨーロッパ海洋諸国に対抗する戦略を述べる。

ヨーロッパ各国は海洋国家アメリカの伸張をすでに恐れている。「自国の海上交通の支柱であり、制海権の基礎でもある海運業に、わが国があまりにも大きく割りこむことを懸念している」。とりわけアメリカ大陸に植民地を有する国々は、「アメリカ諸邦(が)強力な海軍を創設するのに不可欠な環境(を)準備万端整えているのみならず、「それに向けてのあらゆる手段を確保しようとしている」ので、「隣接している自分たちの植民地が脅かされる」危険を感じている。彼らはそれを防ぐためにあらゆる手段を用いるだろう。州間の分裂を助長し、アメリカ船舶による交易を阻害するだろう。

もしアメリカがばらばらなままであれば、これらの国々は「なんのためらいもうしろめたさもなく」、通商に干渉し、財産を略奪し、「彼らの欲望を満たそうとする」だろう。こちら側の脆弱さを利用し団結して、

「われわれの海運業を壊滅させ、われわれを自主権のない通商に封じ込め(中略)、わが国の海運業を妨害するにちがいない」。「弱体なために侮られている国家は、中立という特権すらも失う」。

こうした動きには、連邦を創設し団結して対抗するしかない。「われわれが結合しているかぎり、われわれは、アメリカの繁栄にたいしてかくも非友好的である政策に、さまざまな方法で対抗しうるであろう」。三〇〇万を超える人口を擁し急速に発展するアメリカ市場の重要性をもとに、共通の禁輸措置や関税免除などの手段を有効に用いれば、ヨーロッパ諸国も考え直すだろう。「単一の活力ある全国的政府」があって初めて、「われわれの発展を抑制しようとしてヨーロッパ諸国(が)団結するのをすべて水泡に帰させ」られる。「通商の発展、航路の拡大、および船舶の増加」が実現する。

❖海軍創設の必要性

ハミルトンは引き続き第一一篇で、ヨーロッパ諸国に対抗するためには、なにより「連邦海軍の創設」が必要だと説く。大洋をまたぐアメリカの海運だけでなく、「漁業権と西部の諸大湖およびミシシッピー川の航行権」を、海軍によって守らねばならない。「効率的な政府のもとで連邦が継続すれば、遠からず海軍を創設する力をわれわれは備える」だろう。合衆国は「タール、ピッチ、テレピン油などの船舶用資材」、良質の木材や鉄など「すべての必要資源」を南部や中部から求められるし、「水兵の多くは、北部の人口密集地から得られる」。アメリカ海軍創設は「現実的な目標である」。

マディソンもまた第四一篇で、新しい憲法の下で海軍創設の権限を議会に与えることの重要性を強調した。連邦こそがその「海軍力の源であり、海軍こそが外敵の脅威に対する安全保障の主たる泉源」である。確かにわれわれの状況は、「大英帝国の島国としての優位性に似ていて、幸いにもわれらの自主独立を脅かす外国の試みを跳ね返すにもっとも有効な、（海洋という）砦」を有している。しかしそれで安心してはならない。大西洋沿岸に住むわれらの同胞は、海からの脅威に対し脆弱であり、海軍による防衛を必要としている。

ハミルトンは、創設された連邦海軍がどんな役割を果たしうるかについても、第一一篇で述べた。「大海軍をもつ列強には対抗できなくても、天秤の上にある二つの対立する当事国のいずれかに身を投じるならば、少なくとも確たる地歩を占めうるであろう」。連邦を維持すれば、「やがてわれわれが、アメリカにおけるヨーロッパの仲裁者になり、世界のこの地域におけるヨーロッパ各国の競争を、われわれの利益の命ずるままに調停することができる日」がくるだろう。

ただしハミルトンが『ザ・フェデラリスト・ペーパーズ』で構想した合衆国海軍は、いまだ列国海軍と肩を並べるようなものではなかった。彼はむしろ、海洋国家アメリカとその海軍についての楽観的な予想をいましめる。「希望に満ちた見解」は「あまりにも遠い未来へとわれわれを誘うことに」なると警告する。それでもハミルトンは、遠い将来アメリカが目指す方向について述べずにはおられない。

世界は地理的政治的に「四つの地域に分けられる」が、ヨーロッパは、アフリカ、アジア、アメリカという残りの三つの地域で、「軍事力と外交交渉、強制と欺瞞により」支配を拡大している。その「優越的地位」ゆえに「みずからを世界の女王として鼻にかけ、ほかの人類を自分のために創造されたものと考えがちである」。彼らは「アメリカでは人間を含むすべての動物は退化する——犬でさえもアメリカの空気をしばらく吸ったのちには吠えなくなる——とまじめに主張している」。

こうした情勢は、「アメリカの対外的地位にかかわる体制において頂点をめざすようわれわれを促し、急き立て」る。「人類の名誉を守り、尊大な兄弟に節度を教えてやるのはわれわれの役目である。連邦は、そうすることを可能にするであろう」。アメリカは「ヨーロッパの偉大さのための道具であることを恥」としよう。一三の州が「堅固でゆるぎない連邦へと結束し、大西洋の彼方のあらゆる力や影響力の支配にまさる、そして旧世界と新世界の関係のありようを左右しうる、単一の偉大なアメリカ体制を創設」しようではないか。ハミルトンは第一一篇を、こう結んだ。

いつか遠い将来、アメリカがヨーロッパ列強を超える偉大な海洋国家となり、強大な海軍を保有する。パクス・アメリカの時代が到来する。ハミルトンはそう予見し、望んでいたように思われる。

❖常備軍の危険性と海軍の利点

一方、反連邦派は、連邦軍が独立以前の英軍のように人々の抑圧に使われるのではないかと恐れ、創設に反対した。特に平時の軍隊維持が、その危険を高めると主張した。実際、常備軍の是非は、憲法制定過程でもっとも多く議論された争点の一つである。

ハミルトンはこの問題について、かなりの時間とページを割いて分析する。第八篇では率直に、外敵からの脅威が自由を圧迫する傾向を認める。「自由へのもっとも熱烈たる愛着も、(外部からの危険に対抗する)必要性に屈してしまう。戦争にともなう暴力的な財産の破壊や人命の喪失、継続する危機に対処するための絶え間ない努力と緊張は、もっとも自由を愛する国民にさえも、休息と安全を得るために、社会的政治的権利を奪いかねない制度を選ばせる。より安全であるためなら、人々は自由を失う危険を冒すのをいとわない」。

「常備軍とそれを支える軍組織」には、確かにそうした傾向があり、「憲法草案は常備軍の危険に対処しようとしていない」との批判もある。しかし常備軍の必要性は、侵略や攻撃にさらされる度合いによっても異なる。外部からの脅威にめったにさらされない国では、「多くの兵士の恒常的維持を正当化するのは難しい」。逆に絶え間ない緊張や戦争が存在すると、「国民は軍に頼」り、「庇護を求めるばかりか上位に置」き、無条件で「従う」ようになる。

イギリスは前者の例だろう。「島国として(大陸から)隔離されていること、そして強力な海軍が外敵侵入の可能性から守っていること、この二つが王国内部に大きな陸軍を維持する必要をなくしている」。もし「われわれが賢明にも統一を保(ち海軍を保持する)ならば、アメリカもまたイギリスと同様、隔離の利点を末永く享受できるだろう」。海軍自体が常備軍であるにもかかわらず、外敵の侵入を防ぐ強力な海軍の存在そのものが地理的孤立に加え常備軍の必要性を低め、自由に対するその脅威から国民を守ると、ハミルトンは主張した。

ハミルトンは第二四篇で少し視点を変え、常備軍がある程度は必要だと論じる。確かに「アメリカ合衆国は大洋によってヨーロッパから隔てられている」。しかし、だからといってわれわれの安全を過信してはならない。北にはイギリス領土が、南にはスペインの植民地が合衆国と境を接しており、加えて両国はアメリカからさして遠くない西インド諸島にも領土を持つ。その結果両国は、「(競争相手である)われわれとの関係において共通の利益を有する」。しかも「航海術の進歩は、交通通信を容易にし、遠い国々を隣国にしてしまった」。イギリスとスペインはどちらもヨーロッパの主要海洋国である。「彼らが将来手を握る可能性は否定すべきでない」。こうした状況下で、「遠いところにいるだけで安全であると、楽観しすぎ」てはならない。「われわれが力を増せば増すほど」、イギリスとスペインが「西半球で軍事力を増強する」のは間違いない。「われわれが通商で生きていくつもりなら、そして大西洋岸の安全を確保したいなら、一刻も早く海軍を創設する必要がある」。そのためには造船所、軍需工場、そして要塞が必要である。

共同防衛の体制を整えるためには、専門的な軍隊がどうしてもある程度常時必要だと、ハミルトンはさらに第二五篇で述べる。「平時における常備軍を排除する」というが、それでは「軍隊を募集することも禁止するのか」。「平和時における軍隊の募集まで禁止す」れば、「現実に外からの侵略が起こるまでは、防衛の準備をすることを憲法によって」禁ずることになる。「敵軍がわが領土内に侵入」してからでないと募集ができない。「われわれは、報復の準備すらできないでいる間に、まず攻撃を受けなければならない」。

また国の防衛は「民兵」がおこなうべきだという意見があるが、それは効果的でも経済的でもない。「よく訓練された正規軍に対抗して、着実に戦争を遂行して成功する」には、「同種の兵力」がどうしても必要なことを、われわれは「自身の体験（独立戦争）を通して学んだ」。独立戦争で民兵が勇敢に戦い歴史に名を残したのは事実だが、「最も勇敢なる民兵も（中略）、祖国の自由は彼らの努力だけでは達成しえなかったことを、十分に承知している。戦争は、（中略）勤勉によって、忍耐によって、時間によって、訓練によって、はじめて習得され、完成される一つの科学なのである」

❖強力な軍隊保持のために必要な戦争権限

最後にハミルトンは、連邦陸海軍を創設する以上、強力で効果的な組織にせねばならない、そのためには特に大統領が強力な戦争権限を有さねばならないと論じた。そもそも「行政部が活力的であることは、およそよき政府の本質であり、その主要な性格の一つ」である。「外部よりの攻撃に対して、社会を守るのに不可欠なもの」でもあると、第七〇篇で指摘する。

第二三篇ではより具体的に、「共同防衛のために連邦政府に必要な権限」、すなわち「陸軍兵の募集、艦隊の建設と装備、陸海軍管理規則の制定、陸海軍の統帥、陸海軍維持のための財政的措置」を列挙し、「これらの権限は、何らの制限なしに与えられるべき」だと主張した。「国家存亡の危機」について、また「危機を克服するに必要と思われる手段」について、「その範囲や種類をあらかじめ予測し定義することは不可能」

である。したがって、「国民の安全の任を委ねられている権能に、憲法上の拘束を設けることは、賢明」でない。「社会の防衛と保護のための権能については、その有効適切な措置に必要ないっさいの事柄——つまり、国家的軍隊の建設・統率・維持に必要ないっさいの事柄に関しては、制約があってはならない」。ハミルトンはこう論じた。

軍の維持が人々の自由を制限する可能性を指摘しながら、自ら独立戦争を戦った経験をもつハミルトンは軍隊の本質についてよく理解していた。「公共の安全の保護を委託されている機関こそ、防衛に適した対策を立てるにふさわし」い。「情報の中心として、迫りつつある危険の緊急度を最もよく理解」し、「全体を代表するものとして、各部分の保全にも最も深い関心」を有している。また「みずからに託されている義務に伴う責任からして、その権能を適正に行使する必要を最もよくわきまえ(中略)、共同防衛を達成するに必要な計画と方策とを、統一性をもって確立」できるだろう。

以上すべての理由で、連邦陸海軍はぜひとも必要であると、『ザ・フェデラリスト・ペーパーズ』でハミルトンは強く訴えかけた。

5 合衆国憲法とパクス・アメリカーナ

❖憲法発効、連邦政府発足と合衆国海軍の誕生

各州憲法会議での審理と投票を経て、合衆国憲法はニューハンプシャー州が批准手続きを九番目に完了した一七八八年六月二一日に発効する。翌一七八九年三月四日、仮首府の置かれたニューヨークで初めて合衆国議会が開かれ連邦政府が発足した。それ以来約二二〇年、合衆国政府はほぼ同じ仕組みと手続きにした

がって存続している。アメリカは今でも第一共和政なのである。

憲法が制定され連邦政府は発足したものの、合衆国海軍はすぐに誕生しない。新しい共和国にはやらねばならぬことが山ほどあり、乏しい財源のなか海軍を創設する余裕はなかった。

ところが連邦政府創設から四年後、バーバリー海賊の活動が再び活発化し情勢が変化した。この背景には合衆国誕生と同じ一七八九年の革命勃発後、混迷の度を深めるフランスの国内情勢がある。一七九三年一月のルイ一六世処刑を王政全体の危機と捉えたヨーロッパ列強は、対仏大同盟を結成して陸海からフランスを攻撃し、革命政権打倒を目指す。フランスに共同で対処するため同盟海軍艦艇の増強が必要となったので、イギリスは同盟国ポルトガルとアルジェリアとのあいだの紛争を調停して休戦協定を結ばせ、ポルトガル海軍をバーバリー海賊の取締から撤退させた。このため海賊対処が手薄になり、アルジェリアの海賊たちは大西洋に出てアメリカ商船を頻繁に襲いはじめる。

この状況に直面したニューイングランドの商工業や海運業関係者は、商船を守る海軍の創設を強く議会に求める。そこで海軍創設に積極的な連邦派（後に「連邦党」〔Federalist Party〕を結成）が中心となり、議会下院に海軍創設を検討する委員会が設けられた。同委員会は軍艦六隻を保有する合衆国海軍創設を本会議に助言し、海軍法案の審議が始まる。これに対し州権を重んじ内陸の利益を代表する共和派（後に民主共和党〔Democratic Republican Party〕を結成）が強く反対し、議会で激しい論争が起きた。しかし結局海軍法案は下院に続いて上院で可決され、ワシントン大統領の署名を得て一七九四年三月二七日に成立する。現在まで続く合衆国海軍はこうして誕生した［28］。

❖海軍の必要性に関する論争

憲法制定と連邦政府発足、ヨーロッパ情勢の変化、より直接的には海賊の脅威増大を受けてようやく発足したものの、合衆国海軍は南北戦争の時期を除きその後約一〇〇年にわたって比較的小規模な組織にとどまった。大多数のアメリカ国民は、独立を達成した祖国がヨーロッパに干渉されず、ヨーロッパでの争いに巻き込まれず生きていくのを望んだ。したがって海軍の必要性と役割について引き続き懐疑的であり、特に平時の海軍維持への理解はなかなか得られない。

すでに見たとおり、海軍の必要性についての建国期の論争は、大陸海軍創設時、憲法制定時、そして合衆国海軍創設時と二〇年間に三回もあり、そのたびに賛成と反対の意見が表明された。そこには共通する論点が多数ある。

その第一は、海軍保有がアメリカの安全保障に本当に寄与するのかという点である。クェーカー教徒など一部の例外を除けば、アメリカで非戦・非武装の伝統は強くない。しかし海軍の存在そのものが戦争の可能性をかえって高めるという主張はあった。たとえばヴァージニアの憲法会議でウィリアム・グレイソンは、「アメリカが強力な海軍を創設しその力を行使しようとすれば、西インド諸島に権益を有するヨーロッパ列強が危機感を抱き、アメリカが力をつける前にたたきつぶそうとして戦争をしかけてくるだろう」と主張した[29]。

第二は、海軍保有が望ましいとしても、その創設と維持のコストを正当化できるかという点である。ジェファソンは、一七八一年、「ヨーロッパ列強が保有するような海軍を目標とするのは、我ら国民の資源を浪費する馬鹿げた考え」だと断言する。アメリカ大陸に有する自国権益を守るため列強が大西洋のこちら側へ派遣できるのは、幸い彼らの海軍のごく一部のみである。したがってアメリカは「小さな海軍で十分だし、小さな海軍こそが必要なのである」[30]。ペンシルベニアのウィリアム・マクレイは同州の憲法会議で、「海軍創設は増税のための口実に過ぎず、国民の自由を奪うだけだ」と論じた[31]。一七九四年海軍法の審議でも反海軍派の政治家は一貫して、艦艇建造には金がかかりすぎる、海軍派はアメリカ海洋権益への脅威を誇張している、と主張した[32]。

第三は、アメリカが目指すべき国家目標は何か、その実現手段として海軍が有効であるかをめぐる論争である。アメリカは商工業を発展させ海運と通商を通じ海洋国家として繁栄を目指すのか、それとも自立した農民を核とする大陸国家として発展するのか。どちらを選ぶかによって海軍の意味づけが変わる。

前者を代表するのがハミルトンとアダムズであり、ジェファソンとマディソンは後者を選択する。当然ながら、海洋国家を希求する前者は海軍の創設と維持に熱心であり、ハミルトンの『ザ・フェデラリスト・ペーパーズ』における論考は、その最も雄弁な表現である。

ただしハミルトンとアダムズでも、海軍の役割についての見解が多少異なる。ニューイングランド出身のアダムズはアメリカの発展が世界各地との通商拡大にかかっていると信じ、海上交通路におけるアメリカ商船隊の安全確保にこそ海軍が必要と考えていた。今のことばで表せばシーレーン防衛である。海軍を列強間の外交手段として使うことは、あまり考えていない[33]。

これに対しハミルトンは、海軍の役割をより積極的に捉える。すなわちいつの日か大国としてのアメリカが列強に対抗し、国際社会で生き抜いて列強諸国との競争に勝利するためには、ただ商船隊保護だけではなく、外交戦略的な意味で大きな海軍が必要である。海軍を国家戦略の重要な要素として考えるハミルトンの考え方は、『ザ・フェデラリスト・ペーパーズ』のなかにすでに認められ、後のマハン的なシーパワー論に通じる[34]。

一方大陸国家をめざす人々は、海軍の創設に否定的、あるいは海軍の有効性につき懐疑的であった。大陸国家論者の代表ジェファソンは、「(列強との)戦争の可能性をできるかぎり減らすためには、他国とぶつからざるをえない海洋をいっさい放棄してしまうのが一番いいのかもしれない」、そうすればヨーロッパの列国と取り合うものがなくなり、彼らの脅威を恐れる理由がなくなる、「すべてのアメリカ国民は、土地を耕す農民になればいい」と一七八一年に述べる[35]。グレイソンは、「海軍維持の試みはアメリカの労働力を土地から引きはがす結果となり、人口が少ない合衆国繁栄の唯一の手段である農業を弱体化する」と論じた[36]。彼はさらに、「広大な内陸に人口が満ちるまでにはまだ五〇年かかる、その時まで海軍創設を考える意味はない」と述べた[37]。

ただしジェファソンは孤立主義者ではない。彼は多くの面で矛盾の多い人物だが、大統領就任後、海賊対処のため議会の承認を得ないままトリポリに艦隊を派遣し、海外での水陸にまたがる作戦をアメリカ海軍史上初めて展開するなど、海軍創設を嫌いながら海軍を使うのはためらわなかった。また東の海へ出てヨーロッパとの関係を密にするのには消極的でありながら、大陸を西へ進みアメリカの勢力範囲を拡大するのに熱心であった。

一八〇三年にはミシシッピー川西岸の広大な土地をナポレオンから購入し、その翌年ルイスとクラークの二人を太平洋岸へ繋がる北西航路発見のための探検に送り出す。ジェファソンは太平洋が海を隔ててアジアに繋がっているのを知っていた。そしてヨーロッパ諸国、特にイギリスとの競争および協調を余儀なくされる大西洋経由ではなく、太平洋からアジアへ出ることを考えていたらしい。大陸国家としてのアメリカの発展を願ったジェファソンは、同時に太平洋国家としてのアメリカを早くから意識していた。

その後合衆国は北米大陸を西へ拡張し続ける。アメリカ商船隊が拡大し海運と通商は成長したが、イギリス海軍が制海権を握る大西洋とその向こうへアメリカ海軍は積極的に出て行かない。当然ながら海軍は小規模かつ防御的な性格を持ち続けた。北米大陸を東から西までほぼ全面的に支配下に収めフロンティアが消滅した一九世紀末、ローズヴェルト海軍次官の時代になって初めて本格的な海軍拡張にとりかかる。アメリカ海軍は米西戦争とパナマ運河建設を機に太平洋に出て、グローバルパワーへの道を歩みはじめた。

❖連邦の仕組みとパクス・アメリカーナ

アメリカ海軍の必要性についてはその後もたびたび論争があり、現在も続いている。孤立した大陸国家という性格を色濃く持つアメリカで、海軍の必要性についての議論はなくならない。しかし注目すべきは、軍艦わずか三隻で出発した最初の合衆国海軍以来、各時代の海軍がすべて合衆国憲法の規定にもとづき、「創設」され、「維持」され、正当化されてきたことである。

そもそも合衆国憲法は、アメリカという国家が目指すべき目標や価値を盛り込んだ文書ではない。その特徴は、合衆国という枠組みのなかで、時々の国力や状況に応じ、予め定めた手続きにしたがって様々な政策を追求しうる、柔軟な仕組みを用意した点にある。この柔軟性こそ、まだどのような海軍をつくるかさえ明確でなかったときに設けた海軍に関する規定が現在でも有効である、最大の理由であろう。

さらに憲法が定めるアメリカ国家のあり方そのものが、海軍を主軸とする一大海洋国家の実現を可能にしたように思われる。特に連邦の仕組みは、建国当初の小さな共和国がやがて超大国に成長しパクス・アメリカーナを実現するのに、大きく寄与した。

アメリカ合衆国は、独立した主権を有する州から構成される連邦国家である。一七八七年の憲法制定会議を主導した人々は、実は当初もっと中央集権的な国家の仕組みを考えていた。しかし各州代表から強い反対を受け、州の主権がそのまま残されることになる。その結果アメリカ合衆国は、主権を有する国民から別々に委任された権限を連邦と州がそれぞれに行使する、一種の二重構造国家として出発する。

憲法は、この連邦国家が統一を保ちつつ拡大するからくりを予め用意していた。憲法第四条三節一項は、議会の承認による新しい州の連邦加盟を認めている[38]。また二項で、合衆国に帰属する領土や財産を処分し、必要な規則を制定する権限を議会に与える[39]。これらの規定の解釈には変遷があるけれども、アメリカ合衆国が領土を保有し統治すること、新しい州が連邦に加盟しうることを、起草者たちは最初からある程度想定していたと解釈できよう。

実際アメリカ合衆国は、独立の際イギリスから直接継承した領土に加え、新領土を次々手に入れて西へ拡大を続ける。ルイジアナやアラスカのように外国政府から購入したもの、テキサスのように親米的な独立国家を併合したもの、カリフォルニアやニューメキシコのようにメキシコとの戦争に勝って割譲を受けたものと様々である。地続きの領土は、その後条件が整うと連邦議会の承認を受けてすべて州に昇格し、連邦の一員となった。

いったん州になれば、原則として既存州と憲法上対等の立場に置かれ合衆国の一員としての権利を得る。その住民もまた合衆国市民として平等に扱われる。このようにアメリカ合衆国は、その統治原則を変えることなく自己拡大するシステムなのである。各州が限定的ながら未だに主権を有する国家であることを考えれば、統一を保ちながら多様性を許容する一種の国際システムと考えてもよい。

一九世紀の最後に、アメリカは初めてプエルトリコ、グアム、フィリピン、ハワイという海外領土を獲得する。その取り扱いをめぐっては複雑な経緯をたどりながらも、ハワイは州に昇格し、プエルトリコ、アメリカ領ヴァージン諸島、北マリアナ諸島、グアムは自治領としてアメリカ合衆国内にとどまった。自治領の住民に大統領や連邦議員を選ぶ権利はないが、アメリカ合衆国市民としてその他の憲法上の権利を有する。アメリカ再生産システムとしての合衆国は、海外でもある程度機能している。

さらに独立したフィリピンとパラオ、直轄領土として保持するいくつかの小島嶼、戦後三〇年近く施政権を保持しながら最終的に日本へ返還した沖縄、七年間におよぶ占領中に新憲法を残し講和条約によって主権回復を認めた日本、朝鮮戦争を機に深く関与した韓国をふくめ、アメリカはそのシステムの足跡を太平洋地域に色濃く残した。アメリカの連邦制度は、伝統的な国境をも越えてこの地域でパクス・アメリカーナを広める、一つの原動力であったと考えてよいだろう[40]。

6 おわりに

本章では、アメリカ独立革命の際に大陸海軍、憲法制定後に合衆国海軍が創設された経緯を示し、のちのパクス・アメリカーナ実現に大きな役割を果たすアメリカ海軍の源泉をたどった。そして憲法に盛りこまれた海軍に関する規定と、ハミルトンらが憲法批准を訴えるため『ザ・フェデラリスト・ペーパーズ』のなかで展開した主張を概観し、海軍の必要性と海洋国家としてのアメリカの将来についての議論を紹介した。さらに憲法上の海軍の位置づけを含む憲法の全体的な仕組み、なかでも連邦制度が将来のパクス・アメリカーナ実現にとって重要な役割を果たしたことを示唆した。

憲法制定会議において議論され憲法に書きこまれた海軍に関する規定や連邦制が、のちの海洋国家としてのパクス・アメリカーナ実現に直接繋がるわけではない。当時のアメリカには、海洋国家以外にもその将来の姿についてさまざまな構想があった。

ただ既述のとおりこの憲法は、アメリカ国家がどんな方向に向かおうと、それを一定の制約のもとで可能にする柔軟性を有している。実際にこの仕組みが、アメリカ海軍を含む巨大な連邦政府を立憲民主主義のコントロール下に置き、機能せしめた。遠い将来の強大な海洋国家アメリカと海軍の実現を夢見たハミルトンが、同時に権力の肥大を制限し軍隊の暴走を防止する役割をになうアメリカ憲法の父の一人であったこと。ハミルトンやその仲間たちが憲法の制約を受けつつ、共和国の将来を模索したこと。それこそが、アメリカ海軍の出自のユニークさとパクス・アメリカーナの特徴を示すものかもしれない。

註

1―History of Navy Day（アメリカ国防総省ホームページ） http://www.defense.gov/afd/navy.aspxより。二〇一三年五月五日最終アクセス。

2―The Two Navy Holidays: Navy Birthday and Navy Day, Military.com http://www.military.com/navy-birthday/the-two-navy-holidays.htmlより。二〇一三年五月五日最終アクセス。

3―Letter from George Washington to Marquis de Lafayette of November 15, 1781, in Stanly J. Idzerda, ed. *Lafayette in the Age of the American Revolution, Selected Letters and Papper, 1776-1790*, vol. IV, (Ithaca: Cornell University Press, 1981), p. 436.

4―Harold and Margaret Sprout, *The Rise of American Naval Power 1776-1918*, (Princeton: Princeton University Press, 1939), p. 37.

5―Ian W. Toll, *Six Frigates, The Epic History of the Founding of the United States Navy*, (New York: W.W. Norton & Company, 2006), pp. 15-16.

6―ジョーンズの生涯についてはEvan Thomas, *John Paul Jones: Sailor, Hero, Father of the American Navy*, (New York,

Simon & Schuster, 2003)などを参照。

7—ハミルトンの生涯についてはRon Chernow, *Alexander Hamilton*, (New York: Penguin Books, 2004)を参照。

8—憲法制定会議の経緯と議論の内容については、阿川尚之『憲法で読むアメリカ史(上巻)』(ＰＨＰ研究所、二〇〇四年)を参照。

9—U.S. Const. Preamble. (We the People of the United States, in Order to ... provide for the common defence ... do ordain and establish this Constitution of the United States of America.)

10—U.S. Const. art. I, §8. Cl. 11. (The Congress shall have Power ... To declare War, ...)

11—Ibid. (grant Letters of Marque and Reprisal, ...)

12—Ibid. (and make Rules concerning Captures on Land and Water;)

13—U.S. Const. art. I, §8. Cl. 10. (To define and punish Piracies and Felonies committed on the high Seas, and Offenses against the Law of Nations;)

14—U.S. Const. art. I, §8. Cl. 12. (To raise and support Armies, ...)

15—U.S. Const. art. I, §8. Cl. 13. (To provide and maintain a Navy;)　なお、憲法制定会議の初期に起草委員会が用意した草案では、To build and equip fleets となっていた。

16—U.S. Const. art. I, §8. Cl. 14. (To make Rules for the Government and Regulation of the land and naval Forces;)

17—U.S. Const. art. I, §8. Cl. 15. (To provide for calling forth the Militia to execute the Laws of the Union, suppress Insurrections and repel Invasions;)

18—U.S. Const. art. I, §8. Cl. 16. (To provide for organizing, arming, and disciplining, the Militia, and for governing such Part of them as may be employed in the Service of the United States, reserving to the States respectively, the Appointment of the Officers, and the Authority of training the Militia according to the discipline prescribed by Congress;)

19—U.S. Const. art. II, §1. Cl. 1. (The executive Power shall be vested in a President of the United States of America.)

20—U.S. Const. art. II, §3. ([The President] shall take Care that the Laws be faithfully executed, and shall Commission all the Officers of the United States.)

21—U.S. Const. art. II, §2. Cl. 1. (The President shall be Commander in Chief of the Army and Navy of the United States, and of the Militia of the several States, when called into the actual Service of the United States;)

22—例としてYoungstown Sheet & Tube Co. v. Sawyer, 343 U.S. 579 (1952)

23—U.S. Const. art. I, §10. Cl. 3. (No State shall, without the Consent of Congress, ... keep Troops, or Ships of War in time of Peace, ... or engage in War ...)

24—Ibid. (unless actually invaded, or in such imminent Danger as will not admit of delay.)

25—U.S. Const. art. I, §10. Cl. 1. (No State shall enter into any Treaty, Alliance, or Confederation; grant Letters of Marque and Reprisal; ...)

26—U.S. Const. art. IV, §4. (The United States ... shall protect each of (several States) against Invasion; ...)

27—以下『ザ・フェデラリスト・ペーパーズ』からの引用は、いずれも、A・ハミルトン、J・ジェイ、J・マディソン（斎藤眞、中野勝郎訳）『ザ・フェデラリスト』（岩波書店、一九九九年）より。ただし同書で省略されている篇からの引用は、Rossiter, Clinton, ed., Alexander Hamilton, James Madison, John Jay, *The Federalist Papers*, (New York: Penguin Putnam Inc., 1961)からの筆者による訳である。

28—Toll, op. cit., pp. 40 - 43.

29—Sprout, op. cit., p. 23.

30—Thomas Jefferson, *Notes on the State of Virginia*, Query XXII, in Thomas Jefferson, *Writings*, (New York: Literary Classics of the United States, Inc., 1984), p. 301.

31—Toll, op. cit., p. 33.

32—Ibid., p. 42

33—Craig L. Symonds, *Navalists and Antinavalists: The Naval Policy Debate in the United States, 1785-1827*, (Newark: University of Delaware Press, 1980), pp. 20 - 21.

34—Ibid., pp. 23 - 24.

35—Jefferson, op. cit., p. 300.

36—Sprout, op. cit., p. 23.

37—Toll, op. cit., p. 33.

38—U.S. Const. art. IV, §3. Cl. 1. (New States may be admitted by the Congress into this Union;...)

39—U.S. Const. art. IV, §3. Cl. 2. (The Congress shall have Power to dispose of and make all needful Rules and Regulations respecting the Territory or other Property belonging to the United States;...)

40—アメリカ憲法の定める連邦制については、阿川尚之「アメリカ憲法と連邦の思想」アスティオン編集委員会『アスティオン62』(阪急コミュニケーションズ、二〇〇五年)所収を参照。

第2章

海軍兵学校の創設と士官教育

――アメリカが求めた軍人像

田所昌幸
Masayuki TADOKORO

1　はじめに

メリーランド州アナポリスは、首都ワシントンDCから東に車で一時間ほどの距離にある。チェサピーク湾に臨むこの町は、現在では人口五万人にも満たないが、その歴史は植民地時代にさかのぼり、現在もメリーランド州の州都である。だが今日、単にアナポリスというと、この町にある海軍兵学校（USNA：U.S. Naval Academy）のことを指す場合も多い。アメリカでは、軍学校も連邦政府の施設である以上、納税者に対して公開されるべきという考えが強く、多くの場所が一般の観光客に開放されていて、ビジターセンターもあるくらいである。海に開かれた美しい環境にあるキャンパス、風格ある巨大な建築物の数々、そして米国史の様々な局面を象徴する様々なモニュメント（その中にはペリー遠征隊が琉球から持ち帰ったとされる梵鐘《ぼんしょう》のレプリカもある）などを見ると、ここが世界を圧倒するアメリカの海軍力を支える人材養成の拠点であることを実感する。実際、ここからマハン、ハルゼー、ニミッツといった有名な海軍の軍人が巣立っただけではなく、元大統領のジミー・カーターも卒業生の一員なのである。だがこのように華やかで多くのアメリカ人が敬意を払う海軍兵学校も、その創設に至るプロセスは容易なものではなく、建国から半世紀を待たねばならなかった。

軍の士官をどのように教育し養成するのかは、いかなる国家にとっても避けては通れない課題である。暴力装置たる軍隊は国家がその意思を強制する際の最後の拠り所であり、国家が有効に統治を行うためには、精強な軍隊を持つことが望ましい。反面、強力な軍隊が国家の意思に従わず行動を始めれば、それが国家自身にとって危険な存在ともなることは、軍国主義の歴史を経験した日本人には容易に理解できる。では軍事力を如何に効果的に制御するのか。ヨーロッパの伝統とは隔絶した自由な国家を築こうとしたアメリカ人も建国にあたって、軍事力をどのように組織化・制度化するのか、またどのようにして望ましい軍人を養成するのかという問題に、答えを出す必要に迫られた。本章では、いわゆるオールドネイヴィーの時代のアメリカ海軍士官の実像を示すとともに、初期の海軍兵学校の教育制度を通し、自由な民主主義国家たるアメリカが、あるべき軍人像をめぐって試行錯誤を繰り返した様を描きたい。

一般に、軍人が軍人という仕事を選ぶ動機には、以下のような型が考えられる。第一に、物的利益が動機となる場合である。軍人は一つのビジネスであり、軍人を支える動機は危険と引き換えに得られる報酬である。中世のヨーロッパでは軍隊の多くは傭兵であり、報酬が得られないか、危険が大きすぎる場合に、軍隊は急速に規律を失うか戦意を喪失してしまった。今日、ＰＭＣ（民間軍事会社）と呼ばれる組織で働く人々の一部は、いわば現代の傭兵であり、この典型例と言えるが、ここまで極端でなくとも、安定した雇用や年金、様々な福利厚生上の恩典が、現代の軍人の職業選択の動機の一つであっても不思議はない。

これに対して、何らかの忠誠心が軍人を内面から支える場合が考えられる。貴族的もしくは封建的な忠誠が軍人にとって究極の動機となりうることは、歴史上長く観察されてきた。封建領主や国王への忠誠は、その見返りとして領地の保障や恩賞などの物的利益も関係していたとはいえ、命を賭けることを正当化する究極の論理は、むしろ国王への忠誠であったり、出身階級の名誉意識だったりといった人的・階級的忠誠心であった。ナショナリズムの時代になると、これは愛国心という形をとる。しかし、究極的に「国」を代表するものが何なのかは単純に規定できない。貴族階級のような支配的グループにとっては、国への忠誠は安定した内容を持つし、宗教的、階級的、民族的、地域的分裂のない社会を持つ国の場合には、愛国は強い凝集力を持つ。だが社会的分裂が著しい時には、忠誠の対象について動揺が起こることは避けられない。

また、ある種の冒険や挑戦を求める場合もあるだろう。武勲をあげて得られる名声や名誉、見知らぬ土地でのエキゾティックな体験やロマンティックな冒険に心を動かされることは、さして不思議なことではない。今日の日本の常識ではこれは単なる無分別に思えるかもしれないが、軍隊でしかできない特殊な仕事、たとえば飛行機や戦車の操縦、南極観測や国連の平和維持活動に参加したいなどといった意欲の持ちようを、単なる若気の至りとして片付けるのは不適切だろう。

最後にプロフェッショナリズム、すなわち国防や安全保障という機能を果たす職業に対する責任感を内面的な拠り所とするタイプが考えられる。軍人の仕事は一九世紀以降専門性が高まり、才能ある文民が兼務する、といったレベルを越えた複雑な機能を要求される知的専門職になった。軍人には、大きな組織を管理運営し、複雑なハードウェアを適切に操作するだけではなく、情報収集や分析、さらには他国のカウンターパートとの交流や会合からなる一種の外交的機能も求められるようになっている。求められる複雑な機能を効果的に果たすことに対する職業的責任感をもって、軍人の職業倫理とする考え方も有力である。

これらの理念型は常に相互排他的ではなく、一人の人間の中に混在することは言うまでもない。また家庭環境などの偶然に職業選択が左右され得ることも、軍人が他の職業と異なるところはなかろう。だが、軍士官の職業観は士官たち個人の資質問題に留まるものではなく、軍の将来を担うことが期待される士官候補生を国家が教育するにあたっては、軍人にとって望ましい職業的倫理を提示する一定の論理を必要とするだろう。

2 オールドネイヴィー下の人事と教育

以上のような、あるべき軍人像をめぐる思考は、アメリカではヨーロッパと異なる条件下にあった。アメリカ海軍創設期の憲法上の論争については、すでに第一章(阿川論文)で詳しく見た通りである。独立戦争時に急造された大陸海軍は、ヨーロッパ海域で何回か大胆な攻撃を成功させたジョン・ポール・ジョーンズといった英雄を生んだものの、一七八三年に独立戦争が勝利に終わると完全に解体された。一七八九年に制定された合衆国憲法が、新国家を設計するにあたって強力な連邦政府を求めるフェデラリストと、分権色の強いリパブリカンとの妥協の産物であることもよく知られている。その合衆国憲法は、連邦政府に連邦軍を保有する権限を与えているが、実際にそれを行使して海軍力を整備するか否かは別の問題であった。アメリカでは、強力な連邦政府や連邦軍が貴族階級を作り上げ、圧政に繋がることへの危惧は、その後も繰り返し表面化してきた。海軍については、陸軍よりも無害との声もあったが、逆にインディアン討伐で忙しかった陸軍に比べると、その必要性も明らかとは言えなかった。

それでも、イギリス海軍の保護を失ったアメリカが、通商路を自力で防衛する必要に迫られて海軍を組織したことは、独立の皮肉な結果であった。現在のリビア、チュニジア、アルジェリアなど北アフリカを根拠地とするいわゆるバーバリー海賊は、しばしばアメリカ商船を拿捕《だほ》し、アメリカ人船員が身代金目的の人質にされる事件が相次いだ。加えて、フランス革命に続くヨーロッパでの戦争で、フランスの私掠船がアメリカの商船を脅かしたため、議会は海軍力を拡大する措置をとった。その結果、一八九四年議会は、ようやく六隻のフリゲートを発注する権限を行政府に与えた。

このように今日世界中に展開してパクス・アメリカーナを支えている海軍は、建国初期には決して強力な組織ではなく、そもそも海軍は新生アメリカが積極的に推進したプロジェクトではなかった。連邦政府の役割に否定的なリパブリカンたちは、連邦政府の下に強力な権力装置を整備すること自体に強い疑念を持っていた。またヨーロッパの悪しき伝統からの解放を目指して独立したアメリカでは、少なくとも潜在的には反軍的な自由主義が強力であった。自由主義的な観点からすると、大規模な軍事力は人民の自由に対する脅威である。また、大規模な軍隊が、貴族的な士官団によって指揮されることはアメリカ的な民主主義の危機とも考えられた。一八一二年の米英戦争で武勲をあげ、インディアンを容赦なく討伐して名声を博した第七代大統領のアンドリュー・ジャクソンはおよそ平和的な人物ではないが、専門的な士官団が率いる軍隊は本質的に非民主的であるとして、常備軍に強い反発を抱いていた。そしてアメリカの軍隊はアメリカ的な民主的組織、つまり非専門家の市民兵からなる民兵組織でなくてはならないという考え方を持っていた。そうなると当然のことながら、士官学校で貴族的な士官団を再生産することには反対の立場にたつようになる。実際、ジャクソン主義者によって議会に設置された特別委員会は一八三七年に提出した報告書で、ウェストポイントの陸軍士官学校の廃校を勧告したほどである[1]。

つまり元から連邦政府が常備軍を持つことに反対が強い新生アメリカが、恵まれた待遇を軍人に約束することで、士官団の忠誠を確保することはできなかった。また、そもそも貴族的な政治制度からの脱却を求めて誕生したアメリカには封建制の伝統がなく、貴族階級も、また貴族階級の忠誠の対象となる国王も存在しなかった。強力な連邦政府への反対が強いアメリカで、大統領の権威は国王のそれに到底及ばなかったのである。

アメリカ海軍はその後、バーバリー海賊との戦争（一八〇一～一八〇五）や米英戦争を経験し、それぞれの戦いでは英雄も現れた。バーバリー戦争ではトリポリ港への夜襲を敢行し、座礁して敵に捕獲されるという不名誉な状態にあったフィラデルフィア（USS Philadelphia）を破壊したスティーヴン・ディケーター、米英戦争ではセントローレンス（USS St. Lawrence）に「船を見捨てるな（Don't Give Up the Ship）」というモットーを掲げ、エリー湖の戦いで英艦隊を初めて撃破したオリバー・ハザード・ペリー、そしてイギリス海軍のフリゲート、ジャバ（HMS Java）を激戦の末に破ったコンスティチューション（USS Constitution）が、アメリカ史上に栄光とともに記録されることになったのである。とはいえ、バーバリー戦争では、結局アメリカは商船の安全確保と人質解放には成功したが、現地の太守に六万ドルを支払う妥協をしているし[2]、米英戦争では今日のカナダである北米英領への侵入に成功しヨーク（現在のトロント）を焼き討ちするのに成功したが、結局アメリカはイギリス海軍による東海岸の封鎖を突破することはできなかったのである。

個別の武勇伝は残るものの、一九世紀前半のアメリカ海軍はおよそ世界的に見て一流からほど遠かった。それは人事組織面においても変わらず、やはり弊害と停滞が目立っていた。帆船時代の海軍士官は体系的な教育によって養成されていたわけではなく、ごく若い時期から船に乗り込み、経験によって帆船の操船技術を身につける、いわば徒弟制度が一般的であった。もちろん後発海軍国には、より体系的な海軍士官の養成を試みた例もあり、たとえばフランス海軍は一八世紀から士官学校での教育制度を整え、陸上で理論的な教育を組織的に行っていた。帆船海軍の伝統を持たない日本も、一九世紀後半にはこのような士官養成を行っていたと言えよう。この点でアメリカ海軍は、皮肉にもイギリス海軍と類似した方法を採用していた[3]。危険で厳しい帆船の生活を考えると意外だが、当時士官候補生のポストを得るためには非常に厳しい競争を経なくてはならなかった。たとえば一八三五年、海軍にはすでに必要数を二〇〇人も上まわる士官候補生がいたのに対し、二三五五人の応募者がリストに載っていたほどである[4]。このような事態に至った一つの理由は、海軍軍人のポストが非常に少なかったことである。一九世紀前半のアメリカは陸では西へ南へと拡張に余念がなかったが、海上では平時であり、海軍力を増強する必要は感じられていなかった。大西洋の制海権はイギリス海軍が握っており、そのイギリスとの関係が良好である限り、アメリカの防衛に海軍が死活的に必要とはならなかった。この時期のアメリカの膨張は大陸内を向いており、西部や南部への膨張に必要なのは、海軍ではなく陸軍であった。加えて常備軍に対する抜きがたい不信から、南北戦争後までアメリカ海軍では提督(Admiral)のポストは設けられず、たとえ昇進しても通常は大佐(Captain)が最高位で、まれに准将(Commodore)が任命される程度であった[5]。

海軍士官に任官されるにはまず士官候補生(Midshipman)となって、実地の訓練を経ながら任官の機会を待たねばならない。だがこの士官候補生の採用は、各々の船の艦長、海軍長官、大統領の裁量によって行われていた。そうなると縁故主義がはびこるのは当然の帰結であり、実際当時の海軍軍人のほとんどが、政治家やその他の有力者のつてを頼って士官候補生となっていた。さらに言えば、十代前半で士官候補生となり船に乗り込む採用制度上、家系に海軍関係者がいることはさまざまな情報を得やすく、推薦を得る際にも圧倒的に有利であった。自由と平等を旗印にイギリスから独立を果たした新生国家アメリカだったが、その海軍がこの時期、帆船を操作する特殊技能を家業とする少数の海軍閥族が支配する構造になっていたのは、このためであった。ペリー、エリオット、ロジェーズといった海軍の「名家」は時には相互に反目しながら海軍を支配したため、この時期のアメリカ海軍は半ば封建的な貴族支配の様相を呈し、そういった人脈を持たない若い士官には昇進はもちろん、任官の機会すら限られていた。組織が停滞する一方でさまざまな不満が渦巻き、規律が乱れたのにはこのような背景があったのである。

もちろん士官教育を、より合理的、体系的に行うべきであるという声は繰り返し起こり、改革の努力も繰り返し為された。一七九九年には、ハミルトンが軍士官の統合的教育制度を提案していた。その内容は、ニューヨーク州ウェストポイントに軍士官に基礎教育を与える学校を設立し、卒業後は学生を工兵・法科、騎兵科、そして海兵の三つの専門学校に選別する制度を設けるというものだった。これは第三代大統領ジョン・アダムズの支持するところとなり、翌年議会に提案された。だが議会はこれを否決し、結局、一八〇二年にウェストポイントに陸軍士官学校を設置することのみを承認した[6]。また一八〇八年、陸軍士官学校をワシントンに移すとともに拡大し、海軍関連の教育も行うことが提案されたが、これも議会の承認を得られなかった。一八二五年にはジョン・クィンシー・アダムズ大統領が一般教書でウェストポイントに相当する海軍士官学校創設の必要を説き、翌年および翌々年には法案も提案された。法案は激しい議論の末上院を通過したものの、下院が海軍士官学校創設を法案から削除する修正を可決し、結局上院もこの修正を受け入れ、わずか一票差で海軍士官学校創設の提案は葬り去られたのであった[7]。

士官学校の設立が試みられる一方、士官教育についても試行錯誤が続いた。一八〇二年には軍艦に乗船する従軍牧師を教員として、士官候補生に読み書きとともに数学、航海術などを教える制度を設けた。また一八一二年には大型軍艦に専門の教官(Schoolmaster)を配属することが定められた。これは一〇代前半の少年たちに、船の上での実習と一般教育を結びつける理想的な方法とも思われた。しかし、このような制度の問題も明らかであった。軍組織における文官の教官の位置づけは常に微妙な問題である。当初教官は士官待遇を受けずしばしば生徒と相部屋を迫られ、待遇も陸上での同等の職よりも悪かったので、優れた人材を得られなかった。これらの点は徐々に改善もされたが、基本的に船内での教育にはどうしても限界があった。およそ快適とは言えない船内では、さまざまな仕事があり勉学はそのような日常的業務によって中断される[8]。しかも士官や船長たちは軒並み、若い士官候補生が勉学に時間を割くことに理解を示そうとはしなかった。教官の側は船内の権力構造の中では無力な存在だったのである。

一八二〇年代には限定的ながら三つの海軍工廠で教育過程が展開されたのも事実である。また一八三九年にフィラデルフィアで設立された海軍学校（Naval Asylum）では、海上勤務のない士官候補生が任官のための試験準備をする事実上の海軍兵学校の前身とも言うべき存在であった。しかし一八一二年の米英戦争以降海軍の社会的地位は低く、すでに述べたような海軍内の人事と教育上の問題もそれに加わって、若い軍人たちの規律のゆるみを生んだ。彼らの起こす不祥事は時に社会の注目を惹いたが、とりわけ広く世間の注目を浴びたのはソマーズ（USS Somers）事件である。士官候補生を含む一二一人の乗員を乗せた練習艦ソマーズは一八四二年九月にニューヨークを出発し、士官候補生らの訓練航海に出発した。航海は順調だったが一一月に入って船内で反乱が企てられていることが発覚した。首謀者とされたのは当時まだ一九歳の士官候補生のフィリップ・スペンサーで、艦長のアレクサンダー・マッケンジー中佐はただちにスペンサーを逮捕するとともに、その仲間とされた六名の水兵をその後の三日間で拘束した。艦内の規律のさらなる悪化による危険を心配したマッケンジーは、七名からなる臨時法廷を設置し審理を開始した。スペンサーは一部の水兵とともにソマーズを奪い、西インドを拠点に海賊行為に乗り出そうとするつもりだったと自白し、艦長は法廷の判断にしたがって一二月一日に三名を絞首刑に処した。ソマーズは一二月一四日に帰港したが、これはただちに一大スキャンダルとして注目を浴びることとなった[9]。

話が一層スキャンダラスになったのは、フィリップ・スペンサーが時の陸軍長官ジョン・スペンサーの子供であったからである。正式の法的手続きを経ずに処刑を行ったことに世論の反発は強く、スペンサー家側も処刑の不法性を主張して裁判に訴えた。結局一連の裁判および軍法会議の結果マッケンジーは無罪とされたが、その過程であらためて浮かび上がったのが海軍の人事と教育上の問題だったのである。

フィリップ・スペンサーはニューヨークに生まれた。知的には優れていたが反抗的で素行の悪い若者であった彼は、恵まれてはいたが奔放で自由にあこがれる無鉄砲な少年に過ぎなかったかもしれない。海賊小説を読みふけっていた彼は、大陸のフロンティアではなく、もう一つのフロンティアにあこがれるようになった。東部の都市から海は目前であり、それは冒険と興奮に満ちた世界に繋がっていた。父親は、自身が卒業したユニオンカレッジにフィリップを通わせたが、勉学に興味のないフィリップはそこから抜け出して捕鯨船に乗り込む寸前までいったことすらある。海の仕事が望みなら、と父親は政権内の同僚であるエーベル・アプシャー海軍長官に依頼し、アプシャー自身が署名した士官候補生の任命状を確保した。フィリップが、叔父であるウィリアム・スペンサー海軍大佐に伴われて一八四一年一一月にニューヨーク海軍工廠の門をくぐったのはこのような経緯からであった[10]。

この事件を通じて世間が知ったのは、士官の任命が縁故主義によって行われ、優れた人材が得られないどころか、むしろ素行の悪い若者の矯正施設の様相を呈している海軍人事の実態であった。こういった認識は議会にも浸透しつつあり、ジェームズ・ポーク大統領の下で海軍長官を務めたジョージ・バンクロフトは、長年の懸案であった海軍兵学校の創設に動き出した。

3 海軍兵学校の創設

一九世紀半ば、海軍は様相を大きく変えつつあった。何百年も続いた木造帆船からなる海軍は、産業革命とそれに続く技術革新によって、鋼鉄の蒸気船の海軍へと徐々に姿を変えつつあった。砲丸を先端から詰め、併走する敵艦を至近距離から撃つ旧式の大砲は、炸裂弾を元込し、砲身内にライフリングが施されたものに変わり、破壊力も射程距離も飛躍的に進歩していた。フルトンが蒸気船を発明してからそれが軍事目的で使われるまでには相当の時間がかかったが、アメリカ海軍では比較的早く一八三九年には初めての蒸気船が就役している。初期の蒸気船は実用的とは言えなかったが、それでも徐々に利用が拡大され、一八四五年までには三隻の軍艦が就役し、さらに六隻がそれに加わる予定になっていた。一八五三年に浦賀沖に現れた四隻からなるペリー艦隊も、サスケハナとミシシッピーの二隻が蒸気船であった。

社会も変化していた。苛酷で孤立した環境の中で多数の水兵を少数の士官が指揮する艦内では、規律の維持が常に最大の難問で、常軌を逸した厳しい刑罰や時代遅れの習慣が伝統となっていた。この点では民主主義の国アメリカもイギリス海軍とさして相違はなかった。たとえばむち打ち(flogging)は海軍にはつきものの刑罰である。後に大統領となるジョン・アダムズは、一七七五年に大陸議会から軍紀の起草を委嘱されたが、むち打ちは非アメリカ的であり、アメリカ海軍は水兵をより人道的に取り扱うべきだと考えた。しかし奴隷制が健在の当時のアメリカでは、このような考えは圧倒的に少数派で、艦内での刑罰はむしろイギリス海軍よりも厳しかったほどであった。

しかし一九世紀の半ばには、徐々に世間の常識がこれを許さなくなっていた。一八五〇年には、議会での論争の末、むち打ちは廃止された[11]。他方、艦内の規律の乱れの大きな原因は飲酒であった。これはグロッグ（grog）と呼ばれるラム酒、あるいはウィスキーが艦内で一日に二回配給されていたためで、ある海軍軍人によれば、「海軍における刑罰の九割が蒸留酒の配給に原因をたどることができる」と言われたほどであった[12]。真水が貴重な時代の艦内で始まった習慣だったが、これについても同じ時期、しばしば論争となった。実際この頃までに、アメリカ商船ではグロッグの配給は廃止されていたが、海軍では南北戦争後の一八六二年になってようやく廃止された[13]。教育も徒弟制度に依存するのではなく、近代的で体系的なシステムが求められているのではないか。士官教育を改善すべし、との声が高まったのには、このような背景があった。

にもかかわらず、反対論も非常に根強かった。その第一の論拠はイデオロギー的なものである。これが税金の無駄遣いであり、連邦政府の危険な拡大であるという連邦政府に対する一般的な疑念に加え、海軍の貴族的な有り様に多くの政治家が反感を持っていたからである。海軍教育が制度化されると、体系的に貴族的な社会を再生産することに繋がり、簡素をもって旨とするアメリカ共和制の精神を腐敗させはしないか懸念されたのであった。

これに加えて、海軍軍人の教育は年少の頃から艦上で行うのが一番だという有力な反対論もあった。これは海軍の軍人の中に非常に根強かった保守主義である。なんと言っても当時の海軍軍人はこのようにして養成されてきたのである。ネルソンもジョーンズもディケーターも、この方法から生まれたではないか。陸上での学校教育で偉大な海軍軍人が輩出されるわけがないというのが、この立場であった。

もちろんこれは、軍隊特有の反知性主義とともに、海軍士官団の伝統的養成制度や人事制度に対する既得権の反映でもあった。だが、軍は巨大な官僚組織であると同時に、海外との競争にさらされている現実もある。海軍内部の有力者にも改革派はけっして少なくなかった。

こうした全般的な潮流と、ソマーズ事件で一挙に高まった世論を背景に、一八四五年、バンクロフト海軍長官は、フィラデルフィアの海軍学校の教官で、数学者だったショベネから提出された同校の拡大提案を実行に移すことを決意した。だが類似の提案が何度となく議会に葬り去られていることを熟知していたバンクロフトは一計を案じた。議会での立法手続きを迂回するため、すでに使われなくなっていたアナポリスの陸軍セバーン要塞を譲り受け、そこに海軍兵学校を設置して、新たな予算を議会に要求せずに学校を創設することにしたのである。バンクロフトは、教官の人件費をすでに認められている海軍教官費用から転用し、見事に議会の妨害を迂回することに成功したのである。

初代の学校長に起用されたのは、フランクリン・ブキャナン中佐であった。ブキャナンは一八〇〇年に、ボルティモアの外科医ジョージ・ブキャナンとペンシルヴァニア州知事の娘であったラティーシャ・ブキャナン夫妻の五番目の子供として生まれた。恵まれた家庭に育ったブキャナンが、なぜ海軍士官のキャリアを志したのかは定かではない。しかし、一八一二年の米英戦争での海軍の活躍が、少年の記憶に残った可能性はありそうである。いずれにせよ、一八一五年一月、まだ一四歳のブキャナンは士官候補生となり、同年フリゲート艦に乗り込んで海軍軍人のキャリアを歩み始めた[14]。

❖フランクリン・ブキャナン(1800-1874)

海軍の閥族の出身ではないブキャナンは、意志の強い克我的性格であると同時に、強情で短気な面があったことが知られている。無能な士官が海軍で幅を利かせていることに我慢ならない彼は、海軍の改革を推進する改革派に属していた。だがこと軍内部の規律に関しては、きわめて伝統的な厳罰主義者だった。バンクロフトがブキャナンを初代の校長に任命したのも、彼が規律に厳しいという評判が関係していたはずである。優れた教養人であると同時に政治感覚に優れたバンクロフトは、どちらかと言えば地味な中佐にすぎなかったブキャナンを選ぶことで、目立たない形で士官学校をスタートさせることにしたのであろう。

士官学校の組織運営からカリキュラムの策定まで事実上すべてを、バンクロフトから直接まかされたブキャナンは、一八四五年七月からウェストポイントを参考に海軍士官学校の設計を始めた。そして一八四五年一〇月一〇日の朝、アナポリスのセバーン要塞を一部改造した急造の施設で、士官候補生と教官を前に訓示を与え、ここに海軍兵学校の歴史がスタートした。

「海軍の規則は、諸君が士官に昇進する前に厳しい試練をくぐることを求めている。君たちは大尉に任官する資格を得るまでに、本校で教えられるすべての教科の試験を合格しなければならない。君たちは士気および全般的な性格を厳しく精査される。よって与えられた時間をすべて、自身の職業に必要な知識の習得にあてるとともに、良き道徳的性格が海軍における昇進と成功に不可欠なことを胸に刻むよう期待されている[15]」

4 教育内容と学生生活

ブキャナンが海軍兵学校に迎えた教官は七名で、そのうち四名はフィラデルフィアの海軍学校から転任してきた。一方の学生は、すでに海軍に入り士官候補生として海上勤務を経たいわゆるシニアと、海上経験がなく士官候補生としてのキャリアをアナポリスからスタートしたジュニアの二種類が混在していた。シニアの学生は一八歳から二七歳で、任官試験を準備するための一年間をここで過ごすことが期待されていた。ジュニアの学生は、アナポリスが海軍生活への導入で、ここでの勉学と海上での経験を経て任官を目指す一三歳から一六歳までの少年だった。アメリカ海軍には軍人となる前の若者を予備的に教育する法的権限がなく、教育はすべて現役の海軍軍人を対象とせねばならなかった。そのためバンクロフトは、学生はすべて公務員であり、常に学業から公務に配転される可能性を念頭に置いたカリキュラム編成をするようブキャナンに指示を出していた。これは人事の都合によって学生が、いつ海上勤務に動員されるか判らないことを意味し、教育上の頭痛の種となった[16]。

たとえば次章（北川論文）で詳しく見るスティーヴン・ルースは、二一歳となる一八四八年にアナポリスに着校して一年間をここで過ごしているが、すでに七年の海上経験を積んだシニア学生であった。翌年再び海上勤務を命じられるとともに、任官資格試験に合格している。すでにかなりの年長者だったルースは学校長に反発し、校内で騒ぎを引き起こして処分を受けている[17]。こういったスレたシニア学生と、年端のいかないジュニア学生を一緒に教育することは、カリキュラム編成上も、規律の維持の観点からも困難な問題を生んだ。シニアの学生にとっては、兵学校はすでに海上で実地に学んだことを多少なりとも学問的に基礎づける教育過程でしかなく、厳しい海上勤務から解放された休息に近い性質をもっていた。他方このような「大人」に混じって家族から離れて生活を始めたジュニアの学生は、ブキャナンや海軍省の意図に反して、この学校で勉学よりも飲酒や買春といった好ましからぬ習慣に触れることとなった。

兵学校のカリキュラムではアカデミックな科目と、軍学校特有の実際的な科目がともに教えられたが、両者のバランスは常に難しい問題であった。リーダーに必要とされる全人的な教養教育を重視すべきだという考え方の一方で、軍学校はリベラルアーツカレッジではなく、軍隊という職業に特化した技能教育に注力す

初期兵学校の授業時間／週

	シニア	ジュニア
フランス語・スペイン語	15時間	5時間
数学	5時間	5時間
自然哲学(物理学のこと)	5時間	5時間
歴史および作文	3時間	
英文法、作文、地理		10時間
砲術、蒸気機関	2時間	5時間
化学	1時間	

出所：Todorich, op.cit., p. 29.

るべきだという考え方も当然ある。当時、将来の主流になるであろう蒸気機関について教える方が、外国語や歴史の教育よりも重要だとする意見が海軍内に強かったことは驚くに値しない。ここに軍隊特有の反知性主義が加わると、カリキュラムのあり方をめぐる問題は複雑化する。実際には「教養も専門も」という欲張った要求が課され、かかる過剰な要求を多くの学生が満たせないため、学問も職業技能もともに大した成果をあげることができなくなり、それを合理化する反知性主義的な学問軽視の傾向がさらに横行するという結果に終わりがちである。

表に示したのは、初期のアナポリスにおけるジュニアとシニアの一週間の授業時間である。ジュニアでは、文法や作文、地理といった「一般教養」の比重が高く、シニアは砲術等々、現場で経験的に学んだことについての比重は低い一方、外国語が重んじられている。もっとも外国語教育については、その効果が芳しいものではなかったことを示すエピソードは多い。

ジュニア学生の選抜にあたって、学力面では読み書きができること以上のことは求められなかったので、数学や物理学の理論的科目に手こずった学生が多かったことは想像に難くない。実際試験に合格できなかったため、「友達のもとに返された」[18]学生もまれではなかった。また、学生の側からも、教科書が難しすぎるとか、より実際的な教育をして欲しいといった苦情が寄せられた。学校当局も最終的な学生の評価に当たっては、化学や物理学のウェートを下げるなどの対応をしており、この点でも初期のアナポリスの教育が一貫した確たる教育哲学を実行に移せていたとは言えそうもない。

しかし、おそらくブキャナンをはじめとする初期の学校当局者にとって最大の問題は、カリキュラムをめぐる教育哲学の問題ではなく、学校の規律をどのように維持するかということであった。兵学校では、六時起床、点呼や礼拝などを経て、八時に朝食、その後、午前中の授業が一二時まで続く。昼食後一三時三〇分から一六時三〇分まで午後の授業が続き、その後、夕食、そして一八時から二〇時までは夜学習時間であった。学生は学校長の許可なく学校の敷地を離れることは禁止され、アルコール飲料を持ち込むことも禁止、また葉巻を自室や教室、士官室で吸うことも禁止された。

一見すると厳格な規則のようだが、現実には規律違反は後を絶たず、無断で町に繰り出して飲酒や買春にふけったり、虚偽の申告をして外出許可を得たことが発覚したりしたケースが多数記録されている。前述のように規律にきわめて厳格なブキャナンは処分を繰り返したが、学生の間では処分が一種の武勲あつかいされる風潮もあり、規律違反は絶えることがなかった。

二〇歳になるかどうかの若者が多数集まれば、それだけで体育会系クラブの合宿のようなもので、しばしばハメを外すことがあるのは特段驚くことではないとも言えよう。だがこれには軍学校に独特な事情も作用していた。一つには学校の性格が曖昧で、すでに海上経験のある士官候補生の教育課程なのか、それとも海軍軍人への導入過程なのかが、はっきりしなかったということである。そのため、ここがカレッジなのかそれとも軍隊組織なのか、曖昧になってしまった。また、文官教官の地位が不明確だったため、士官候補生がしばしば文官の教官に反抗的な行動をとったことが記録されている。学生の立場からすると、教官は海軍の雇用した単なる文官にすぎず、上官ではないのだから、命令をされるのは筋違いだという意識があった。これは、単に生意気盛りの若者の行き過ぎではなく、軍隊という組織の持つ厳格な階層性と反知性主義を映すものでもあった。

文官教官の相当階級を制度化することによって問題は解決されたが、当時の軍隊で誰が命令できるかという権力関係を複雑にしていたのは、今日からするといささか理解の難しい、「名誉」への異様な執着であった。実は校内で最も深刻な規律問題は、教官と学生の関係というよりも、学生間の関係に関するもので、それはヘイジング（Hazing）とよばれるいじめや悪ふざけにとどまらず、決闘という深刻なケースに発展する場合もあった。決闘はヨーロッパに古くからある貴族的な制度で、侮辱に対して名誉を回復する正当な行為と見なされてきた。民主主義の新天地のはずのアメリカでこの慣習は新たな生命を得た。アメリカ建国の父の一人、アレクサンダー・ハミルトンは、一八〇四年に政敵のアーロン・バーとの決闘で命を落としている。一七九八年から一八四八年の五〇年間に、三四人の海軍士官が決闘の末死亡し、その中には一八二〇年にジェームス・バロンと決闘の末、命を落としたアメリカ海軍創設期の英雄、ディケーターも含まれている[19]。

海軍士官学校でも何度か決闘騒ぎがあった。海軍の規則では決闘は禁止されており、形式的にはブキャナンの時代には表沙汰にならなかったが、一八四八年五月、学校の敷地内で二人の士官候補生が決闘を行い、そのうちの一名が傷を負った。この時期メキシコ戦争が起こり、戦闘任務を求めて辞任したブキャナンの後任を務めていたのはジョージ・アプシャー中佐で、前述のエーベル・アプシャー海軍長官の弟であった。メーソン海軍長官への報告書の中でアプシャーは「決闘はいかに非難すべき行為だとしても、軍人の間で前例と慣習によって、必要悪と見なされている」として寛大な姿勢を示した。それもそのはず、アプシャー自身、士官候補生時代に決闘しかけたことがあったのである[20]。この時に決闘をした二人も、結局、戒告処分は受けたものの、うち一人は無事卒業し、最後は将官にまで上りつめている。

このわずか一カ月後、またも決闘事件がもちあがった。恋人との関係が絡んだ今回の決闘は、二八年前にディケーターとバロンが決闘をしたメリーランドのブレンデンズバーグで行われ、一人は深傷を負った。さすがに今回はアプシャーも大目に見ることはできなかった。決闘した二人と介添人三名は除隊処分を受け、以降ようやく決闘はこの学校から姿を消した。

決闘が示しているのは、当時の軍人に個人的な「名誉」がいかに重要であったかということと、それを是認する当時の組織の体質であった。実は軍士官学校に求められていたのも、必ずしも知的向上ばかりではなかった。それならば通常の学校でも事足りたはずである。むしろ軍隊という組織にとって士官教育上重要なのは、軍隊という集団に順応させることであった。と同時に、物質的な豊かさを軽蔑し、他方で名誉のためには死も恐れない勇敢な態度を涵養《かんよう》することも、軍学校に期待された重要な機能と言えた[21]。

しかし、名誉と勇猛果敢さが軍士官にとって如何に重要でも、近代的な軍隊は国家の制御できる暴力でなくては意味をなさないことも事実である。一連の規律の乱れから表面化した不祥事を背景に、アプシャーのリーダーシップの下で一八五〇年には大幅な改革計画が採用された。その結果、士官学校での教育は一年から四年へと拡大された。あくまで海上での経験を重視する保守派との妥協を考えて、最初の二年間を士官学校で過ごした後、三年間の海上経験を経て、再び二年間を士官学校で過ごし、そのうえで任官資格試験を受験するという養成課程が設計された。これに伴って、それまで海軍学校(Naval School)と呼ばれていたこの学校は、初めて今日と同じ海軍兵学校(Naval Academy)と呼ばれるようになった。翌年この改革案の実施にあたったアプシャーの後任のストライブリング新校長は、改革案を一層徹底させた。士官学校は一四歳から一六歳の男子に入学資格を認める四年間の連続した教育課程とし、基本的に海上勤務によって中断させせない。その代わりに夏に訓練航海が毎年行われることになった。そして士官学校を卒業後、初めて士官候補生となるという養成過程が定められたのである。これによって、今日の士官学校の原型が確立し、一九二五年に海軍予備士官制度が発足するまで、海軍士官学校は唯一のアメリカ海軍士官の供給源となったのである[22]。

5 南北戦争と海軍士官学校

一連の改革を経て海軍士官学校は、教育課程も充実し、敷地や建物にくわえて教官団も拡充された。当初七名だった教官は、一八六〇年までに文官武官併せて三〇名近くになった。学生数も増えたことから、係留した船を改装することで一部学生の宿舎とした。そのため同年八月には伝説のコンスティチューションがアナポリスに回航された。アナポリスは名実ともに海軍の聖地になりつつあった。だが、ちょうどその頃、アメリカ史上最大の悲劇とも言うべき、南北戦争が起ころうとしていた。言うまでもなく海軍は連邦政府の管轄下にあり、連邦の一体性を代表する制度であった。プロフェッショナリズムの観点からは、軍人は忠誠を誓った連邦軍に従うべきであった。しかし南部の保守的な価値観や生活スタイルは、当時の士官たちにとってごく親しみのある価値観だった。南部出身の軍人たちの忠誠心は大いに動揺した。

戦争が始まった一八六一年春、海軍には五七一人の士官がいて、その四割以上にあたる二五三人が南部出身者だった。そしてそのちょうど半数の一二六人が海軍を辞し、故郷に向かった[23]。海軍兵学校でも相当数の南部出身学生が学校を辞し、故郷に帰り始めたが、これはとがめられることはなく、むしろ敬意をもって送りだされたという。ウェストポイントの陸軍士官学校でも事情はおおむね同じで、南北戦争が勃発すると、七四名の在校生が士官候補生を辞するか合衆国への忠誠の誓いを拒んだために放校処分を受けた。一八三〇年から一八六〇年までの三〇年間にウェストポイントは一二三三人の卒業生を送ったが、そのうち南部出身者は三〇八人で、南軍に合流したものは二七五名だったという。議会では早速これを非難して同校の廃校を叫ぶ議員も現れた[24]。

一八六一年四月一九日、アナポリスのあるメリーランド州ボルティモアで、ワシントンに向けて進軍中の兵士に分離主義者の群衆が攻撃を加え、死者を出す流血の惨事が引き起こされた。その結果、兵学校も分離主義者の攻撃を受けることが懸念されるようになった。そして同年四月二七日には、とうとう海軍兵学校そのものをロードアイランド州ニューポートのアダムス要塞に移転する命令が下され、コンスティチューションも南軍の手に渡ることが懸念されたためアナポリスを離れた。

この頃、初代校長のブキャナンは、ワシントン海軍工廠の司令官を務めていた。順調に海軍のキャリアを積んだブキャナンは、その後ペリー艦隊旗艦サスケハナの艦長として日本遠征に加わった。おそらく最初に久里浜に上陸した米軍士官もブキャナンだと思われる。威厳を保つためなるべく姿を現さないように努めていたペリーに代わって日本との交渉の最前線にも立ったブキャナンは、一八六一年四月に行われた娘の結婚式にリンカーン大統領が直々に出席するほどの名士となっていた。メリーランド出身のブキャナンは奴隷解放には全く反対で、その世界観は完全に南部のものだった。ボルティモアでの惨事を耳にして、メリーランドが連邦を離脱することを確信した彼は、ウェルズ海軍長官に辞表を提出した。しかしこれは早計だった。結局メリーランドは連邦にとどまったからである。ブキャナンは急遽ウェルズ長官に辞表の撤回を申し出たが受理されず、苦り切った彼は南軍に合流し、急造の南部の海軍に自分の役割を求めた。装甲船バージニア(CSS Virginia)を指揮して戦ったハンプトンローズの海戦では北軍の木造軍艦を撃破する武勲をたて、南軍海軍で提督に昇進する名誉に浴した。しかし若き日、ともに士官候補生として過ごしたデーヴィッド・ファラガットが指揮する北軍艦隊と、テネシー(CSS Tennessee)に座乗して戦ったモービル湾の海戦に敗れて降伏した。

6 おわりに

南北戦争によってニューポートに移動していた海軍士官学校は、一八六五年秋までにアナポリスに再び戻ることが決定された。いくつかの町が士官学校の誘致を試み、海軍士官学校を廃止し七つの学校に分割する案も提出されたが、結局、元の場所で士官教育が行われることになったのである。海軍そのものは南北戦争後には急速に動員解除され、艦船も旧式のままにとどめられ、いわゆる「暗黒時代」を迎える。

激しい戦闘で負傷はしたものの南北戦争を生きのびたブキャナンは、戦後、故郷のメリーランドに戻った。平穏な生活を送っていたがカネには困っていた彼は、後にメリーランド大学になるメリーランド農学校の学長に任命された。南北戦争中、メリーランド農学校は南部派の巣窟と見なされ、戦後も理事のうち五人が反逆容疑で逮捕されたほどだった。毎年年頭の国旗掲揚を拒むほど保守的な校風を維持した学校で保守的な気質を買われたブキャナンは精力的に働いたが、生来の頑固が年齢とともに昂じたのか、ここでも一部の教員や理事会と衝突してしまい、仕事は長続きしなかった。次にブキャナンがついたのは保険の仕事だった。南軍の元提督という肩書きは、多くの南部の人々にとっては非常に権威あるものだったからである。だが単身南部で暮らすことは高齢のブキャナンには堪えたのだろう。ここでの仕事も一年あまりで辞めたブキャナンは、メリーランドの自宅に戻り、一八七四年、その生涯を閉じた。

他方、兵学校ではニューポート時代の混乱による士気の低下や規律の弛緩が見られた。一八六五年に学校長に着任したポーター提督は、こういった状態からの立て直しを図り、学校の敷地も拡大され教育内容も充実がはかられた。さらに、さまざまな行事や式典によって兵学校のあり方はよりきらびやかなものとなった。たとえば毎年一月に「舞踏会」が開かれ、それは閣僚や議員や海外からの賓客、そしてある年には時の大統領ユリシーズ・グラントも出席したという派手な催しとなった。これには「ポーターの踊る士官学校」と眉をひそめる向きすらあったほどだが、「暗黒時代」の海軍にあって士官学校は閉鎖的で貴族的な存在になっていたのである。

オールドネイヴィーにおける士官教育は、若年から艦上で実地の経験を積むことを重視する伝統的な養成方法を経て、一九世紀半ばから徐々に兵学校での体系的かつ一元的な方法に改められた。だが、本章で検討した時代のアメリカ海軍は、望ましい士官像について一貫した論理に基づく体系的な教育制度を確立することはできず、国家が海軍の軍人たちに有効な職業倫理を提示できたとは言えなかった。

❖アメリカ海軍士官学校の学校長公邸ブキャナンハウス

現実の海軍は少数の閥族や縁故主義に支配され、そこで海軍軍人たちを支配していた倫理は、むしろ疑似貴族的な自尊心や名誉心に突き動かされるものであった。民主国家アメリカの海軍も、士官と水兵の関係がとりわけ「民主的」というわけでもなかったし、南北戦争の際には忠誠の対象が大いに動揺したことでも明らかなように、全米的な制度としての、軍の職業倫理は十分に明確になってはいなかった。それでもアメリカ海軍がやっていけた背景には、なんといっても一九世紀半ばにはまだ海軍自身の役割が小さかったという現実があった。

このような閉鎖的で疑似貴族的な集団では、ニューネイヴィーを支えることはできない。アメリカ海軍におけるプロフェッショナリズムの確立は次の世代の課題となったのである。今日、偉容を誇る海軍士官学校の多くの施設が竣工するのも、セオドア・ローズヴェルト大統領が巨額の予算を投じて一大拡大を行う二〇世紀初頭を待たねばならなかった。その中には、一九〇四年に建設された学校長公邸があり、いささか地味で伝統的なたたずまいのその建物はブキャナンハウスと名づけられ、今日もアナポリスにその姿を留めている。

註

1―サミュエル・ハンチントン『軍人と国家（上巻）』原書房、一九九頁。

2―James Morris, *History of the US Navy*, World Publication Group, 1994, p. 26.

3―一九世紀のイギリス海軍の人事教育については、拙編著『ロイヤル・ネイヴィーとパクス・ブリタニカ』（有斐閣、二〇〇八年）の第四章を参照されたい。

4―Charles Todorich, *The Spirited Years*, Naval Institute Press, 1984, p. 6.

5―一八五三年に日本に遠征したペリーもその階級は准将で、日本側のオランダ語通訳がこの言葉を知らなかったため「提督」と称したとされている。

6―Jack Sweetman, *The US Naval Academy: An Illustrated History, 2nd edition*, Navy Institute Press, 1995 (1972) p. 6.

7―Ibid., p. 9.

8―Henry Francis Sturdy, "The Founding of the Naval Academy by Bancroft and Buchanan", *United States Naval Institute Proceedings*, Vol. 61, No. 10, October 1935, p.1367.

9―ソマーズ号の反乱に関する文献として、たとえば以下のものがある。Philip McFarland, *Sea Dangers: The Affair of the Somers*, Schocken, 1985.

10―Buckner F. Melton Jr., *A Hanging Offense: The Strange Affair of the Warship Somers*, Free Press, 2003.

11—Mark G. Hunter, *A Society of Gentlemen*, Naval Institute Press, 2010, p. 79-80, 104.

12—*Speech of Mr. Jno. A. Rockwell in Favor of Abolishing the Spirit Rations in the Navy, Delivered in the House of Representatives of the U.S., Jan 27, 1847*, J. & G.S. Gideon, Printers, 1847, p. 10. Available http://www.history.navy.mil/library/online/spirit_rations.htm

13—ちなみにイギリス海軍は一九七〇年までこの配給を続けていた。一方、アメリカ海軍では一九一四年の一般命令九九号によって、一切の飲料用アルコールの艦内への持ち込みが禁止されている。http://www.history.navy.mil/faqs/faq59-11.htm

14—Craig L. Symonds, *Confederate Admiral: The Life and Wars of Franklin Buchanan*, Naval Institute Press, 1999, pp. 8-9.

15—Ibid., p. 27.

16—Anonymous *History of the US Naval Academic, with biographical Sketches, and the Names of All the SUperintenddents, Professors and Graduates*, Nabu Press, 2010 (1862) .

17—Hunter, op. cit., p.35.

18—“returned to his friends” つまり、落第して放校させられたことを表す婉曲表現である。

19—Harold D. Langley, *Social Reform in the United States Navy 1798-1862*, University of Illinois Press, 1967, p. 24.

20—Sweetman, pp. 36-37.

21—Peter Karsten, *The Naval Aristocracy*, Naval Institute Press, 1972, pp. 37-40.

22—Todorich, p. 68, pp. 74-79.

23—Symonds, p. 143.

24—James Morrison, “The Struggle between Sectionalism and Nationalism at Ante-Bellum West Point, 1830-1861”, in Peter Krasten ed. *The Military and Society*, Garland, 1998.

第3章 ネイバルアカデミズムの誕生
――スティーヴン・ルースの海軍改革

北川敬三 Keizo KITAGAWA

1 はじめに

二〇一一年三月一一日の東日本大震災で展開された米軍による救援作戦、いわゆるトモダチ作戦の指揮を執ったのは、当時アメリカ太平洋艦隊司令官であったパトリック・ウォルシュ海軍大将である。ウォルシュは、アメリカ海軍飛行曲技チーム「ブルーエンジェルス(Blue Angels)」出身であり、パイロットとしての技量は折り紙付きである。軍事行政官としてもワシントンにおいて海軍の人事部長を務めたほか、ホワイトハウスでのフェロー経験もあり、政軍関係にも精通している。そのウォルシュはメリーランド州アナポリスのアメリカ海軍兵学校を卒業後、部隊勤務を経てタフツ大学で国際関係学の修士号と博士号を取得している。ウォルシュは、自身こういったアカデミックな経験が職務に有益であったとして、軍人教育における高等学術研究の意義を高く評価している[1]。

海軍に限らず、米軍の将官には博士号を有する者が少なくない。たとえばイラク作戦での治安回復に功績をあげ、のちにＣＩＡ長官も務めたデイヴィッド・ペトレイアス陸軍大将はニューヨーク州ウェストポイントのアメリカ陸軍士官学校（U.S. Military Academy）卒業生で、その後プリンストン大学で国際関係学の博士号を取得している。のみならず、両大将とも学位取得後はそれぞれの母校である海軍兵学校と陸軍士官学校で教鞭を執っている。それら士官学校の学問水準は相当に高く、一九〇七年にアメリカ人として初のノーベル物理学賞を受賞したアルバート・マイケルソン博士も、一八七三年のアメリカ海軍兵学校卒業生である。その業績は、同校における光の速度に関する研究が元となっており、校内にはマイケルソンの名を冠した建物や記念碑が存在する。

軍はしばしば反知性主義的といわれる。しかし実際のところ、米軍には軍人でありつつ博士号を取得し、研究業績を世に問うための回路が存在している。それには組織の学問に対する理解が不可欠であるはずだ。アメリカ海軍人事本部（Navy Personnel Command）のホームページを見ると、アメリカ海軍大学院（U.S. Naval Post Graduate School）や一般大学大学院通学への奨学金が紹介され、士官による大学院での研究や学位取得は推奨されている。フルタイム学生だけでなく、仕事をしながら自らの意思で一般大学の大学院（夜間）に通った場合でも一定の奨学金支援が受けられる。海軍兵学校の卒業生のうちトップクラスの数名は、かつてビル・クリントン元大統領も選ばれたローズ奨学生となり、英国のオックスフォード大学で修士号を取得してから部隊勤務に就く。この支援態勢の下で、米軍の高級幹部はほぼ例外なく修士号を取得している。本章で検討するスティーヴン・ルースによって一八八四年に創設されたアメリカ海軍大学校（U.S. Naval War College、以下米海大とする）も、少佐から大佐クラスの学生が修士号を取得できる制度になっている。同校は、二〇〇七年のアメリカ海洋戦略策定にあたっては全米各地で対話集会を設けるなど、市民社会と軍を橋渡しする役割を担ってきた。同校の研究者が、一般大学の研究者と共同研究を行うこともしばしばあり、中国海洋戦略研究などのジャンルでは世界的水準を誇っている。また同校が二年ごとに開催する国際シーパワーシンポジウム(International Sea Power Symposium)には、全世界の海軍や沿岸警備隊の参謀総長が招かれ、共通の国際問題を討議するとともに海洋における国際協力を推進するフォーラムを提供するかたちになっている。これらのエピソードは、アメリカ海軍の一つの知的伝統を物語っていると言えそうである。

南北戦争以降のアメリカ海軍を通史的に眺める際には、いくつかの区分がある。まず議会が南北戦争後に海軍の削減を決めた一八六五年以降が「海軍暗黒時代」である。そして海軍が木製艦の大修理をやめて鋼製艦の国産計画を成立させ、議会がABCD(巡洋艦Atlanta、Boston、Chicago、通報艦Dolphinの頭文字をとった)艦四隻の建造費を可決することでニューネイヴィーの誕生が促された一八八三年以降を「海軍復興時代(海軍ルネッサンス)」と呼ぶ。そしてキューバのグアンタナモ港租借の意向を示した一九〇三年以降が「海軍躍進時代」である。前章(田所論文)では、建国から一九世紀後半までの、いわゆるオールドネイヴィーにおける士

❖スティーヴン・B・ルース(1827-1917)

❖アルフレッド・T・マハン(1840-1914)

官教育を通じて、海軍士官の職業倫理を検討したが、本章が対象とするのは一九世紀後半から二〇世紀初頭、つまり「海軍暗黒時代」後期から「海軍躍進時代」前期にかけてである。具体的には、従来、帆船海軍における経験と反知性主義的な気質が重視されてきた海軍士官の間で、この時期、体系的な知的追求を重視する態度が強まった。それに伴うアメリカ海軍士官団の変化とはどのようなものであったのか、そして、その誘因は何であったのか。

当時の海軍戦略家としては、アルフレッド・マハンがよく知られている。一八九〇年に『海上権力史論』を出版したマハンは、ニューネイヴィーの理論的リーダーとして、時のセオドア・ローズヴェルト大統領に少なからぬ影響を与えたが、そのマハンを世に送り出し、海軍の改革を主導した人物こそ、マハンの師にあたるルースだった。ルースは当初から、高級士官に必要なのは、他国海軍が志向したような技術教育ではなく、広い意味での戦略や国際関係を包含した「戦争の術と科学(Art and Science of War)」であると考えていた[2]。

それは一方で海軍の職務と学問的な探究を結びつけることを意味しており、いわばネイバルアカデミズムとでも呼ぶべき知的営為であった。本章はルースに代表される、ローズヴェルトが推進した海軍の拡大を知的に準備した人々を描くことで、アメリカ海軍が大きな時代の変化の中、どのような人材育成システムを構築したのか、そしてその背景にあったネイバルアカデミズムという知的態度がどのようなものであったかを検証し、今日にまで続くアメリカ海軍の知的伝統の源泉を探る。

2　南北戦争後のアメリカと海軍

一九世紀後半のアメリカは海外に植民地を持たず、英国のように海洋を支配するという観念はなかった。

アメリカ海軍の役割は沿岸防御と通商破壊の二点に限定されていた[3]。国内は長い南北対立の緊張から解き放たれ、軍事より産業復興、外政より内政優先の時代を迎えていた。実際、国内の復興と発展は目覚しかった。一八六九年に最初の大陸横断鉄道が開通すると、鉄道、電信(電話)技術の発達によって交通、通信網は瞬く間に拡大し、一八八〇年代後半までには近代合衆国社会の基礎的インフラが完成する。工場に工程の分業化と部品の標準化、互換化を中心とする大量生産方式が導入されると、アメリカは工業生産高でイギリスやドイツを大きく引き離し、一九世紀末には世界最大の工業国となっていた。大量生産されるアメリカ製品の向かう先は、国外ではなく国内であった。当時のアメリカは、高率保護関税に守られた国内市場に恵まれており、特に北部中心の工業関係者の海外市場に対する関心は概して薄かった。対外関係においても、ヨーロッパで相対的な平和が続いたため、一九世紀を通してアメリカは孤立政策を取り続けることができた。ヨーロッパでは諸国の共存と相対的平和を保つものとして勢力均衡が重視されたが、アメリカは周辺に対抗勢力を持たないため、勢力均衡を考慮する必要がなかった。たとえば、一九世紀前半にはネイティブアメリカンを西部から駆逐したばかりでなく、メキシコとの戦争を通じて南にも領土を拡大したが、それらが他国から掣肘《せいちゅう》を受けることはなかったのである。アメリカの拡大は主として大陸内で展開しており、海洋の彼方への膨張が強く意識されていたわけではなかった。無論、時代は帝国主義の潮流の中にあり、アメリカも手をこまねいたわけではない。一八六五年から一八九〇年までの間に、アメリカはアラスカ、ミッドウェイ諸島、そしてサモア諸島における基地使用権を獲得している。それでも、同時代の英国とフランスが両国併せて延べ三〇〇万平方マイルの新たな植民地を獲得していたことを考えれば、アメリカの対外拡張は比べ物にならないほど限定的だった[4]。

反面、アメリカ社会の軍隊に対する態度は厳しかった。サミュエル・ハンチントンは一九世紀後半を評して、「アメリカ社会の軍に対する徹底的な敵意は、軍隊というものを、彼等が仕えてきた社会から、政治的にも、知的にも、社会的にも、そしてまた物理的にも孤立させた[5]」と指摘している。南北戦争の反動によって、建国以来の伝統である常備軍への忌避感が一層強まっていたのである。アメリカ社会は繁栄し、内向的かつ反軍的であった。一八七〇年代、アメリカ政府は海軍に無関心であった。一八七八年、海軍の総員は六〇〇〇人に満たず、アンドリュー・ジャクソン政権以来、最も小規模となっていた。南北戦争当時、約七〇〇隻あった艦艇数は、一八八〇年には四八隻にまで落ち込んだ。軍事予算は切りつめられ、新しい技術開発や兵器実験は不可能であった。その結果、一八八〇年までのアメリカ海軍は、予算節約の名目から艦艇は蒸気艦から帆走艦に逆戻りし、艦隊行動もままならない状況であった。人事も停滞し、アメリカ海軍兵学校を卒業後七年かけて、ようやく少尉に任官した例もあった。海軍士官の多くは、減給、一時休暇を命ぜられ、昇進は限定された。海軍の士官、下士官は、ともに魅力的な職業ではなくなってしまった。特に水兵の募集は困難を極め、結果的にその質は大きく低下した。

同時期の世界を見渡すと、英仏など主要国の海軍は帝国主義的プロジェクトの先鋒として充実してきており、アメリカ海軍の立ち後れぶりは関係者にも意識されていた。あるアメリカ海軍士官の一八八四年の手記には、「アメリカ海軍は海外のカウンターパートに比較し、装備といい士官のプロフェッショナルな意識といい世界の海軍の笑いの種となっている[6]」と、今では考えられないような嘆きが綴られている。この時期、技術革新によって海軍のそれまでの装備は大幅に時代遅れとなった。艦船一つ取っても、一九世紀後半には、弾丸を撃ち出す木造帆船から炸裂弾を装備する鋼鉄蒸気船へと大きく変化していた。とりわけ南北戦争終結以降の技術進歩は目覚しく、帆走艦が蒸気艦に更新されただけでなく、大砲、防御装甲、弾薬などが強化され、魚雷の出現も見た。こういった新たな技術発展を消化するため、当時のアメリカ海軍では技術尊重主義（テクニシズム）が横行することになった。兵科士官（ラインオフィサー）に必要とされる、軍事を総合的に理解する能力を磨くこと、つまり戦争の術と科学についての研究がなおざりにされ、新たに脚光を浴びつつあった特殊な技術的知識、技能のみを重視する雰囲気が強かったのである。多少なりとも向上心があり、野心のある海軍士官は、機関（エンジン）、大砲、電機などの部門および用法といった特殊な技術的知識・技能の習得に集中する傾向があった。

3　改革運動の背景とルース

このようなアメリカ海軍をとりまく惨憺たる状況に不満を持った士官団の一部から、改革運動が開始された。一連の運動は軍を知的専門職集団にすること、つまりプロフェッショナル化を通じて自分たちの地位向上を図ろうとするものであったとも理解できる。ハンチントンによると、一八七〇年代から一八八〇年代の軍改革運動には以下のような特徴があった[7]。①概して同時代のアメリカの民間人の影響から切り離されていたこと、②その着想とインスピレーションをアメリカの軍啓蒙運動（military enlightenment）と当時世界最先端とされたドイツの軍事制度から採り入れたこと、③陸・海軍の組織を横断してアイデアを交換、激励しあうことで、職業軍人制度を発展させたこと、である。現状のままでは、その存在意義すら問われかねないと考えた軍人の危機意識こそが、改革運動最大の原動力であった。

このような運動を海軍で先導したのがルースであった。ルースによる改革運動は、まず知的側面から着手された。ルースが重視したのは、軍艦を運用する技術尊重主義ではなく、戦史や広く戦争を遂行するために必要となる戦略、今日でいう戦略論あるいは国際関係論であり、彼自身の言葉によると「戦争の術と科学」

であった。そのためには理論的な高等専門教育が必要であったが、こういった改革運動は伝統と経験を重視する保守的な軍人たちから大きな抵抗を受けることとなった。

ルースの基本的な発想は、濃厚にドイツ軍事科学の影響を受けつつ、それをアメリカ的なプラグマティズムとの結合させたものと言えよう。その手法としては、問題解決のための方法論というべき応用システム(The Applicatory System)と歴史研究が重視された。応用システムの第一段階は見積もり段階である「情勢分析と情勢判断の具体化」、第二段階が命令を起案する「判決を命令に移す方法」、第三段階が参謀旅行や図上演習を通じた計画の評価段階である「判断過程の実行」の三段階の思考過程を基本とした。

高名なマハンを「名馬」とすれば、マハンを見出したルースは「名伯楽」と言えよう。マハンの執筆を支え、セオドア・ローズヴェルトに紹介したのもルースであった。今日、アナポリスの海軍兵学校には卒業生である両者の名前を冠した建物が存在する。マハンホールが時計台と大講堂を擁する荘厳な建築物であるのに対し、ルースホールは航海学といった実務的・軍事的科目を教授する方形の実用的な建物であるのは、両者の歴史的役割を象徴しているようでもある。ルースは戦場で武勲を立てたヒーローではない。「ニューネイヴィーの知的リーダー(Intellectual Leader of The New Navy)」[8]という表現が彼の役割を言い当てている。

ルースは一八二七年ニューヨーク州に生まれ、一八四一年に一四才で海軍に入隊した。彼は士官候補生としての訓練を洋上で積み、一八四八年から一八四九年の間、一八四五年にアナポリスに創設された海軍兵学校に学んだ。ルースは時期的に、海軍士官候補生教育が、艦上での徒弟制から陸上での体系的制度に移行する両方を経験している。しかしながらルース自身は、どちらかといえば伝統的な教育により強く影響を受けているといってよいだろう。任官後、ルースは数多くの海上勤務を経験するとともに、海軍兵学校の教官も勤めた。海軍士官としての専門分野以外、歴史や文学などリベラルアーツ全般に興味を持ち続け、海上勤務の際にも読書を欠かさなかったと言われる。ルースは一八七〇年代半ばまでには、部内外に多くの知己を得るとともに、海軍省内で改革を推進できるポストを得ていた。議会政治家の多くに知遇を得て海洋政策の策定にも関与し、一八七四年に議会で承認されるモリル法(Morrill Act)を起案した。この法律は、アメリカの海事教育の推進のため商船学校の設立を促し、陸上における船員の体系的教育を目指すものであった[9]。海軍内では、水兵の募集システムや、水兵の陸上教育の制度を構築して、人材育成に力を尽くしたほか、教育訓練、人事政策関係の論考を数多く雑誌に投稿するとともに、海事関連の教科書執筆にも携わった。

ルースは南北戦争中の一八六五年一月、ウェストポイントのアメリカ陸軍士官学校でウィリアム・シャー

❖1920年竣工のルースホール
(2012年6月、アナポリス。写真撮影:筒井大介)
ルースホール正面左に建つ石塔は、
1939年ワシントンで客死した斎藤博駐米大使の遺族が
海軍兵学校に寄贈したもの。
アメリカ海軍巡洋艦アストリアが大使の遺体を
アナポリスから横浜まで運んだことへの返礼であった。

❖1907年竣工のマハンホール
(2012年6月、アナポリス。写真撮影:筒井大介)
白亜の時計台と講堂を有する。
1973年にニミッツ図書館が竣工するまで、
マハンホールが図書館として使われていた。

マンと出会い、戦争に対する職業軍人的アプローチについて大きな影響を受けたと言われる[10]。シャーマンは、ルースに作戦計画を示すとともに、ミリタリープロフェッショナリズムの意義と軍事作戦の基本原理についての洞察を語ったのである。ルースは戦史の学習こそ、士官たちに海軍の本質を理解させ、専門職的思考の基盤を提供すると信じていた。同時に「戦史を論理的に分析し、史実の利点を理由付けることができるようになって初めて有益になる[11]」ことも理解していた。後日ルースが戦史教育を重要視したのも、戦略・戦術という戦いの基本原理は歴史、特に戦史を学ぶことから抽出されると考えていたことに由来する。こうしたルースの哲学は、戦史から一般的法則の導出を試みたマハンの研究手法に受け継がれていくのである。

また陸軍軍人のエモリー・アプトンの影響も忘れてはならないだろう。アプトンはシャーマンの命を受け、一八七五年から一八七六年にかけて世界の主要国の軍事教育を視察し、当時先進的なドイツ式の軍事科学に触れた。アプトンの提出した報告書には上級の軍学校の創設、参謀本部の創設、昇進や統帥部への補職は試験制度によること、などの提言が含まれていた。アプトンの報告書はアメリカの軍隊が世界的に遅れていることを明らかにし、その進言の一部は、一八八一年、高等教育機関としてカンザス州フォートレヴンワースに歩兵・騎兵上級学校が創設されることで実現された。ルースのドイツ的思考もまたアプトンに拠る部分があると思われる。ドイツ式の軍事組織と手法に傾倒したルースとアプトンは問題意識を共有し、頻繁に意見交換を重ねていく。海軍大学校の創設を支援するアプトンの信念は、ルースへの一八七七年一〇月一七日の書簡によく表われている。

「一八一二年の米英戦争ではほとんどが負け戦で首都まで燃やされた。南北戦争では、両軍合わせて五〇万人以上の死者を出した。これらは、士官の不勉強の犠牲である。大量の兵士の死を強要する政策は止めるべきである。将来、あのような流血を避けるためにも有能な指揮官を育てる高等軍事教育機関が必要である[12]」

知的に優れた高級指揮官こそが、国家に貢献し、なおかつ部下に無駄な死を強要しないのだ、という強い信念が垣間見える。知的に準備した軍事組織こそが、最小限の犠牲で戦場での勝利を得ると言い換えることもできるだろう。

当時ドイツ参謀本部はプロイセン時代の普墺戦争(一八六六年)および普仏戦争(一八七〇〜一八七一年)に勝利し、すでに名声は確立していた。特に米軍が注目したのが、意思決定法の教育法や方法論とでも言うべき応用システムであった。これを編み出したのが、モルトケ率いるドイツ参謀本部である。一八五八年から三一年間の長きに渡り参謀総長を務めたモルトケは、戦史の教訓を重視するとともに、参謀本部を単なる軍の計画部門から近代戦に適合した統帥機構へと変貌させた。ルースは、一八六三年、軍艦マセドニアン艦長として欧州に派遣された際、欧州各国を訪問して軍の教育システムについて広く学び、モルトケの業績についても肌で感じていた。

前出の三段階の思考過程で構成されるモルトケの応用システムは、各級指揮官に自由裁量を与え、各自の権限で考え、権限の範囲内で状況に適した決断を行い、しかも全般的な意図に沿う形で自主的に行動する訓令戦術のための方法論であった。訓令戦術とは、現地の状況変化に応じて部下の各級指揮官が迅速かつ知的に対応できるよう高級指揮官は全般の企図のみ示し、達成すべき目標実現のための実施方法は委任するというものである[13]。そのため応用システムは、軍人が原理原則を踏まえた上で、実地に応用すること、すなわち自主的かつ臨機応変に思考することが目的であった。モルトケの薫陶を受けた参謀たちは実戦でその価値を高めていった。応用システムの教育法は、実践と参加を重視し、教場において戦史を事例として理論を確認させ、その他、実動演習、参謀旅行、地図問題、兵棋演習を通じて反復演練していく。演繹と帰納の反復思考過程は状況に応じて最適な意思決定を生む。この思考過程は、モルトケがドイツ参謀本部で声価を高めるに従って有効性が証明され、世界各国軍に受容されて今日まで基本型は変わっていない。

アメリカ海軍もドイツ参謀本部から多くを受容した。すなわち参謀本部が軍の頭脳として、平時から情報収集し、地誌を研究し、動員や戦い方を作戦計画として立案し、兵棋演習(ウォーゲーミング)で分析し、戦い方ともいうべきドクトリンを磨いてゆく手法である。ドクトリンとは目標達成のために軍隊の行動を導く原理原則であり、組織によって認可されるものの、実運用にあたっては指揮官の判断を要するもの、とされる[14]。つまりドクトリンは、軍事組織によって開発・認可された思想体系とも言えよう。ドクトリンは原理原則ではあるが、ここで思考が固定化されては現場での応用ができなくなる。ルースは、士官にとっては生起する問題の解答を覚えることよりも、多様な状況に解を導出する方法論のほうが重要と考えた。応用システムの教育法は、「海軍に考えることを教えた[15]」ルースの心を捉えた。知的かつ合理的な判断の方法論を体系化し、少数の天才ではなく、近代社会の戦争に耐えうる多数の士官養成を可能にした意義は大きい。応用システムは、その後、科学を基本とする実用主義哲学的文化とアメリカで生まれたジョン・デューイのプラグマティズムを背景に、科学的方法論としてアメリカ海軍において発展していく。デューイの説くプラグマティズムとは、人間の観念や知識は環境に適応し、問題を解決するための道具である、とするものだ。また、デューイは意思決定のため「問題は何か、どのような解決案があるか、どのような解決案が最良か」という、問題解決の諸段階を規定したことでも知られる[16]。この思考法は応用システムに理論的深みを持たせることになった。デューイの説く、より良き民主社会を作る道具としてのプラグマティズムの方法論が応用システムに適用され、軍事問題解決のための道具へと発展していった。米軍は、こういったアメリカの哲学的素地と南北戦争における大規模動員の経験から、ドイツの軍事科学を受容し独自に発展させることになる。この受け皿となるのが、第五節で登場する米海大である。

ルースを悩ませたのは、前述のテクニシズムばかりではなかった。伝統的な軍事に対するアマチュアリズムもそうである。すなわち、「戦争は勇敢な志願兵と天才的な指揮官によって遂行されるべし」という考え方である。そのため、アナポリスに海軍兵学校が存在するのに、さらに上級の海軍大学校が必要だという考え方は、保守的な士官たちには当初理解されなかった[17]。もっともこれは海軍に限った話ではなく、アメリカの一般社会で、高等専門職教育は立ち後れていた。ドイツの影響を受けてメリーランド州ボルティモアに、アメリカ初めての大学院大学、ジョンズホプキンズ大学が創設されたのは一八七八年で、それは米海大創設のわずか六年前の出来事に過ぎない[18]。こういったテクニシズムとアマチュアリズムの抵抗を排除しながら、軍のプロフェッショナル化を果たすべく創設されたのが米海大である。ルースは言う。

「諸君のプロフェッションは、戦争のプロフェッションであるのに、戦争を研究することをしていない。法律のプロフェッションを目指す大学生が、法律学を無視するとしたら全く馬鹿げている。軍事のプロフェッションである我々が、その真の職務の研究を行わないのであれば、誰もがその異常さに驚愕するに違いない[19]」

問題意識を共有した海軍士官団の一部は、ルースというリーダーを得て改革運動を開始した。軍を知的専門職集団にするという、彼らの改革の第一歩は、アナポリスにおけるアメリカ海軍協会(U.S. Naval Institute)の創設に端を発する。

4 アメリカ海軍協会

部内の抵抗を排除して改革を実現するには、外部の応援団を組織することが有効である。またドイツと違い、軍に対する議会などの政治的抑制が強いアメリカでは、軍の改革にも政治や市民社会への働きかけが重要であった。ルースを中心とする改革派の士官団は、学術・研究に関して積極的に外部との交流を図り、また研究成果を公表して批判を受けることを通じて、市民社会との関係を強化しようとした。そのための手段が「アイデア交換のためのフォーラムを作為し、シーパワーに関する先端的知識を共有し、海軍と海事の伝統を守るため[20]」に創設されたアメリカ海軍協会である。一八七三年一〇月九日、海軍という組織を憂う少数の士官たちによって発足した協会は、初代会長に南北戦争の英雄ポーターを迎え、以後、アメリカ海軍の知的インフラとして発展する。後に言及する米海大、海軍情報部をはじめ、海軍省図書館、海軍公文書館といった組織の萌芽となってゆく。本部はアナポリスの海軍兵学校内におかれて今日に至っているが、創設当時本部の場所として同校が選択されたのは軍艦の模型や武器を含む海軍関係資料の蓄積と文官・軍人から構成される教官団を活用するためであった。

しかしながら、同協会は政府の見解を代表する組織ではなく、会員の会費で運営される準民間組織である。そのため当初から、会員は海事関係士官にとどまらず広く一般に開放されていた。そのため、創立以来、海事関係士官、すなわち海軍士官、海兵隊士官、沿岸警備隊士官および商船隊士官の自由な意見表明の場として今日に至っている。海軍協会は海軍士官のみならず、一般の海軍研究家、支援者にも意見発表と書籍出版の場を提供した。しかも外国の海軍士官も会員となることが出来た。このような組織を通じて当時の海軍士官に専門職業的考察を広く発表する機会を与え、彼らの知的好奇心と自律心を涵養することに貢献したのである。

学術研究発展のためには成果発表の場が欠かせない。海軍協会は、創設翌年の一八七四年に機関誌である『プロシイーディングス』(*Proceedings*)を発刊し、今日でも同誌は世界中の海軍士官の意見交換の場として機能している。月刊誌である同誌は毎号特集を組むほか、かなりの数の自由投稿を掲載する。年に一回は米軍の特集号と世界の海軍の特集号が刊行され、後者には毎年日本の海上幕僚長を含めとする世界各国の海軍参謀総長も寄稿している。同誌はアメリカにおける軍事雑誌として「最も優れた、そして最も影響力を持ったもので、長い間海軍士官に対して専門的な討議のための公開の場を提供[21]」することになった。一民間機関である協会の機関誌であることから、同誌は政府に検閲されず、自由な議論が可能だった。ルースが、初めて米海大に関する意見を公にしたのも、一八八三年四月に同誌に掲載された論文なのである。

初期の論文に教育関係のテーマが多いのは印象的である。海軍大学校の運営が軌道に乗る一八九〇年代以降、徐々に海軍力の行使や作戦要務に関する論文が増え、セオドア・ローズヴェルトも延べ六回寄稿して自身の主張を開陳している。このように機関誌は、軍と市民社会の知的交流のみならず、政治家も巻き込んだ意見交換の場として機能していく。

一八七九年からは懸賞論文制度も設けられ、会員の投稿意欲が高まったことも想像される。同年の第一回優秀論文の一つは、マハンの論文であった。以後、後に海軍大学校長となった若き日のグッドリッチやフィスクの論文が受賞したり、一九〇九年には、後に第二次世界大戦で海軍を指導する、当時大尉であったキングが最優秀賞を獲得したりもしている。懸賞論文を受賞する海軍士官は、大尉、少佐クラスが一番多い。懸賞論文制度は今日も続いており、若手が知的エネルギーを発揮する場となっている。将官と若手士官の共著論文もしばしば投稿されることから判断すると、世代や階級を超えた自由な知的議論の契機という役割も果たしていそうである。

同会は、後に海軍協会出版部(Naval Institute Press)を発足させて、出版活動にも進出する。このようにアメリカ海軍協会は、部内の啓蒙的・啓発的活動を担うとともに、広く市民社会への海軍の知的リーチアウトの役割を果たしてきたのである。

5 制度的展開――アメリカ海軍大学校と海軍情報部の創設

改革運動は知的な運動にとどまったのではなく、海軍部内の制度的展開を生んだ。第一にあげられるのが、アメリカ海軍大学校である。一九世紀後半における海軍士官の体系的な高等教育制度は、大別すると二種類に分けられる。一つは、科学技術教育のための学校である。蒸気機関や武器が主たる教育内容であった。一八七二年に創設されたドイツ、キールのマリーネアカデミー(Marine-Akademie)、一八七三年に創設されたイギリス、グリニッチのロイヤルネーバルカレッジ(Royal Naval College)がその代表である。これらは帆走時代の海軍士官の再教育機関として、蒸気船時代の最新の装備を教えることが目的であった。もう一つは、これから述べる一八八四年創設のアメリカ海軍大学校(米海大)であり、将来の司令官、幕僚となるべき士官に対し、軍人としての教養、技術のほかに、戦争に関する高等学術を教える学校である[22]。前者が最新の技術を教授するのに対し、後者は戦略、戦術、後方支援を活用し、国家としてどのように制海権を獲得し、かつ行使していくかという「戦争の術と科学」を教授するところに違いがあった。ちなみに日本の海軍大学校は一八八八年に創設、アメリカに遅れること僅か四年であった。科学技術教育中心に創設され、日清戦争を経て、戦争に関する高等学術を教授する学校へと変わっていく。

米海大は、前述の通り一八七〇年代と一八八〇年代のアメリカ海軍のおかれた厳しい状況と、一九世紀後半のアメリカ社会における専門職業化の影響の下で創設された。創設者ルースは、南北戦争従軍当時から、作戦には陸上とか海上であるとかに関わらない根本原理が存在し、その原理を平素から研究しておく必要があるので、何とかしてその教育・研究機関を持ちたいという考えを持っていた[23]。ルースはトンプソン海軍長官に以下のように進言している。

近年の海戦における革命は、海上作戦におけるより高い能力を求めています。基本的戦術、もしくは単純な艦隊運動は、もはや司令官にとって十分な知識ではなくなりました。蒸気機関と電信の導入は、陸上と海上における軍事作戦の速度を飛躍的に高め、かつては数年かかった戦いが数カ月に短縮されています。このことは、今日を生きる海軍士官は、戦術家であるのと同様に戦略家でなければ勝利を収めることができないということを警告しています[24]。

海外との接点である洋上にある海軍の指揮官が、国家の政治目的達成に自らの軍事行動がどのような影響を及ぼすか理解しているか否かで、行動選択には決定的な差異が生じる。つまり、彼の処置判断が国家の目的遂行に直結するのである。そのため、艦船の運用や戦闘のノウハウだけではなく、自らの処置判断がどのような意味を持つのか大きな観点から戦略を会得させることが不可欠になった。将来の司令官クラスとなるべき高級士官に対し、軍人としての教養、技術のほかに、広い意味での戦略や国際関係を教える場が米海大であった。前述のようにルースは、これを担う教育機関の実現のため、文筆活動を展開し、議員や海軍当局に訴えた。

この過程で一八七〇年代から一八八〇年代初頭にかけて培った人脈が生きることとなった。中でも、ルースにとって最大の理解者は共和党員でロードアイランド州選出のオルドリッチ上院議員であった。実際のところ国力拡大に伴う海外貿易拡大と海軍力強化という利益が一致していると考えられたため、議会内でも目立った反対はなく、計画は順調に議会の認めるところとなった。むしろ、高級指揮官など学校で教えてできるものではなく、海上での経験を積み、戦闘を経験して、生来の指揮官としての資質を現した者を任命していく他はない、という伝統的な士官像を持つ身内の海軍士官からの反対が強かったのである。

ともあれ一八八四年一〇月六日に海軍長官チャンドラーが署名した一般命令三二五により、一八八五年九月四日、「戦争の術と科学」を探究する海軍高等教育機関としてロードアイランド州ニューポートに米海大が設立された。設立にあたっては、ニューポートのほか、ワシントン、アナポリス、ニューヨーク、ボストンなど複数の候補があったが、地元に海軍大学校を誘致したいオルドリッチの意向と、政治の雑音から離れた場所に学校を創設したいと考えていたルースの意図が一致した結果、この地が選ばれることになった。海軍基地を擁する天然の良港であること、天候がよいことも手伝った。「戦争の術と科学」の教育研究における検証手段として米海大は兵棋演習を発展させたが、やはり実際の艦隊による検証も欠かせなかった。

開校した米海大の初代校長となったルースは、知的な自由を重んじた結果、ここは学校というよりもむしろ研究所に近い存在となった。学生は講義、文献学習、兵棋演習も全く参加自由であった。学生に大学という場と機会を活用することを教え、同校は応用システムを基本とする思考法と歴史の教訓を学ぶことを強調するとともに、様々な事例の比較を通じて何らかの洞察を得ようとする比較が手法として重視された[25]。これらは机上の純然たる歴史研究にとどまることなく、実動演習、参謀旅行、地図問題、兵棋演習などによって具体的な場面に歴史的洞察を応用する努力が繰り返し行われた。

米海大は、ルースやマハンらの活躍の場でもあった。ニューポートから彼らが発信した数々の論文は、論壇を動かし、当時のトレーシー海軍長官を動かし、海軍大学校の有用性を幅広く認識させ、ニューネイヴィーへの発信拠点となった。また、実戦の準備計画についてもスペインとの戦争を想定した作戦計画を一八九五年までには完成させ、各種検証を重ねていた。米海大には、後述する兵棋演習に加え、北大西洋戦隊が実地検証と実験の場を提供した。学校の所在地ニューポートが軍港である利点を生かしたのである。海軍の活動は政治、外交に直結することから、ルースは民主主義国家における複雑な政軍関係を理解させるよう配慮した。緊密に連携する戦略、外交、政策の関係において、より強いシビリアンコントロールが必要であると多くの海軍士官達に認識されていたとすれば、それは海軍大学校教育の大きな成果と言えた。

教官団の中で特筆に値するのは、マハンとリトルの二人である。マハンはよく知られているように国力と海軍力の相関関係を明らかにした理論家であり歴史家でもあった。リトルは進歩する科学技術と艦隊運用における現実問題を解決するための訓練方法を構築した。マハンが米海大に大きな指針を示し、リトルが実地への応用を考えたといっていいだろう。ここでは、少しリトルの業績について見てみたい。

リトルにより米海大は、海軍のドクトリンと作戦計画を分析かつ評価するため、兵棋演習をそのカリキュラムに導入した。米海大は、当時の最新の哲学であったプラグマティズムから方法論を学んだのである。そして、そこに関係する士官達は、戦争について計画することを、比較分析と学問的な推論による演習であると受け止めていた[26]。リトルが導入し改良した兵棋演習は、費用が要らないこと、戦略レベルから戦術レベルまでどこでもすべての指揮系統に関する演習が出来るとともに、どのような艦隊編成でも演習できた。特に階級に係わらず海軍士官がこれによる模擬演習を積み、分析・決断能力を磨くことができることから、米海大の名物コースとなった。兵棋演習が何よりも価値があったのは、間違えることを是認し、試行錯誤を通じて状況判断のプロセスを体得できることである。一八九七年の米西戦争も、兵棋演習による検証を重ね、勝算を持って始めた戦争であった。階級に関わらずに訓練機会があることは、海軍の組織力の強化に繋がった。

教官団にアボットとブリスという陸軍の軍人が、沿岸防備、軍事史、戦略と戦術といった科目を担当していたのは興味深い。特にブリスは、三〇歳という若き大尉であったが、ロシア・トルコ戦争について論文を発表し、フランス語、スペイン語、ドイツ語、ロシア語に精通し、既にウェストポイントで教官を勤めた経験があった。ブリスは後年、陸軍大学校(Army War College)の初代校長となる。もちろんこういった人事に、海軍内部からは批判があったが、ルースは意に介さなかったようである。

こうして発足した米海大だが、当初の数十年は存続の危機の連続だった。財政的に逼迫していただけではなく、部内からの理解も得られなかったため、海軍兵学校や海軍情報部との合併もとりざたされたほどである。しかし卒業生たちが戦功をたてていくことによって徐々に、同大学の評価も徐々に内外で確立していくことになる。また、一九〇一年にはアメリカ陸軍大学校が設立され、前述のブリスが初代学校長となると、ルースの導入しようとした手法は、海軍を超える広がりを見せるようになった。さらにアメリカ海軍の教育研究の手法は、他国海軍の関心を引くこととともなった[27]。一九一〇年頃までに、海軍列強はすべて海軍大学校を持つようになるが、いずれもモデルは米海大であった。

日露戦争で活躍した秋山真之も一八九七年にアメリカに留学した際、同校への入校を希望したことが知られている。ちょうど秋山がアメリカに着任した年の八月の秋学期から、国家機密に関わるとの理由から学制が改正され、外国の海軍士官への門が閉ざされたため、入学は許可されなかった。実際、米海大はその後、一九一〇年から一九一一年にかけて、対日戦争計画(オレンジプラン)を策定した。この計画は、その後約三〇年にわたってアメリカ海軍の対日戦争計画の骨格となった。

米海大とならんで、この時期の改革運動の生んだ制度的展開に、海軍情報部(ONI：Office of Naval Intelligence)がある。米海大に先駆けること二年、海軍情報部は一八八二年に創設された。海軍情報部は、アメリカ初の軍事情報組織である。大東亜戦争において、よく日米海軍の情報に対する姿勢の違いが俎上に上がるが、作戦を統括する作戦本部より先に情報部を創設したところにアメリカ海軍の情報重視の姿勢の原点をみることができよう。

ルースは、海軍情報部と米海大の機能的融合を考え、情報部の設立を喜んで支援した。海軍改革の一つの切り札と考えたのである。当初の海軍情報部設立の目的は、ニューネイヴィーの艦船建造の為の情報収集にあった。海軍情報部は、やがて一般公刊資料の収集、海外に派遣された海軍部隊の報告のまとめ、世界各地への海洋調査的遠征や在外のアメリカ大使館付駐在武官の統括を行うようになった。そして、米海大や一八九〇年創設の海軍将官会議(General Board of the Navy)とともに、次第に戦争計画にも参画していくことになる。海軍情報部は米西戦争で有益であることが認められ、議会も予算装置に応じたため、組織の拡大が図られ、海軍武官、艦船、武器、人事、通信、蒸気機関の六つの部局で構成されることになった。新しい組織には、有能で意欲のある士官が多数集められた。しかも海軍省航海局の下部組織から、政治家である海軍副長官の直轄の組織になったため、情報部の提出する報告の影響力は飛躍的に高まることになったと思われる。

最後に、一九一五年の海軍作戦本部の創設について見てみよう。アメリカ陸軍は一九〇四年二月に参謀本部組織を樹立したが、ルースらの度重なる海軍長官への進言やローズヴェルトの理解にも拘わらず海軍に同様の組織を設けることには議会や文官グループに反対が強く、実現できない状態が続いた。海軍作戦本部設立は、単なる海軍行政機構の改革にとどまらず、陸軍と比べ装備中心の海軍の軍艦等兵備の設計思想や調達も担うため、強力な権限が集中し、シビリアンコントロールを脅かすと考えられたからである。

海軍作戦本部が必要とされる背景には、海軍省内で文官と武官の関係を整理する必要性が高まっていたことがあろう。当時の海軍省には、海軍長官を軍人が補佐する機構がなかった。既存の海軍将官会議は、専属的に海軍長官を補佐する機能を有してはいなかった。文官は、予算や政策面で議会対策をするのは効率的である。しかしながら軍事的判断を要する場合、彼らは必要な経験や知識を持ち合わせてはいない。海軍長官のスタッフとして軍事面から助言するメカニズムがないということは、軍事的判断を必要とする場合に非効率的になるとルースらは長年主張したのである。この海軍長官を、軍事的専門的見地から補佐する機構が、軍人達が主張した海軍作戦本部であった。

ルースをはじめとする士官団がプロフェッショナルとしての能力を高めようとする立場からは、このような組織改編は合理的だが、アメリカ人一般の心情としては、参謀本部はドイツ的な軍国主義のイメージと結びついていたことが、その実現が遅れた大きな理由だった。高度に中央集権化された強力な軍事組織と民主的な政治制度が両立しないのではないか。参謀総長が文民である海軍長官の力を脅かし、戦時に軍事的独裁者が出現するのではないかと恐れられたのである。

このような懸念も、第一次世界大戦を戦うという圧倒的な要請によって乗り越えられることとなった。海軍作戦本部（OPNAV：Office of the Chief of Naval Operations）の創設により海軍作戦本部長の権限のレベルは、長官に従属するとともに、権限の範囲も軍事問題に限定された。具体的には、艦隊の作戦運用、戦争計画の立案と態勢の準備が役目とされた。これにより、それまで多くを海軍大学校に負っていた諸計画立案も、海軍作戦本部が担うこととなった。米海大は、本来の「戦争の術と科学」の教育研究の場に戻ったのである。

6 おわりに

南北戦争後の沈滞した海軍は、一九世紀末から二〇世紀初頭に、後に世界に比類ない巨大な存在へと飛躍を予感させる、一大変化を遂げ始めた。いわゆるニューネイヴィーへのこのような変化は、海軍部内の運動のみだけによってもたらされたのではなく、アメリカを取り巻く内外の諸条件とともに、ローズヴェルトによる政治的リーダーシップによって起動されたものである。本章で取り上げたのは、このような大きな変化を人事や教育面で支えた、ルースらの改革運動であった。

ルースらが強調したのは、一言で言えば、疑似貴族的な士官像から合理的な思考を重視する知的専門職としての士官への転換であり、海軍の職務と学問的な探究を結びつける士官養成のための態度を、本章ではネイバルアカデミズムと呼んで検討してきた。その内容を繰り返せば以下の点に要約できよう。

一　知性をミリタリープロフェッションの重要要件と見なすこと。

二　科学技術教育のみならず歴史研究を重視したリベラルアーツを基礎としつつ、問題解決の方法論を重視した高等士官教育（米海大）を通じ「戦争の術と科学」確立のため組織的学習と研究開発の努力をすること。

三　学術・研究に関して積極的に外部との交流を図り、また研究成果を外部に発表して批判を受け入れること。

ルースら改革運動は、多分に当時の軍事先進国であったドイツの方式をモデルにしたものであり、保守的な士官団から抵抗を受けたことはもちろん、全く異なった憲法体制を持つアメリカでは政治的にも導入は容易でなかった。だが、後発国であったアメリカでも、軍のプロフェショナル化という点で改革は市民社会との関係を強く意識する独自の形で制度化された。それによって二〇世紀のアメリカ海軍を支える人材が養成されるとともに、このような伝統が今日のアメリカ海軍にも受け継がれているのである。

なお本稿の分析・叙述は著者個人の見解であり、著者の所属する組織・機関とは無関係であることをお断りする。

註

1—防衛研究所第五九期一般課程に対する二〇一二年一月一〇日の講演による。

2—John D. Hayes and John B. Hattendorf, *The Writings of Stephen B. Luce* (Newport: Naval War College Press, 1975), pp. 37-44.

3—青木栄一『シーパワーの世界史②』出版共同社、一九八三年、二八三頁。

4—Fareed Zakaria. *From Wealth to Power: The Unusual Origins of America's World Role* (Princeton: Princeton University Press, 1998), p.47.

5—サミュエル・ハンチントン（市川良一訳）『軍人と国家（上巻）』原書房、二〇〇八年、二一〇〜二一一頁。

6—Peter Karsten, *The Naval Aristocracy: The Golden Age of Annapolis and the Emergence of Modern American Navalism* (New York: Free Press, 1972), pp.278-279.

7—ハンチントン、前掲書、二二七〜二二九頁。

8—John B Hattendorf. "Stephen B. Luce: Intellectual Leader of The New Navy", Bradford, James C., ed. *Quarterdeck to Bridge: Two Centuries of American Naval Leaders* (Annapolis: Naval Institute Press, 1997), pp.201-218.

9—ニューヨーク州、マサチューセッツ州、ペンシルベニア州、カリフォルニア州、メイン州、テキサス州にそれぞれ商船学校(maritime school)が設立された。特にニューヨーク州の商船学校は、今日The State University of New York Maritime Collegeとして健在である。

10—ルースは、ジョミニの「戦いの原則」を高く評価した。ルースの薫陶を受けた、マハンの「海戦の原則」は戦力の集中、決戦の重視をとり、ジョミニに由来するものである。

11—Hayes and Hottendorf. *The Writings of Stephen B. Luce*, p.75.

12—Albert Gleeves. *Life and Letters of Rear Admiral Stephen B. Luce* (New York: G.P. Putnam, s Sons, 1925), p.170-171.

13—片岡徹也編『軍事の事典』東京堂出版、二〇〇九年、二三五頁。

14—North Atlantic Treaty Organization, *AJP-01(D): Allied Joint Doctrine* (2010), p.1-1. <https://www.gov.uk/government/uploads/.../AJP01D.pdf>二〇一三年四月一四日アクセス。

15—ハンチントン、前掲書、二三六頁。

16—ハーバート・A・サイモン(稲葉元吉、倉井武夫共訳)『意思決定の科学』産業能率大学出版部、一九八〇年、五九頁。

17—アメリカ海軍は、一般教育に関する大学院として一九〇九年に海軍大学院(Naval Post Graduate School)を設けた。当初、アナポリスの海軍兵学校に併設されたが、その後カリフォルニア州モンテレーに移転した。

18—一九世紀のアメリカの大学院の起源やドイツの影響については、潮木守一『アメリカの大学』(講談社、一九九三年)を参照。

19—Spector, *Professors of War*, p.14.

20—U.S. Naval Institute, "History of the U.S. Naval Institute" <http://www.usni.org/about/history>二〇一三年四月六日アクセス。

21—ハンチントン、前掲書、二三六頁。

22—米海大における思想の変遷は、大熊康之『戦略・ドクトリン統合防衛革命』(かや書房、二〇一一年)を参照。アメリカ海軍の意思決定論については、アメリカ海軍大学(瀧澤三郎、大日向郁夫訳編)『勝つための意思決定』(ダイヤモンド社、一九九一年)を参照。
23—谷光太郎『アルフレッド・マハン』白桃書房、一九九〇年、四二頁。
24—Gleeves, *Life and Letters of Rear Admiral Stephen B. Luce*, p.169.
25—ピーター・パレット編著(防衛大学校「戦争・戦略の変遷」研究会訳)『現代戦略思想の系譜——マキャベリから核時代まで』ダイヤモンド社、一九八九年、三九六頁。
26—エドワード・ミラー(沢田博訳)『オレンジ計画』新潮社、一九九四年、二一頁。
27—Clark G. Reynolds, *Command of the Seas* (London: Robert Hale and Company, 1974), p.403.

第Ⅱ部

第4章 ローズヴェルト大統領と「海洋国家アメリカ」の建設
――世紀転換期における日米関係の新時代

簑原俊洋 *Tosh MINOHARA*

1 はじめに――セオドア・ローズヴェルト大統領の時代

アメリカにおいてもっとも輝かしい功績を残した大統領の一人として、常に名前が挙がる第二六代大統領セオドア・ローズヴェルトが亡くなって間もなく一〇〇年になる。史上最年少の四三歳で大統領となったローズヴェルトは、現実主義を重視するプラグマティックな指導者であり、何より海を支配するグローバルパワーとしての「海洋国家アメリカ」を強く信奉し、その建設に邁進した。実際、一九〇一年のローズヴェルト就任時に世界第五位であったアメリカの海軍力は、彼がワシントンを去る八年後にはイギリスに肉薄する世界第二位となっていた。このように海洋プレゼンスを核心に置くパクス・アメリカーナは、海で繋がっているアジア地域とのより密接な関係を必然とした。そして、一世紀を経てもなお、アメリカの現実主義外交の原点に位置づけられているローズヴェルトの影響は、現在のアメリカ外交においても垣間見ることができる。たとえば、現職のオバマ大統領は、かつてのローズヴェルト外交がそうであったように、アメリカ

❖セオドア・ローズヴェルト大統領（1902年頃）

外交の重心を東アジアへ転換（すなわち、「アジア・ピボット "Asia pivot"」）させているが、これはアメリカ外交のアジア回帰に他ならない。

二〇世紀初頭においてアメリカ外交のアジアへの転進を初めて企図したローズヴェルトは、戦略的な要素を含意しつつ、アジアと向き合った最初の米大統領でもあった。他方、それはもっぱら欧州と中南米に関心が集注していた従来のアメリカ外交にとって大きな路線転換を意味した。

そのアジアの中で、ローズヴェルトがとりわけ重視した国が、同域内において唯一近代化に成功し、秩序の維持に寄与していた日本であった。〈パワー〉を中心的概念として据えていたローズヴェルトの世界観では、世界は文明圏と非文明圏に二分でき、後者が前者によって支配されるのは当然の帰結であった。このいわゆる文明圏を構成するのは欧州列強、そしてアメリカであったが、「脱亜入欧」のスローガンを掲げて西洋から貪欲に学び、「富国強兵」の名の下で近代化を成功させた日本も、日清戦争での勝利後、非白人国家として初めてここに参画する潜在的な可能性を示していた。それゆえ、日本という新興国は、東アジアにおいてアメリカが提携できる唯一のパートナーとしてローズヴェルトにとっては非常に魅力的に感じられたのであり、実際、彼は日米関係をアメリカの国益と結びつけた最初の大統領でもあった。そして、日本がローズヴェルトの期待を裏切ることなく日露戦争で勝利を収めると、日本も文明圏の一員としてこの一等国クラブに籍を置くことになり、それによって日米関係も必然的に一八五八年の日米修好通商条約締結以来の〈友好〉と〈通商〉を中心とする従来の関係から、安全保障上の〈戦略的互恵関係〉をも有する、より成熟した二国間関係へと変容することになる。

このように東アジア、そしてとりわけ日本を意識したローズヴェルトであったが、日米の間には太平洋という大海原が横たわっている。すなわち、日本との連携を可能とするのは海洋国家アメリカの存在であり、「現代海軍の父（Father of the Modern Navy）」とも称されるローズヴェルトは、これを念頭にアメリカをさらに西進させて海を支配する国家、すなわち第一等の海洋国家の建設を目指した大統領でもあった[1]。

以上を踏まえ、本章では「実行せよ、達成せよ」を人生のモットーとし、ダイナミックな政治的リーダーシップを発揮した「最初の現代的大統領」と位置づけられるローズヴェルトに焦点を当てつつ、彼の指導の下、いかにしてアメリカが海洋国家へと様相を一変させ、その結果として日米関係が成熟していったのかを考察する。

2　ローズヴェルトとアメリカ海軍——海洋国家アメリカの建設

❖ローズヴェルトにおける海軍主義の萌芽

「現代海軍の父」の海軍に対する関心は、いかにして芽生えたのであろうか。一般的に挙げられるのは、『一八一二年の海洋戦争（*The Naval War of 1812*）』と題したローズヴェルトのハーバード大学の卒業論文の執筆を契機とするものである。一次資料をふんだんに駆使した同論文は、一つ一つの海戦を戦術レヴェルから丹念に検証し、詳細な勝因分析がなされている。つまり、卒業論文を上梓するための調査を通して、海軍力の重要性を痛感し、関心を持つようになったという説明である。くわえて、論文の刊行が一八八二年であったため、当時海軍士官学校の校長であったルース少将ともローズヴェルトは出版を機に親交を持つようになり、彼がもつ海軍関係者のネットワークは飛躍的に拡大することになる。のちに海軍戦略家のマハンをローズヴェルトに紹介したのもルースであった[2]。なお、同書は未だに米英戦争に関する基本文献としての位置づけを有し続けており、一時はアメリカ海軍の艦艇には必ず一冊置かれていたほどであった。

そもそも卒業論文でこのテーマを取り上げた理由は、母方の叔父の存在に求めることができよう。叔父のブロック兄弟は、共に南北戦争時に南軍の海軍将校であり、兄のジェームズは北軍に対する通商破壊で名を馳せたアラバマ（CSS *Alabama*）の建造に携わり、最終的には海軍少将として終戦を迎えた。他方、弟のアーバインは少尉候補生としてアラバマに乗艦し、北軍のキアサージ（USS *Kearsarge*）との海戦においてその勇猛さを轟かせた。しかし、南軍の敗北とともに、二人の叔父はイギリスへの亡命を余儀なくされ、その後アメリカの地を再び踏むことはなかった[3]。

ローズヴェルトは叔父たちと時間を過ごすために、幼いころから母マーサーと共にジョージア州のロズウェルまで赴き、叔父たちが海軍について話をするのを楽しみにしていたという。南北戦争後もこうした関係は続き、ローズヴェルトはいつしか毎年のイギリス旅行を楽しみにしていた。実際、『一八一二年の海洋戦争』執筆の際も、ローズヴェルトは二人の叔父から長時間にわたって聞き取りを行っており、彼らの海軍に対する豊富な知識は卒業論文にいかんなく反映された。マーサーも「ティディー（家族内での愛称）と兄弟たちの話はいつも船、船、船、そして海戦についてばかりであった」と回想しているが、こうした体験を通じてローズヴェルトは海軍をこよなく愛する海軍主義の信奉者へと成長を遂げたと理解しても無理はないであろう。彼の自叙伝にはこのような思い出話が頻繁に登場し、若かりし頃、マリアット大佐の*Mr. Midshipman Easy*などの海軍に関する書物を手放せなかったとも振り返っている[4]。

学者肌の大統領であったローズヴェルトは無数の論文の他に、三六冊に上る単著を出版しているが、その多くにおいて海洋国家と海軍力の重要性について説いている。共通のテーマとして貫かれているのは、近代化された強い海軍を有することがアメリカの国益の維持に直結するという明快な思想である。なお、海軍に関する言及はないものの、クロムウェルの評伝においてローズヴェルトは危機下でのリーダーシップについて子細に検証しており、これは彼がリーダーシップの発揮に生涯固執したことと無関係ではなかろう。こうしてローズヴェルトの中で海軍力の重要性とリーダーシップ論とが結びつき、やがて彼は政策決定に携わる立場に着くと、早速アメリカの海軍力の増強という目的に向かって邁進するのである。のちに彼が頻繁に言及する「大政策（Large Policy）」は、まさしく海軍によってアメリカの〈パワー〉を遠くにまで投影させ、国益に沿う形で自国の意思を反映する政策であり、従来西半球に限定されていた一八二三年のモンロー宣言の大幅な拡大を意味していた。換言すると、これは海洋国家という理念の下、パクス・アメリカーナの構築を目指すということを意味する。

こうした思想と背景を持ったローズヴェルトが、アメリカの海軍力の増強に初めて直接的に関与できるようになったのは、マッキンリ新大統領によって海軍次官に任命された時からである。ローズヴェルト自身はマッキンリと特に親しかったわけではなく、実際、周囲からタカ派と目されていたローズヴェルトの人選を大統領は当初好まなかった。だが、ローズヴェルトの盟友であるロッジ上院議員が、マッキンリに強く働きかけたことによって最終的に実現したというのが経緯であった。一八九七年四月、ローズヴェルトがまだ三八歳の時である。

海軍次官の役職は、海軍省におけるナンバー2のポストであり、ローズヴェルトの直属の上司――すなわち海軍長官――にはロング前下院議員が任命された。しかし、反帝国主義思想の持ち主である長官は、そもそも海軍増強の必要性を懐疑的に見ており、海洋国家アメリカ論に対しても否定的であった。真っ向から対立しそうな二人であったが、ロングが自らの職務にさほど熱意をもたなかった事情もあり、両者による衝突は回避された。それどころか、ロングは真摯な態度で毎日真面目に勤務するローズヴェルトの姿勢に感心し、自分が楽できるという考えもあって海軍長官の仕事のほとんどを彼に一任したのである。その結果、ローズヴェルトは思わぬ形で海軍長官と同等の権限を持つことになり、長い休暇を取っては海軍省に姿をほとんど見せないロングに代わって精力的に同省を切りまわすことになった。

海軍次官としてのローズヴェルトの功績は数多く、海軍情報局(Office of Naval Intelligence)の創設もその一つに数えられる。しかし、最も顕著な貢献は、海軍の大拡張計画(戦艦六隻、巡洋艦六隻)を打ち出し、それにより太平洋におけるアメリカの軍事プレゼンスを大幅に高めたことである。その他にも、ローズヴェルトは軍港の近代化や新たなドライドックの整備などの計画も次々と打ち出すなど、海軍インフラの増強や刷新も怠らなかった。さらに、ローズヴェルトの海軍に対する関心はこれに止まらず、戦艦の兵装に関する細部にも及び、これら技術的イノベーションはケンタッキー級の後継艦として計画されていたイリノイ級の設計に着実に反映された[5]。

ローズヴェルトがこれほど積極的に海軍の改造に動いた根底には、キューバをめぐるスペインとの戦争は不可避であるという彼の強い信念があったからであるが、困ったことに、マッキンリ大統領は海軍をさほど重視しておらず、海洋国家としてのアメリカのビジョンはおろか、将来の米海軍の役割に対する問題意識を全く共有していなかった。こうしたなか、キューバに派遣されていたメイン(USS *Maine*)が、一八九八年二月一五日にハバナ港にて謎の轟沈を遂げたことにより、米西関係は一気に緊迫化した。ここで、血の気の多い若きローズヴェルトは、自分を抑制できず突発的な行動に打って出る。ロング長官はおろか、最高司令官である大統領の許可も得ず、独断でデューイ司令長官にアジア戦隊の香港への回航を命じ、スペインと戦争が勃発した際、フィリピンに常駐しているスペイン艦隊が身動き取れないようにマニラ湾の完全封鎖を命じたのである。次官は、その他にも石炭や弾薬の購入も勝手に命じ、必ずや起きると信じていた戦争に備えて、海軍の戦闘力を大至急整えていたが、翌日これらの事実を知ったロングは、のちに「次官は果たして魔が差したのであろうか」と日記に綴るほど驚愕した。しかし、長官名において指示が訓令されていたこともあり、体裁の悪さに鑑みて、ローズヴェルトの命令を覆すことはなかった。

他方のローズヴェルトは、最初から腹をくっての行動であり、スペインとの戦争が四月に始まると、さっさと次官を辞した。彼はその後、志願兵からなるラフライダーズ(Rough Riders)連隊を結成し、米西戦争におけるサンファンヒルの突撃によってその武名を挙げることになる。この勇敢な行為は、彼の名前を全米に知らしめ、一躍英雄となったローズヴェルトは、帰国すると早速ニューヨーク州知事として立候補し、新たに得た名声を追い風に、見事に当選を果たすのである。

革新的な知事として職務に当たったローズヴェルトは、政治汚職の撲滅、そして当時ニューヨーク州の政治を牛耳っていたボス政治(political machine)との戦いを精力的に展開していたが、その結果として彼は次第に共和党の長老グループから厄介者と見なされるようになる。そうしたなか、マッキンリ大統領が二期目の選挙戦を開始すると、前任者の病死により空席となっていた副大統領ポストを埋める必要性が生じたため、高い人気を誇るニューヨーク州知事に白羽の矢が立てられた。むろん、もう一つの狙いは、目障りなローズヴェルトを閑職へと追いやることにあった。そして、一九〇〇年一一月の大統領選においてマッキンリ＝ローズヴェルト陣営が民主党候補のブライアンに圧勝したことにより、翌年三月にローズヴェルトはついに副大統領に就任した。

選挙結果に安堵した共和党の長老たちであったが、予期していなかった一つの事件によって彼らの目算に大きな狂いが生じ、当初の計画は裏目と出た。すなわち、大統領就任からわずか半年後の九月に、マッキンリは反政府主義者の凶弾に倒れ、帰らぬ人となったのである。合衆国憲法に従って大統領の職務を引き継ぐと、ローズヴェルトはすぐさま強いリーダーシップを発揮し、アメリカを一流の海洋国家へと変容させるべく、パクス・アメリカーナの建設に取りかかった。こうして二〇世紀初頭のアメリカは、かつての孤立主義の伝統を拭い去り、従来よりはるかに深く国際関係に関与する道を歩み始める。

❖ローズヴェルト大統領と東アジアへの進出——アメリカの世紀の始まり

ローズヴェルトが大統領に就任した時代は、まさしく世紀転換期にあった。一九世紀から二〇世紀への移行において、それまでパクス・ブリタニカによる覇権を築いていた大英帝国がボーア戦争で傷つき、ドイツの台頭もあってイギリスの国力は相対的に漸減しつつあった。一九〇二年の日英同盟は、こうした文脈から理解できよう。他方、日本とアメリカは、一九世紀の大半を近代国家の創設に当て、国際政治の舞台においては脇役として過ごした。それを一転させたのが二〇世紀の転換期であり、日米両国は一気に表舞台へと躍り出て、ヨーロッパの列強と肩を並べつつ新世紀における中心的なアクターとして国際政治上、重要な役割を演じることになる。

こうしてアメリカの歴史を振り返ると、太平洋国家となってアジアへの進出を果たすのは時間の問題でしかなかったことに気づかされる。第七代大統領ジャクソン率いる民主党が唱えた明白なる天命《マニフェスト・デスティニー》を精神的な支柱としつつ、一九世紀初頭よりアメリカはフロンティアを開拓して着実に西進政策を推し進めていた。その結果、一八四六年にはオレゴン地方をイギリスより入手し、その二年後には、米墨戦争での勝利によってアメリカはついに太平洋国家として出現した。このわずか五年後のペリー提督の浦賀来航は、当然この延長線上にある［6］。

日本の開国を成し遂げたアメリカは、シャムや清国とも通商条約を締結した。さらには、朝鮮半島において鉱山採掘権を獲得したり、清国でも租借地を入手するなどし、欧州列強と同様に積極的にアジアに介入する政策を推進していた［7］。しかし、一九世紀中葉以降におけるアメリカの膨張政策は、持続性・一貫性を欠くものであった。小さいアメリカを標榜し、欧州列強を反面教師とする大統領がこうしたアメリカの積極的外交にブレーキをかけたのである。例えば、フィルモア政権期にアメリカの領土としてペリーが獲得した小笠原諸島を、次期大統領のピアースは躊躇なく手放した。そして、反帝国・非介入政策の最大の擁護者であったクリーヴランドが大統領を務めた二期（一八八五〜一八八九、一八九三〜一八九七）においては、アメリカの膨張政策は完全に停止することになった。このようなアメリカ政府の反植民地政策を再び転換させる契機となったのは、イギリスを抜いて世界最大の経済大国となったアメリカの世論が、自国の新たな立場に相応しい地位を求めるようになったからである。こうした世論を強烈に後押ししたのが、次に挙げる要因である。

まず当時、歴史家ターナーの「フロンティア終焉」仮説が全米を席捲して大反響を呼び、新たな市場の確保が国家の至上命題として見なされるようになった。さらに、海洋支配が活発な通商を可能とし、国家の繁栄へ繋がるというマハンの海洋戦略論も、より偉大なアメリカを夢見る当時のローズヴェルト大統領やロッジ上院議員などの共和党有力者の野心を刺激した。加えて、新たに布教活動ができる場所の確保を求めていたアメリカ人宣教師たちによる世論誘導の影響も決して小さくなかった。しかし、これら以上に切迫した問題として多くのアメリカ人が憂慮していたのは、東アジアを舞台とするドイツの急激な膨張政策であった。清国のみならず、西太平洋においても勢力を拡大しつつあったドイツの存在は不気味であり、明白な脅威として受け止められた。その中でも、良港をもつサモアの支配権をめぐる問題は、米独間に外交的摩擦を生じさせた。精力的に展開されるドイツの帝国主義政策は、イギリスを刺激し、それゆえアメリカをドイツに対する防波堤と見なしていたイギリスは、フィリピンの領有をアメリカ政府に強く促したほどであった。こうした著しい変動の様相を見せる国際情勢に鑑み、ドイツを牽制する意志も含有しつつ、アメリカは二〇世紀前夜になってアジアへの再進出に本格的に乗り出したのである。

むろん、マッキンリ大統領の時代には、ためらいを伴う慎重な進出であったものの、いったんアジアへの関心・関与の歯車が動き出すと、それを抑制しようという力学はもはや効かなかった。弱肉強食のゼロサム的な世界観の下、欧州列強が我先にと「アジアの病人」と揶揄されていた清国の利権の獲得競争に参入していたからには、自らの国益を失いたくないアメリカとしても傍観するわけにはいかなかった。そうした意識が、ヘイ国務長官による清国に対する機会均等の原則を謳った一八九九年の第一次門戸開放宣言、そして領土保全の原則を謳った翌年の第二次門戸開放宣言へと連なるのである。これによって、アメリカは国益を担保しつつ、建国の理念との間に一定の整合性を持たせることが可能となった。この一方的な宣言の背景には、自国のみが中国の巨大な市場から閉め出されないように欧州列強と日本を牽制するというアメリカの思惑があったが、これにより清国において領土と利権を放棄する方針を決定していたアメリカ政府も、貿易の機会はきちんと担保することが可能となった。

なお、第二次宣言においてアメリカは列強による清国のさらなる分割・統治に対して不快感を露わにし、世界に対して警告を発したのであるが、当時のアメリカにはこの原則を強制するだけの海軍力はなく、ただ理念を表明したにすぎなかった。そして、次節に見るように、アメリカは最終的にフィリピンを領有することになったがゆえに、従来とは異なり、アジア地域を取り巻く国際情勢に対しても、より関心を払う必要性に迫られた。フィリピンという植民地の存在が、アメリカの東アジア政策に決定的な影響を及ぼすようになったのである。

❖米西戦争での勝利と海洋国家アメリカの出現

かつての輝きを失っていた西半球の旧盟主スペインは一八九八年、新興国アメリカとの戦争に大敗し、その代償としてキューバ、プエルトリコ、そしてグアムなどを失った。中でも、アメリカの海洋国家としての性質を決定的にしたのが、同戦争によってスペインより獲得したフィリピンであった。当時のアメリカでは「旧世界対新世界」という対立軸が一つの理念を形成していた。そのため、単なる市場の確保とは比較にならないほど大きな責任と意味を持ち、また従来の方針からの大転換ともなったフィリピンの領有は、アメリカを悩ませ必然的に国内政治と世論を巻き込む論争を惹起した[8]。

こうした論争に終止符を打ったのが、ローズヴェルト大統領であった。彼はスペインからの独立を獲得したばかりのフィリピン人と戦争をしてまでも同地をアメリカの保護下に置くことに固執した。とはいえ、フィリピンをスペインから力ずくで割譲したのではなく、二〇〇〇万ドルで買収したという事実からも、当時アメリカが抱えていたジレンマが明白に窺えよう。なお、同年、ドイツはスペインよりサイパンを入手したが、これにより太平洋上における米独間の対立はさらに鮮明となり、これもまたアメリカを一流の海洋国家に変容させなければならないというローズヴェルトの決心を一段と堅いものにした。

ところで、米西戦争と同年のハワイ併合も、同様にアメリカの海洋国家政策に大きな影響を与えた。日米が四三年後に真珠湾において火花を散らし、全面衝突に突入したことを考えると、アメリカによるハワイの領有は、日米関係の観点からもとりわけ大きな意味を持つ。

アメリカはすでに一八八七年より真珠湾をハワイ王国から租借していたが、一八九三年に在住アメリカ人がクーデタによってリリウオカラーニ女王を追放し、合衆国《ユニオン》への編入を前提にその翌年に共和国を樹立させた。このクーデタの際、日本政府が東郷平八郎率いる軍艦三隻を真珠湾に急派したことはよく知られているが、こうした行動が膨張主義を支持するアメリカ人に対してハワイの重要性を改めて認識させた事実も否めない。だが、この時はアメリカの海外進出に消極的であったクリーヴランドが大統領であったため、ハワイの併合は許容されなかった。しかし、後任のマッキンリ＝ローズヴェルト政権はその方針を一転させ、米西戦争での勝利を弾みに、一気にハワイ併合へと踏み切ったのである。

こうしてアメリカはフィリピンとハワイを領有したことにより、従来の西半球だけではなく、一九世紀の終焉と共にアジア太平洋地域にも利権を持つ海洋国家へとその姿を大きく変容させた。領土という形で明白な権益を保有することになったアメリカは、アジア地域において自らのプレゼンスを誇示するに至ったが、これは必然的に日米関係の再調整を余儀なくさせた。なぜなら、アメリカの工業力は一八九四年に世界首位に躍り出たものの、それでも当時のアメリカの海軍力では欧州列強からフィリピンを防衛できるような状況にはなかった。この「アキレス腱」を解消するためにも、アメリカは日本との関係を見直し、アジアにおいて戦略的パートナーシップを組む相手として新たに見なすようになる[9]。そして、こうした日米の安全保障上の連携は、両国関係を次のレヴェルへと押し上げ、次節で考察するようにローズヴェルト大統領の時代には日米の新時代が築かれることになる。

なお、アジア以外の地域においてローズヴェルトが海軍力をもって「棍棒外交」を披瀝した事例が、ヴェネズエラ危機である。ヴェネズエラが対外借款の債務返済になかなか応じないことに業を煮やした英独両国は、同国を海上封鎖した上で艦砲射撃を行った。アメリカ政府は、ヴェネズエラ政府による借款不払いについては同情しなかったものの、欧州列強が西半球において砲艦外交を展開することは看過できなかった。ローズヴェルトは即座に行動し、英独連合艦隊の二九隻の軍艦に対してアメリカの四つの戦隊（北大西洋、南大西洋、欧州、そしてカリブ海）を結集させて総勢五四隻の大艦隊を編成し、演習と称してヴェネズエラに急派させたのである[10]。

こうした実力の顕示のみならず、ローズヴェルトは英独の駐米大使に仲裁に応じなければアメリカとの戦争を覚悟せよとの忠告を行ったことにより、英独両政府は最終的にアメリカの要求に屈し、武力衝突は回避された。このヴェネズエラ危機は、崇高な理念を示した一八二三年のモンロー主義が、アメリカの実力とローズヴェルトの強い意志によってようやく強制できるようになった事実を端的に示している。他方、ローズヴェルトはこの事件によって、強い海軍がいかにアメリカの国益と安全保障を担保できるかを再認識し、また、距離との兼ね合いから太平洋に配置されているアジア戦隊が「演習」に合流できなかったという戦略的脆弱性についても痛感したのである。こうした事実が、海洋国家アメリカの建設に大きく貢献したローズヴェルトのもう一つの功績に繋がる。

それは、東海岸と西海岸の距離を大幅に縮めたパナマ運河の開削である[11]。もっとも、一〇年の歳月を要したこの世紀の大工事は、ローズヴェルト政権中に完成を見ることはなく、彼がその恩恵を直接的に受けることはなかった。が、そもそも工事に着手できたこと自体が偉業であった。ローズヴェルトは、運河の開削を試みて挫折したフランスの会社から掘削権を取得すると、アメリカによる工事再開の許可を早速コロンビア政府に要請した。しかし、コロンビアは、すでにアメリカが地峡に建設していた鉄道路線から今まで何ら収益を得ていなかったことを理由に、法外な金銭的要求を突きつけてきた。

ローズヴェルトは、こうした横柄な態度に立腹し、すぐさま海軍力を用いての武力示威行動に出た。すなわち、コロンビア国からの独立の約束と引き替えに、パナマ人からなる反政府勢力に革命を促し武装蜂起させたのである。そして、反政府軍の鎮圧に乗り出したコロンビア軍を牽制するために軍艦を同国に派遣させ、軍事力を示してその動きを完全に封じた[12]。なす術がないコロンビアはアメリカの要求を受け入れ、パナマは一九〇三年に独立した。新しく樹立されたパナマ政府は、運河の開削条件をめぐってアメリカ政府との再交渉を要求したが、非文明圏の連中との話し合いは不毛であると考えたローズヴェルトはそうした要求を一切無視し、運河が計画されていた地峡の一帯を一方的にアメリカの直轄地とした。なお、一九七七年に締結された米パナマ間の条約によって、一九九九年一二月三一日に運河一帯がパナマ政府に返還されるまで、この状況は実に九六年間も続くことになる。

アメリカの権益を得るためのローズヴェルトの強硬な手段は、現在の道徳規範に照らし合わせれば大いに問題があろう。しかし、彼に強い意志と実行力があったからこそ、アメリカの大西洋と太平洋は繋がることになり、従来の南米ホーン岬経由では約七九〇〇キロもあったニューヨーク〜サンディエゴ間の航路が、パナマ運河経由の新航路ではわずか三〇〇〇キロ程度まで大幅に短縮されたのである[13]。効率良く海軍を維持し、海上戦力を自由自在に素早く両米海岸に往来させられるのは、海洋国家アメリカの繁栄には欠かせないことであり、それを可能とするパナマ運河の存在は国益上の観点からも必要不可欠であった。

最後に、ローズヴェルト大統領が任期中に実施した、建艦計画についても論じる必要があろう。アメリカの外交力を高めるためには、海軍という「棍棒」をより強化しなければならないとローズヴェルトが痛感したのは上述したとおりであるが、彼の手厚い援護の下、アメリカ海軍は大幅に増強されることになった。莫大な財政支出に二の足を踏む連邦議会に対して、ローズヴェルトはアメリカの世論を味方に付けながら巧みに議員たちを説得した結果、彼の任期中に新たに一六隻の戦艦の建造が決まった。これによりアメリカはイギリスに次ぐ世界第二の海軍力を有するようなる。

他方、イギリスではこの間、戦艦の基本設計思想に大変革がもたらされ、世界に先駆けて重装甲・重武装でありながら蒸気タービンエンジンによって高速力を発揮できるドレッドノート（HMS *Dreadnought*）を竣工させた。ローズヴェルトはこうした戦艦技術における革命についてもいち早くその意義を見い出し、早速ドレッドノートに対抗できるアメリカ版の「ド級戦艦」の建造を命じた。これが後の二万一八二五トンのフロリダ級、そしてさらには、第二次世界大戦前夜までの米戦艦の基本型となった二万六〇〇〇トンのワイオミング級の就役（いずれも二隻ずつ）という形で結実した[14]。この他にも日露戦争からいち早く学んだローズヴェルトは、高速魚雷駆逐艦を積極的に導入し（計二〇隻建造）、また、兵器としての潜水艦の有用性を的確に見い出して潜水艦乗りの給与水準を大幅に引き上げ、アメリカ海軍におけるエリートとして位置付けるなどの改革を実行した。ローズヴェルト大統領が後に「現代海軍の父」と称されるようになったのは、こうした功績によってである。

3　ローズヴェルトと日米関係

❖太平洋を挟んだ隣国——ポーツマス講和会議と近代国家日本の台頭

ローズヴェルトが大統領として活躍した世紀転換期において、地政学的な変化がもたらされたのはアメリカだけではなかった。太平洋対岸の日本もまた大きく変容したのである。日清戦争での勝利により、日本は南進政策を加速させていたロシアと対峙することになった。それゆえ、日本政府は一九〇二年に日英同盟を締結し、わずか二年後これを後ろ盾に、国家の命運を掛けてロシアとの戦いに挑んだのである。

一九〇五年二月八日、旅順港に停泊するロシア旅順艦隊に対する日本海軍の奇襲攻撃によって日露戦争の火蓋は切って落とされた。歴史が示すように、日本軍は勇敢に戦い、旅順の陥落、奉天の占領、そして日本海海戦などの一大決戦によって戦争は日本にとって優勢な形で推移していた。

日本海海戦は世界の海軍戦術・装備にも大きな影響をもたらし、従来必須と考えられていた六から八インチ程度の副砲の不要論へと繋がった。より大口径の砲門の命中精度が飛躍的に向上したことにより、大きな破壊力をもつ主砲を用いたアウトレンジ攻撃がその後の海戦での必勝法になったのである。日頃から海軍の強化と近代化に熱心であったローズヴェルト大統領はこうした変化にも敏感に反応し、日露戦争後にアメリカが建造した戦艦はすべて小口径の副砲を廃した設計に変更され、その代わりに可能な限り大口径の主砲を多く積む型式が採用された[15]。

上述のように、日本が戦争を有利に進めていたとはいえ、ロシアは大国であり、ヨーロッパ方面に展開されていた陸上主力部隊はまだ手つかずの状態であった。加えて、機関銃を用いた塹壕戦によって日本はかなりの損害を被り、戦闘を維持する能力は徐々に消耗されつつあった。この状況下でロシアが国家の総力を挙げて長期戦を挑んできた場合、もはや国力の限界に達していた日本にとっては、戦況を一気に逆転されてしまう可能性は十分にあった。だが、ロシアにも戦争を継続した場合の不安材料が全くなかったわけではなく、不穏な国内政治情勢は持久戦の回避を賢明な策とした。

こうした事情から、両国による講和の模索は合理的な帰結であったが、まさにそのタイミングでローズヴェルト大統領から仲裁の申し出がなされたのである。日本海海戦後、弾薬や食料などの物資がほとんど底をつき、戦い続ける余力を失いつつあった日本にとって、ローズヴェルトによる講和斡旋は国家を危機から救済する千載一遇の好機会であった。確かに、大統領が取った行動は東アジアの勢力均衡を意識したという側面も否めない。他方、戦場で勝利を収めた日本がそれに相応しい見返りを得るのは当然だとローズヴェルトが考えたのも、また事実である。

戦争勃発前からローズヴェルトを始め、ユダヤ系の金融家など多くのアメリカ人有力者は日本を支持しており、戦費調達の問題ではそれが如実に現れた。どの時代でも戦争を遂行するためには莫大な資金が必要となるが、同盟国のイギリスでさえ日本の勝算は低いと考えたため、極めて投機的な性質を帯びる対日融資に対してロンドンの金融市場は当初冷ややかであった。肝心の資金調達がままならない日本は、ロンドン市場と比較すると規模も小さく、かつ大規模な国債発行の実績がないニューヨークの金融市場を頼るほかなかった。新興市場のニューヨークではあったが、クーン＆ローブ商会のシフなどのユダヤ人銀行家による積極的な支援などもあり、最終的に日本はアメリカを介する形で対露戦争を可能とする資金を募ることに成功したのである。

そして、講和会議の斡旋の申し出のみならず、日本との講話を渋るロシア皇帝のニコライ二世を最終的に説得し、和平のテーブルに着かせたのも他ならぬローズヴェルトであった。ニコライが講和会議の開催を受け入れたことによって、日露戦争の舞台は東アジアの戦場からアメリカのメイン州にあるポーツマスという小さな軍港に移った。日本は戦争の果実を確実にするために、ポーツマスでどうしても外交的勝利を収めなければならなかった。こうした強い気迫を胸に秘めつつ、日本全権代表として講話会議に臨んだのが小村寿太郎外務大臣であった。

当時アメリカ最大の客船であったミネソタ（*SS Minnesota*）は、一九〇五年七月八日に小村全権を乗せて横浜港を出航し、同月一九日にワシントン州のシアトルに入港した。太平洋横断中、本省との通信が一時途絶えたため、小村は下船すると、急いでシアトル領事館に赴き、そちらに届いていた外相宛の無数の電報に目を通した。その中に含まれていた情報によって小村はロシア全権の代表がウィッテ蔵相になったことを初めて知ることになったが、これは朗報であった。なぜならば、ウィッテは日露開戦に否定的であり、いざ戦争が勃発した際には日本との早期講和を訴えていた人物であったからである。交渉相手がウィッテであれば、講和の実現に向けて膝を突き合わせながら真剣な話し合いをもつことも期待できた。小村をさらに喜ばせたのが、ウィッテのアメリカ到着が八月一日になるという情報であった。これによりローズヴェルトとの面会は小村の方が先となる。先手を打つことによって日本の立場を少しでも有利にできると考えられた。

急遽シアトルを後にした小村は、シカゴ経由の大陸横断鉄道で七月二五日にニューヨークに到着した。駅のホームには、首都ワシントンから一足先にニューヨーク入りしていた高平小五郎公使が出迎えており、早速ローズヴェルトとの面会に向かった。大統領に対しては、ここまでの尽力に感謝すると共に引き続き講話会議において協力を要請した。なお、日本政府は広報外交という重要な任務を帯びて訪米していた金子堅太郎にも大統領との謁見を実現させており、二重外交を巧みに展開していた。こうした外交活動と時を同じくして、日露戦争における最後の軍事作戦が北海道の北の海で展開されていたのである。

その背景にはローズヴェルトから高平公使に対しての言葉があった。すなわち、講和会議において日本が有利に交渉を進めるためには、まずはロシアの領土を占領しておく必要があるという助言である。これとは別個に、長岡外史参謀総長も同様な考えを持っていたが、日本海海戦を控えている最中に、日本海軍の貴重な艦艇を他の作戦に割く余裕はないという事情からこの計画は見送られてきた経緯があった。しかし、バルティック艦隊（正確には、ロシア第二太平洋艦隊）の殲滅後、海軍も樺太の占領は必要であると考えるようになり、加えて上述のローズヴェルトからの進言もあって樺太上陸作戦は実施された。その結果、ポーツマス講和会議の開催直前になって樺太は日本軍に占領されるに至った。こうしてロシアの国土の一部を手に入れたことによって、講和会議において樺太をめぐる領土割譲問題が一つの争点となることが決定的となった。最終的に、ニコライに対するローズヴェルトの度重なる説得により、賠償金はないものの、南樺太の割譲をもって講和会議は妥結した。

大局的に見てロシアの領土の獲得よりもはるかに大きな収穫となったのは、ポーツマス講和会議によって朝鮮半島における日本の独占的地位と南満州における優先的地位をロシアが容認したことである。そもそも、これが日本を対露戦に踏み切らせた主要因であり、日本の勝利によってロシアは大陸における日本の勢力圏の存在を許容せざるを得なくなった。これだけでも戦争の代償を十分に補うほどであったが、過大な戦果を知らされていた日本人の中には、賠償金がない講和に憤りを感じ、ローズヴェルトを裏切り者として見る人たちもいた。こうした鬱憤が、多くのアメリカ人に衝撃を与えた日比谷焼打事件となって噴出したのである。

しかし、実際のところ、国力の限界に達していた日本にとってポーツマス講和会議がもたらしたのは理想的な形での戦争終結であり、それを可能にしたのは、日本を最後まで支持したローズヴェルトの努力であった。講和成立の報せを受けたローズヴェルトは、「素晴らしい。ここまで嬉しく思ったことはこの数年ない」と努力が実ったことを素直に喜ぶとともに、日本が列強への仲間入りを果たしたことによって日米関係が新たな時代を迎えたことも十分に認識していた[16]。なお、ローズヴェルトは講和会議での功績を認められ、翌年にアメリカ人として初めてのノーベル平和賞を受賞している。

❖ポーツマス講和会議(1905年)

英仏独露の欧州列強も、自らの勢力圏の獲得と拡張を最大の目標として東アジアを帝国主義の渦中に巻き込んでいたが、その一翼を成すロシアが日本に敗北したことは、必然的に従来の国際関係の枠組みの再編成を余儀なくさせた。換言すると、ロシアの膨張的野心を挫いた日本は、東アジアにおける新興勢力として列強の仲間入りを果たしたのみならず、のちの小村外相の大陸政策が示すように、初めて覇権争いの行為主体者になったのである。

こうした日本の台頭は、ローズヴェルトが予見したように、日米関係を戦略的な要素を含むより複合的・重層的な二国間関係へと深化させた。ちょうどこの時期に、オレンジプラン（War Plan Orange）という対日戦争計画が米陸海軍統合本部によって策定されたが、これは日本が台頭した証左でもあった。だが、皮肉にもオレンジプランが示したのは、一等国アメリカといえども、当時の海軍力ではフィリピンを日本の攻撃から防衛することは不可能であり、利益を共有するパートナーとして日本と連携することが最も現実的であるという事実であった。それゆえ、ローズヴェルトは、中国における門戸開放とアメリカの勢力圏さえ尊重すれば、日本が自前の勢力圏を築くことには何ら異議を唱えなかった。なお、オレンジプランの一環としてローズヴェルトは従来の〈アジア戦隊（Asiatic squadron）〉を廃し、艦艇を増強した上で〈アジア艦隊（Asiatic fleet）〉に再編成している。ただし、「戦艦は集中させることによってその威力を最大限に発揮させられる」という原則にローズヴェルトが固執したため、戦艦は大西洋艦隊（これが後述するホワイトフリートである）のみに配備され、新設のアジア艦隊の主力は巡洋艦のみとなった[17]。こうした事実からも、ローズヴェルトが安全保障上において日本との協力関係をとりわけ重視した背景が窺えよう。

このように現実主義者のローズヴェルトからすれば、隣接する地域に対して日本が勢力圏を確保したいと考えるのは極めて合理的であり、その結果、一九〇五年七月に日米両政府は、韓国に対する日本の優越的な支配権とアメリカのフィリピン統治とを相互に承認しあった「桂・タフト覚書」に合意した。アメリカもモンロー宣言に対する一九〇七年のローズヴェルト経綸（Roosevelt Corollary）によって中南米を完全にアメリカの勢力圏に組み込んだが、この事実と照らし合わせても、東アジアの新興勢力である日本が同様に影響力の拡大を目指すことは容易に理解できることであった。このように、ローズヴェルトの下で日米関係はより堅固なものとなり、両国とも双方の勢力圏を尊重しつつ、自らの利権の維持・拡大を図ったのである。

しかし、次に見るように、日本の台頭はアメリカ人一般に日本の存在をより意識させることにもなった。こうした対日イメージの変化により、政府の意志とはかけ離れたところから日米関係に摩擦が生じることになる。

❖日米移民問題とホワイトフリート

ポーツマス講和会議がもたらした日本の国際社会における地位の向上は、思わぬところで日米間に摩擦を生じさせた。その背景には、日露戦争の勝利によって、日本が初めて脅威として一般のアメリカ人に認識されるようになったという実情があった。それが当時盛んであった黄禍論と重なり合い、白人の国家ではない「一等国」という存在が、日本をより不気味な存在として醸し出したのである。こうした日本のイメージの反射として、カリフォルニア州における日本人移民もまた脅威と見なされるようになり、アメリカ西海岸を中心とする一地方における人種主義が端緒となった、いわゆるサンフランシスコ学童隔離事件へと発展する[18]。

同事件は、一九〇六年一〇月にサンフランシスコの市学務局が、すでに他のアジア人学童が通っていた東洋人学校に、日本人学童も隔離する旨を決定したことに端を発する。その表向きの理由は、四月にサンフランシスコを襲った大震災の被害によって教室数に不足が生じたからということであったが、当時日本人学童はわずか九三名しかおらず、さらに彼らが通学していた地区の公立学校は全く被災していなかったため、それが口実でしかないことは明白であった。

そもそもこうした問題が生じた背景には、いくつかの要因があった。まず、最初に、カリフォルニア州における日本人移民の増加、及びそれに伴う州民の意識の変化である。中国人移民が一八八二年の排華移民法によってアメリカから排斥されてのち、中国人移民に取って代わる新たな安価な労働力としての日本人移民の需要が生じた。そして、一八九八年にハワイ王国がアメリカの領土として併合されると、同地から本土へ転航する日本人移民が激増し、その多くが当時西海岸での最大の都市であったサンフランシスコに居住するようになった。

次いで、地元の政治情勢がある。一九〇〇年以降、組合労働党がサンフランシスコ市の政治を次第に牛耳るようになり、同党が白人の労働者階級を支持基盤としたために、低賃金で働く非組合労働者の日本人移民は必然的に邪魔者となった。さらには、地元新聞による排日運動の煽動が挙げられる。日比谷焼打事件などによってアメリカにおける日本のイメージが悪化すると、カリフォルニア州の各紙はこれに便乗し、新聞の販売促進効果のある「排日」を訴える記事を連日掲載した。他の競合するメディアがない時代だけにあって、こうした記事は広く読まれ、それらは当時の世論を形成する上では計り知れない影響をもった。その中でも、とりわけ新聞王ハーストが所有する諸新聞は、紙面を用いて日本人移民に対する攻撃を執拗に展開し、排日運動を率先的に牽引した。

そして、最後の要因は、日露戦争での勝利によって日本が安全保障上の脅威として見なされるようになったことである。日本の国際的地位の向上は、ドイツやロシアに代わって、次は日本が東アジアにおけるアメリカの利権を脅かすのではないかという疑念をアメリカ人に対して抱かせるようになった。加えて、黄禍論の存在が、強国の非白人国家という日本の姿を不気味なものにした。

このような複合的・多重的要因を背景としつつ、のちにローズヴェルト大統領が「任期中における最大の危機」と回想した学童隔離事件は発生した。中国人学童はおとなしく東洋人学校に通学していたが、「一等国」の国民であるとの自我意識が芽生えていた日本人は、「二等国」の国民としての待遇には納得せず、強い政府を背後に擁していることに期待を寄せて、問題解決をサンフランシスコの日本領事館に委ねたのである。これは祖国が混乱に陥っている中国人移民には到底望めることではなかったが、こうした行動が却って日本人移民は同化する意志のない危険分子であるという固定観念をアメリカ人に焼き付けた事実もまた否めない。

当然、日本政府としても、すでに学童が隔離されている中国人移民と同等に扱われるのは屈辱でしかなかった。日清戦争での勝利によって、日本はもはや清国とは異なった次元の国際的地位を得ているという気運が支配しており、これに後押しされた日本政府は、アメリカの駐米公使を介してアメリカ政府に抗議した。ここに来て、ローズヴェルトは初めてサンフランシスコでの事件について知ることになった。

近代化の出発点の原体験が不平等条約であった日本にとって、日本人移民の差別的待遇は国家的体面を損なう行為であり、当然看過できるものではなかった。とはいえ、冷静な対応でしか解決策は見いだされないとも認識しており、ましてや国益が直接的に絡まない問題でアメリカと対峙しようとする考えは日本には皆無であった。とはいうものの、最近になって列強の仲間入りを果たした日本にとっては、面目と威信を保つことが重要であり、それゆえアメリカから一等国に相応しい待遇を望んだのである。ローズヴェルトもこうした態度には共感でき、国家的体面に配慮する行動を日本に示すべきであると考えた。

現実主義者のローズヴェルト大統領にとっては、わずか九三名の学童を隔離するか否かという些細な問題で日米関係を毀損させようとするサンフランシスコの行動は愚行でしかなかった。こうした折、「日米開戦近し」という戦争脅威論（war scare）がカリフォルニア州で沸き起こり、これが最初の日米危機を誘発させた。むろん、こうした世論をよそに日米両政府は終始冷静であり、この事態が戦争にまで発展するとは一度も考えたことはなかった。それどころか、ローズヴェルトはこの憂慮すべき事態の早期解決に向けて身を投じ、「カリフォルニアのバカども《フールズ》」に灸を据えるために、カリフォルニア州出身の閣僚をサンフランシスコへ急派したのである。

さらに、ローズヴェルトは、暴動などによって日本人移民に死傷者が出るようなことがあれば、連邦軍の投入も辞さないという強い姿勢を誇示したが、同時に彼は鞭だけではなく飴の準備も怠らなかった。カリフォルニア州に対する譲歩として、現行の移民法を改正し、日本人移民がハワイからの米国本土への転航を禁止する措置をとったのである。市学務局もこの妥協案に納得し、日本人学童の隔離決議を撤回した。こうして、外交問題にまで発展した学童隔離事件は一気に収束へと向かい、両国の世論を一時騒然とさせた移民問題は、大統領の迅速かつ適切な行動によって日米関係を損傷させることなく無事に収拾された。いかにローズヴェルトが、大局的な観点から日米関係を重視したかが窺える事件であったと言えよう。

他方、同問題を将来における日米関係上の懸案事項にさせないためにも、ローズヴェルトは日米移民問題を根本から解決するための日本との協議を開始した。その結果、計一一通の往復書簡からなる「日米紳士協定」が両政府間で合意され、二〇歳以下の子女を除き、今後一切の労働者のアメリカへの入国が禁止されることになった。こうした自主規制によって、日本は中国人移民をアメリカから締め出した排華移民法のようなアメリカによる一方的な措置を免れ、国家の威信を保つことができた。そして、この日米紳士協定の合意によって、カリフォルニアにおける排日運動は一気に沈静化することになった。

日米紳士協定と共に、結果として日米関係にとって追い風となったのは、戦艦一六隻からなるアメリカ海軍大西洋艦隊の日本歴訪であった。ローズヴェルトは海軍首脳部の反対を押し切って、一九〇八年三月一三日に同艦隊による世界一周の練習周航計画を発表し、極東を航海する際、ハワイ、ニュージーランド、オーストラリア、フィリピン、そして清国に寄港することを明らかにした[19]。前例がない大規模な計画の目的の一つには、移民問題をめぐって日米開戦を訴えていたジンゴイスティック（好戦的な愛国主義）な世論を鎮め、両国に潜在していた日米開戦論の払拭を企んだのである。つまり、ローズヴェルトは、母国の主戦論者には、アメリカは日本に一方的に譲歩しておらず、毅然とした態度を取ったことを示し、他方で日本の主戦論者に対しては、世界第二位と第五位の海軍力との間には歴然とした国力の差があるのを見せつけることによって、戦争となれば日本は到底アメリカにかなわないということを思い知らせる狙いがあった。

❖グレートホワイトフリート（1907年）

当然、世界一周航海には他の目的もあった。たとえば、海軍の練度を全体的に底上げすることや、海軍主義の観点からアメリカの世論一般に海軍に関心をもってもらい、それを後ろ盾に、海軍拡張計画に非協力的な姿勢をとり続けている連邦議会の雰囲気を刷新させることも狙った。

日米関係の堅持に努めたい日本も、練習航海計画の全容を知ると、艦隊による日本寄港を直ちに国務省に申し入れた。アメリカ政府はこの要請に快く応じ、日米両国の新聞はこの決定を「国際親善の向上と日米間の信頼醸成に繋がる」ものだと報じ、両国を一時は騒然とさせたウォースケアの危機は跡形もなくなった。そして、当時のアメリカ海軍の通常の軍艦色であった灰色を真っ白に塗り替えたグレートホワイトフリートがついに一〇月に横浜に寄港すると、日本国民は熱烈に歓迎した。この時のもてなしが歴訪した各国の中で群を抜いて素晴らしかったこともあり、グレートホワイトフリートの寄港は日米親善の気運をさらに高揚させた。

この心理的契機を捉えて、日米両政府間で一一月に「高平・ルート協定」が締結され、太平洋地域の現状維持、満州を除く中国の領土保全、機会均等に関する歴史的な合意が成立した。同協定と「日米紳士協定」がローズヴェルトの対日政策の基礎を成すことになるが、これは一方で、アメリカが満州と朝鮮半島を中心とした日本の勢力圏を黙示的に是認したことを意味し、他方で、移民問題に関しては、日本が譲歩する形での協力を得るというものであった。こうしてローズヴェルト政権下での日米関係上の懸案事項は双方に満足のゆく形ですべて収拾され、移民問題によって日米関係にたれ籠めていた暗雲は完全に立ち消えたのである。

4 おわりに

新渡戸稲造の『武士道』を愛読書とし、非白人国家であっても近代化に成功した日本を文明国として認め、それに見合った待遇を与えることに心がけた知日派大統領のセオドア・ローズヴェルト。本章で考察してきたように、二〇世紀の世紀転換期において日本を東アジアの中で最も重視し、かつ尊敬の念を抱いていた人物がアメリカ大統領の地位にあったことは、日本にとっては大きな幸運をもたらした。そのローズヴェルトはポーツマス講和会議において、日本が日露戦争で得た果実を手にできるように裏で奔走したのみならず、それに伴って東アジアにおいて日本が自前の勢力圏を築くことさえも容認したのである。こうしてローズヴェルトは両手を差し出して日本を一等国クラブのメンバーとして温かく迎え入れたことにより、新時代の日米関係が切り開かれた。

彼の日米関係に対するこうした認識は、日本が列強の仲間入りを果たした直後に勃発した移民問題の対応においてより鮮明となる。ローズヴェルトは同問題が日米関係を揺るがしかねないと的確に見抜くと、東アジアでのアメリカにとって最も重要な二国関係であるという信念のもと、強いリーダーに相応しい決断力と実行力をもって迅速に行動し、サンフランシスコ学童隔離事件を見事に収拾させたのである。カリフォルニア州の排日運動に対するこうしたリアリズムは、次期大統領のタフトの時代にも継承されたが、民主党のウィルソンが大統領に就任するとそうした問題意識は希薄となり、それがやがて両国関係を損傷させ外交的危機を招くことになるのは、その後の排日運動の顛末が端的に示していよう。

戦前の日米関係を改めて振り返ると、ローズヴェルトほど日本の立場に理解を示した大統領はいなかったことに気づかされる。彼は日米関係の堅持をアメリカの国益と重ね合わせ、フィリピンの安全保障を念頭に両国関係を戦略的パートナーシップへと変容させたのである。こうした流れから日英米の三国による非公式な同盟が成立し、日本は自国の安全保障はもとより、より広い外交的地平線の獲得に成功し、自らの運命についてより幅広い選択肢を得ることができた。そうした日本が、英米との非公式同盟——いわゆる霞ヶ関正当外交——を払いのけ、大陸中国に活路を見出して権益拡大に走り、のちに英米と対決する路線を選択したのは誠に不幸であった。

しかし、ローズヴェルトが没し、日本が五大国の一員というさらに高いステータスを得た一九一九年の時点では、近衛文麿のように英米との関係見直しを望む勢力がなかったわけではないが、日本政府における主流派の対外政策は英米との連携を何よりも重視するリアリズムに立脚していた。それゆえ、ワシントン会議において英米との妥協は可能かつ当然であり、同会議が導き出したワシントン体制とそれを支えた幣原外交によって、ウィルソン政権期に揺らいだ日米関係を再び安定軌道に戻すことができたのである。しかし、本章で考察したとおり、対立よりも協調を軸に据えた日米関係の原点にあったのは、世紀転換期におけるローズヴェルト大統領の対日政策であった。そして、この事実を的確に理解していた後々のアメリカにおける親中派諸勢力は、同大統領の政策を打破することを究極の目標とし、中国の権益保全をより重視する路線へとアメリカ外交の舵を大きく切ったのである。

以上のように、ローズヴェルトがリーダーとしてアメリカを率いた八年間は、日本が一等国として台頭したことによって日米関係が成熟した時期であり、また他方のアメリカも、海軍力を大幅に増強させて一流の海洋国として変容しつつあった過渡期でもあった。このように、現在もなお続くパクス・アメリカーナの時代の幕開けを到来させたローズヴェルトであったが、東アジアにおける国際政治力学の中心が日本から中国へと移動しつつある二一世紀において、彼の外交安全保障上の「大政策（Large Policy）」は果たしてどのような教訓を示唆してくれるのであろうか。

註

1──ローズヴェルトの時代のアメリカ海軍の諸相については、William R. Braisted, *The United States Navy in the Pacific, 1897-1909* (Naval Institute Press, 1958) が詳しい。

2──Henry J. Hendrix, *Theodore Roosevelt's Naval Diplomacy: The U.S. Navy and the Birth of the American Century* (Naval Institute Press, 2009), pp. 4-6.

3——Ibid., 2-3.
4——Ibid.
5——Ibid., 137.
6——ペリー艦隊がアメリカ東部を出航し、喜望峰周りで日本に向かったことから、当時の西海岸はまだ港湾のインフラ整備が整っていなかった状況が垣間見える。
7——Edward P. Crapol, *James G. Blaine: Architect of Empire* (Scholarly Resources, 2000), pp. 116-117.
8——実際、フィリピンの領有に反対する組織である「全米反帝国主義連盟」が、同年に結成されている。
9——A. Whitney Griswold, *The Far Eastern Policy of the United States* (Yale UP, 1962), p. 348.
10——Hendrix, pp. 41-42.
11——すでに一八六九年に開通していたスエズ運河の建設とは比較にならないほど大規模の事業となった。スエズでは平坦な砂漠の中に運河を通すだけの話であったが、パナマは地峡の両岸でかなりの高低差があるため、多くの閘門設置が必要となった。それに加えて、不安定な土壌と熱帯性の気候(建設機械を錆び付かせる集中豪雨やマラリア、黄熱病などが蔓延)によって死者が約二万八〇〇〇人にものぼり、極めて困難かつ高価な工事となった。全長八二キロの運河が完成したのは一九一四年のことであり、工事を請け負った米陸軍工兵隊が一〇年を要するほど高難度のプロジェクトであった。なお、フランスは一八八一年から一八八九年の間、工事を行ったが最終的に挫折、工事請負会社は破産し、事業をアメリカに譲渡した。
12——Walter LaFeber, *The Panama Canal* (Oxford UP, 1989), pp. 23-45.
13——John C. Perry, Facing West: Americans and the Opening of the Pacific (Praeger, 1994), p. 178. 運河の海通が開運にもたらした影響については、木村昌人「パナマ運河開通と日米関係」『協調政策の限界——日米関係史、1995〜1960年』(山川出版社、一九八九年)を参照。
14——Hendrix, pp. 149-150.
15——Ibid., p. 142. なお、蔚山沖海戦では、日本艦隊は一万四〇〇〇ヤードの距離から有効弾をロシアのウラジオストク艦隊に撃ち込み、小口径の大砲がまったく無意味であることを見せつけた。
16——日露戦争が日米関係に及ぼした影響については、簑原俊洋「日露戦争の終結——ポーツマス講和会議と日米関係の変容」『「戦争」で読む日米関係100年——日露戦争から対テロ戦争まで』（朝日新聞出版、二〇一二年）九〜二八頁を参照。

17——George W. Baer, *One Hundred Years of Sea Power: The U. S. Navy, 1890-1990* (Stanford University Press, 1996), p. 41.

18——排日運動が日米関係に及ぼした影響については、簑原俊洋『カリフォルニア州における排日運動と日米関係——移民問題をめぐる日米摩擦、1906〜1921年』（有斐閣、二〇〇六年）を参照。

19——ローズヴェルトがグレートホワイトフリートの世界周航航海に踏み切った背景については、James Reckner, *Teddy Roosevelt's Great White Fleet* (Naval Institute Press, 1988)、Kenneth Wimmel, *Theodore Roosevelt and the Great White Fleet: American Sea Power Comes of Age* (Brassey's, 1998)、及び James Bradley, *The Imperial Cruise: A Secret History of Empire and War* (Little, Brown, and Company, 2009) が詳しい。

第5章 「パクス・アメリカーナ」の誕生

——英米関係と海洋覇権の移行

細谷雄一
Yuichi HOSOYA

1 はじめに

「海洋覇権（naval supremacy）を維持することは、われわれにとってすべての基礎となる。それによってこそ帝国のみならず、わが国民の偉大な通商上の繁栄、さらには世界における輝かしい地位を得られるのだ。それだけではない。海洋覇権によってこそ、一〇〇〇年近くも護ってきたわれわれの生存と自由を維持することできるのだ。」〔1〕

これは、一九一一年一一月九日に、海軍大臣であった若きウィンストン・チャーチルが述べた言葉である。チャーチルは、イギリスの「海洋覇権」の維持によって、帝国の繁栄と、偉大なる地位を永続させることができると考えていた。しかしながらそのようなチャーチルの認識は、大きな限界を孕《はら》むものであった。というのも、この時代には新興国アメリカが海軍大国として台頭しつつあり、三年後に勃発する第一次世界大戦によって、アメリカの海洋上の地位はさらに向上していくからであった。ナポレオン戦争後、ほぼ一世紀にわたってイギリスが保持していた海洋覇権は、アメリカの手に移ることになる。アメリカは、南北戦争終結からわずか半世紀ほどで、世界最大の海軍国となっていた。そして、さらに半世紀が過ぎた二〇世紀半ばには、アメリカは超大国として、大西洋と太平洋の制海権を掌握し、圧倒的な影響力を世界全体へと及ぼしていたのだ。

チャーチル海相がこの言葉をつぶやく九年ほど前の一九〇二年に、イギリス政界の巨人であったジョゼフ・チェンバレン植民地相は、次のように述べていた。「疲れきった巨人が、あまりの巨大な宿命の惑星の下でよろめいている。われわれは長い年月の間、その責務を背負い続けている。今こそ、われわれの子供たちがそれを支える手伝いをすべき時だと、われわれは考えている。」[2]

チャーチルがイギリスの「海洋覇権」を語る一方で、チェンバレンは「疲れ切った巨人」となってしまったイギリスの衰退を嘆き、その将来を危惧していた。しかしながら、この両者には共通点があった。チャーチルとチェンバレンの二人とも、その頃にイギリスとアメリカの両国において新しい政治的イデオロギーとして浮上していた「アングロサクソン主義」を擁護しており、イギリスがアメリカと提携する必要を強く訴えていたのだ。チャーチルは母親がアメリカ人であった。他方チェンバレンは再婚相手がアメリカ人女性であった。彼らにとってアメリカ人とは、アングロサクソン民族の血を共有する家族同然の存在であった。「疲れ切った巨人」であるイギリスを「支える手伝い」ができるのは、「われわれの子供たち」、すなわち血の繋がったアメリカ人である。アメリカとの提携を通じてイギリスは活力を取り戻し、また海洋覇権を確保できるのだ。そのような認識が、この二人の政治家には見られた。

本章では、一九世紀末から二〇世紀初頭に至る時期に、イギリスがどのようにアメリカと提携し、またどのようにイギリス海軍からアメリカ海軍へと海洋覇権が移行したのかを、見ていくことにしたい。二〇世紀に、アングロサクソンのこの二つの海軍大国が世界の海を支配したことは、この時代の国際政治を理解する上での鍵となる。なぜ海を支配する必要があったのか。それをどのように達成したのか。そして、英米間の和解はどのように可能であったのか。これらを問うことで、われわれはより深く、二〇世紀の国際政治の本質を理解できるのではないか。それは、アメリカ海軍が背後に控える「パクス・アメリカーナ」の世界であった。それでは、それを見ていくために、一世紀前の時代へと旅することにしよう。

2 「パクス・アメリカーナ」の曙光 一八九〇-一八九七年

❖ダイヤモンドジュビリーの祝典

一八九七年には、地球全体の四分の一の地表がイギリス帝国領であり、また世界の総人口の四分の一がそこに含まれていた。歴史家のジェレミー・ブラックが語るようにイギリス帝国は「海洋帝国（seaborne empire）」であり、この年には世界全体の半数の蒸気船が、イギリス船籍であった[3]。それらのイギリス船が寄港するためにも、世界の主要拠点の貿易港や給炭港をイギリスが押さえていた[4]。まさにイギリス帝国が、世界の海を支配していた。

そのようなイギリス帝国の威光を世界に照らすように、一八九七年六月にヴィクトリア女王の在位六〇周年、「ダイヤモンドジュビリー」の記念式典が華やかに開かれた[5]。世界二一カ国の海軍の軍艦がイギリスを訪れ、ロイヤルネイヴィーの観艦式に加わった。イギリスの主要な軍港であるポーツマスには、多様な軍服に身を包んだ海軍士官が世界各地から集まっていた。観艦式では、ロイヤルネイヴィーの軍艦の背後に、日本の巡洋艦富士や、アメリカの装甲巡洋艦ブルックリンの威容も見え、ヴィクトリア女王の長い治世を祝福していた。

アメリカの装甲巡洋艦ブルックリンの存在は、まるでその後のアメリカ海軍の行方を象徴するかのようであった。ブルックリンは、多くの人々の関心を惹いた。というのも、それが当時の最新技術で覆われていたからだ。甲板は不燃の柔らかい素材で覆われており、それは海軍関係者を驚かせた。また、砲弾を弾倉から持ち上げるクレーンや回転砲塔は電気で動かすことができた。それは画期的な技術革新であった。このようなアメリカの最先端の造船技術を目にして、イギリスの『クロニクル』紙は、「われわれは、少なくとも、七、八年は遅れている」と嘆いていた[6]。

ロイヤルネイヴィーの威光を示すはずであった「ダイヤモンドジュビリー」の観艦式の片隅で、このような重要かつ新しい兆候が見られたのだ。アメリカ最新の装甲巡洋艦ブルックリンは、『クロニクル』紙で次のように好意的に描写されていた。「その装備は称賛すべきものであり、われわれイギリスの軍人の一部の者しか、そのような電化回転砲塔クレーンを利用できないのは、恥ずべきことだ」[7]。また、アメリカ海軍軍人のマナーも高く評価された。「アメリカの海軍士官は、例外的に礼儀正しく、海上で儀礼を行う際には必ず白く縁取られた帽子を取ることを忘れない」。急速に近代化を進めるアメリカ海軍の技術と制度に、少なからぬイギリス人が驚嘆していた。イギリスの圧倒的な海洋覇権は、静かに黄昏《たそがれ》へと向かいつつあった。

❖アメリカ海軍の台頭

アメリカ海軍が急速に技術革新を進め勢力を増していることは、多くのイギリス人にとって驚きであった。というのも、少し前までアメリカ海軍の存在は、世界に冠たるロイヤルネイヴィーにとっては無視し得る存在に過ぎなかったからだ。そもそも一九世紀後半のアメリカはモンロードクトリンに寄りかかり、大西洋と太平洋という二つの大洋に守られて孤立主義を掲げ自らの安全を保持していた。アメリカの近海において通商を行い、それを防護する程度の海軍力で十分であった。イギリスのロイヤルネイヴィーが制海権を確保していることで、大西洋では安定した自由貿易が確立していた。またヨーロッパ大陸では、ドイツ帝国宰相ビスマルクが構築した勢力均衡に基づいて、安定した平和と秩序が維持されていた。そのような国際環境と地政学的な位置によって、アメリカでは巨大な海軍力を建設する緊急性が感じられなかったのだ。それゆえアメリカは、一八八九年には世界で一二位の海軍力を持つ程度の小さな存在に過ぎなかった[8]。

しかしながら、そのような安定的な国際秩序は一八八〇年代に大きく変容していた。蒸気船が発明され、多くの海軍がそれを配備するようになったことで、遠洋航海が容易になった。またそれによって、各国の海軍は海外に給炭港を確保する必要が生じ、そのことが植民地獲得競争に拍車をかけた。イギリスやフランス、ロシア、そしてドイツの海軍は徐々に、より遠方まで軍艦を派遣するようになり、資源や植民地を求めて地球の裏側まで航行していった。アメリカは次第に、自国の領土が外国の軍艦に攻撃される深刻な危機感を抱くようになる。

帝国主義と海軍拡張競争が結びつき、それによって南北アメリカ大陸が権力政治の世界へと組み込まれていく。アメリカもそれから無関係ではいられなくなっていった[9]。それらのヨーロッパの大国のなかでもとりわけ、世界各地に給炭港を有し、圧倒的な海軍力を展開させるイギリス海軍こそが、アメリカにとっての最大の脅威であった。しかしながら同時に、皇帝ヴィルヘルム二世の下で急速に海軍力を増強するドイツ帝国や、日清戦争に勝利をして太平洋にその海軍力を展開する日本もまた、徐々にアメリカにとっての脅威と考えられるようになっていく。

アメリカ政府は、そのような新しい情勢に対応していく。一八八六年に、最初の二隻の外洋型戦艦の建造がアメリカ議会によって承認され、一八九五年に就役した。六三一五トンの戦艦テキサスと、六六五〇トンの装甲巡洋艦メインである[10]。海軍建造競争が進む中で、アメリカもまた自国を守るための強大な海軍力が必要であることを認識していく。また、一八九〇年には、アメリカ議会はインディアナ級の第一線の戦艦、すなわちインディアナ、オレゴン、マサチューセッツの三隻の戦艦の建造を承認した[11]。それぞれの戦艦には、四つの一三インチ砲が積まれていた。このような海軍の軍備拡張を促進したのが、一八八九年から九三年まで、ベンジャミン・ハリソン大統領の下で海軍長官を務めたベンジャミン・トレイシーであった。トレイシーは、アメリカにおいて「新しい海軍」の必要を訴えた中心人物であった。従来の沿岸防衛から、世界最大の海軍大国へと変貌する道のりを歩み始めた。そのような歩みの中で、ダイヤモンドジュビリーに参列するためにアメリカは最新鋭の巡洋艦をイギリスに派遣したのだ。

この時期のアメリカで、海軍大国へと変貌するためのもう一つの重要な変化が見られた。海軍大学校がロードアイランド州ニューポートにおいて設立されたのだ。設立者であり初代校長のスティーヴン・ルース提督は、ある一人の海軍軍人を海軍史の初代教官として招聘《しょうへい》した。アルフレッド・セイヤー・マハンである。

❖ マハンとアメリカの海軍主義

一八九〇年五月に、マハンが一冊の本を刊行した。この著書はアメリカ海軍を発展させる上でのバイブルとなったのみならず、その後の世界史までをも大きく動かしてしまう。『海上権力の歴史に及ぼした影響』(海上権力史論)である[12]。

マハンは「海軍力《ネイヴァルパワー》」という言葉の代わりに、「海上権力《シーパワー》」という言葉を用いている。歴史家の麻田貞雄によれば、それは「その表現の鮮烈さを狙った」のであり、また「単に軍事力に止まらず、艦隊力の基盤をなす海運業や商船隊、またその拠点として必要な海外基地や植民地をも包含する」からである。マハンはこの「海上権力」という言葉を用いて、これからアメリカが進むべき道を照らし出した。

マハンは「海洋には既知、未知のさまざまな危険がひそんでいるけれども、水上の旅行や貨物運搬は陸運よりも容易かつ安価である」と論じる[13]。だとすれば、「一大交通路」である海洋を支配することで、アメリカは自らの繁栄を拡大することができるだろう。マハンは、海軍力を単なる沿岸防衛のためだけではなく、アメリカの将来の発展を導くものとして、そこに新しい可能性を見たのである。

さらにマハンは、その著書の中で、新しい国際環境のなかで自国を防衛するためには、より強大な海軍力が不可欠であることを指摘した。「明らかに重要課題は、たとえ遠隔の諸外国を侵攻する能力がアメリカになくても、少なくとも自国への主たる接近路を敵襲に対して安全に保ちうるだけの海軍力をわが国民のために建設するよう政府の影響力を行使する、ということである」[14]。

一八九〇年八月にマハンは、『アトランティックマンスリー』誌に、「合衆国海外に目を転ず」と題する論文を寄せた。これは、それまでモンロードクトリンに則って、国内問題に専念し、海洋の向こうに関心を示さなかったアメリカ国民に対して、世界に目を向ける必要を説くプロパガンダであった。マハンは論じる。「好むと好まずとにかかわらず、いまやアメリカ国民は、海外に目を向け始めなければならない。わが国の生産力の増大がそれを要求している。また、国民世論の盛りあがりがそれを要求している。さらに、二つの旧世界（西洋と東洋）および二つの大洋にはさまれたアメリカの位置も、それを要求している」。

マハンは続けて、次のようにも述べている。「やがて、大西洋と太平洋を結ぶ新しい絆である運河が開通するに至れば、その要求は一段と強まるであろう」[15]。これから、大西洋と太平洋が繋がろうとしている。

それはパナマ運河開通によって実現される。それによってヨーロッパ列強は、これまでに比べてはるかに容易にアメリカの国土を攻撃できるようになるであろう。

マハンのプロパガンダの成果もあって、この時代にアメリカの海軍力は急速に増強されていた。マハンがこの論文を刊行した年には世界で第一二位に過ぎなかった海軍力が、彼が亡くなる一九一四年には世界第三位となっており、その二年後には世界最大の海軍大国となったのである[16]。「海洋覇権」を求めるマハンの希望は、彼が亡くなってまもなく実現されようとしていた。急速な国力の伸張とあわせて、アメリカの海軍力もまた世界で突出した存在となった。

この時代のアメリカにおける「マハン主義者」は、マハンだけではなかった。海軍長官のトレイシーは、アメリカ海軍における主要なマハンの信奉者であった。マハンと親しい関係にあったトレイシーは、マハンの理論を取り入れて、戦艦を主柱とする戦闘艦隊の計画を推し進めた[17]。実際にトレイシーは、一八八九年と八九年の海軍の『年次報告書』において、一二隻の戦艦を大西洋とメキシコ湾に就航させ、八隻を太平洋に浮かべる計画を立てた。トレイシーによれば、これからの戦艦は、敵国の海軍がアメリカの海岸線に到着する前に、撃退する必要がある。これがその後のアメリカの海軍戦略の基礎となる[18]。時代は、海軍力によって国運が左右されるようになっていった。アメリカの海軍力の増強を進める上で、まず何よりも考慮しなければならないのが、世界最大の海軍大国であるイギリスの存在であった。

3　英米の「偉大なる和解」

❖ヴェネズエラ国境紛争

一九世紀を通じて、英米関係は緊張と相互不信に彩られていた。とりわけ、中南米における勢力圏争いが、深刻な戦争の可能性をもたらしていた。アメリカ政府は、モンロードクトリンに基づいて、南北アメリカ大陸を自国利益が優先的に考慮されるべき地域とみなしていた。それにより、この地域に植民地を擁するイギリス帝国とのあいだで、いくつかの深刻な対立が見られていた。

一九世紀には、イギリスの影響力を南北アメリカ大陸で制限することがアメリカにとっての重要な外交目的となっていた。ジェームズ・マディソン元大統領は一八二三年に、モンロー国務長官宛の書簡で次のように記していた[19]。「南米におけるわれわれの隣国のためのいかなる方策においても、その国に有利な指導的地位を与えないことが、私たちの特別な任務であるようです」。一九世紀を通じてアメリカ合衆国政府は、イギリスに「有利な指導的地位を与えないこと」を重要な政策目標として、中南米での自らの影響力を保持することを目指していた。

南北戦争後の急速なアメリカの経済成長によって、英米間の力のバランスは一八八〇年代に大きく変遷していく。英領ギニアとヴェネズエラとの間には国境紛争があり、ヴェネズエラ政府は繰り返しモンロードクトリンの論理に基づいて、アメリカ政府に仲裁を依頼していた。一八九五年二月には、アメリカ議会でイギリスが調停を受け入れるよう求める決議案が採択された。七月には、クリーヴランド政権の国務長官のリチャード・オルニーは、駐英公使を通じて、ソールズベリ首相兼外相に次のように伝えた。「今日、合衆国は事実上、この大陸における主権者であり、そして、その決定は対象となる諸国民の法である」[20]。そして、翌年一月に大統領が議会で行う一般教書演説の時期までに、この要請に対してイギリス政府が返答するように通告した[21]。これはあくまでも一方的な通告であり、イギリスの側への事前の調整もなくアメリカの要求を突きつけるばかりであった。

アメリカ政府は、このような行動に出る上で、緻密な情勢分析を行っていた。前年の一八九四年には仏露同盟が締結されており、イギリスに敵対的なこの二つの国家による同盟締結がイギリス帝国にとっての深刻な脅威となった。また、一八九〇年にビスマルクが失脚した後のドイツは徐々にイギリスに対して挑発的となってきて、若き皇帝ヴィルヘルム二世の治下で「世界政策(*Weltpolitik*)」を進めてイギリスの植民地に挑戦をするようになってきた。そのようななかで、アメリカが自らの影響力を南米大陸で拡大する上での好機が到来したと考えた[22]。そのような好機を活かして、南北アメリカ大陸におけるヨーロッパの大国の影響力を排除して、アメリカ合衆国の勢力圏を確立しようとしていた。オルニー米国務長官は、イギリスがヴェネズエラ国境紛争に関連して仲裁に応じることは、アメリカの「名誉と利益に係わる問題だ」と告げた。

一八九五年四月には、日清戦争後の領土問題をめぐって、フランスとドイツ帝国がロシア帝国の側につき、日本政府に圧力をかけていた。三国干渉である。これは、ロシアが極東で勢力圏を拡大する上で、同盟国であるフランスと、それに歩調を合わせるドイツが協力するという構図であった。アジアにおいてもイギリスは孤立していた。南米においてもイギリスが孤立すれば、それはロイヤルネイヴィーをもってしても実効的に対応することが困難であった。世界中で、イギリスの拡張した権益が脅かされていた。

イギリスの閣内では、ソールズベリ首相のみが、この問題をめぐってアメリカ政府に対して頑なに強硬姿勢を示していた。彼は、「パクス・ブリタニカ」の時代のイギリスの偉大な地位に拘泥《こうでい》し、また「光栄なる孤立」を維持して世界での影響力を保てると考えていた。ソールズベリ首相は、ヴェネズエラ国境紛争に関して仲裁を強要するアメリカ政府の打診を拒絶した。保守主義者であり、イギリス帝国の権益を守ることに頑迷であったソールズベリ首相は、一八九六年一月に、「アメリカとの戦争は、今年ではなく近い将来であるとすれば、十分に起こりえることである」と述べていた[23]。そしてソールズベリは、この時期にはロシアやフランスとの戦争よりも、アメリカとの戦争のほうが「起こり得る可能性が高く、現実となりえるもの」だと考えていた[24]。アメリカ国内でも、イギリスとの戦争を辞さないという強硬論が新聞などでも広く見られた。アメリカの対英強硬姿勢は、妥協による解決の余地を縮小させていた。それに対して、ソールズベリ首相は苛立っていた。

ソールズベリの戦術は、しかしながら、「ある程度興奮が冷めるまで」待つというものであった[25]。彼は最初から、アメリカ政府との交渉を拒絶していたわけではなかった。領土問題をめぐり興奮状態が続くなかでは、まとまるべき交渉もとてもまとまらないと考えていたのだ。イギリス国内世論は比較的冷静であったが、アメリカ国内では「アングロフォビア（反英主義：Anglophobia）」の強い感情が蔓延していた。英米間での戦争が勃発すれば、アメリカは内陸が奥深くまで続いているために悲惨な戦闘が継続することになり、また両国の通商にも深刻な悪影響を与えるだろう。ソールズベリは、ヴェネズエラと係争中の国境の領土が、アメリカと戦争をしてまで守るほど重要だと思わなかった。したがって、イギリス政府はアメリカとの「和解」の可能性を模索し始めた。

一八九七年一月、英米間の外交交渉の帰結として、アメリカのオルニー国務長官とイギリスのポンスフォート駐米大使との間で仲裁条約が締結された。この条約について、ソールズベリ首相は、「これこそが、大臣たちが愛国主義へと突き進んでしまうのを防ぐための、防波堤だ」とイギリス議会で語り、議員たちの笑いを誘った[26]。しかしながらこの条約が、はたして反英感情の強いアメリカ上院で批准されるか否かは分からなかった。

ちょうどこの年の四月に、米西戦争が勃発した。イギリス国内ではこのようなアメリカの粗雑な正義感に基づいた戦争への批判も見られたが、それでもイギリス政府はアメリカの軍事行動を支持した。同じカトリックを信仰するフランスなどのヨーロッパ諸国がスペインの側を支持していたのに対して、イギリスがアメリカの側に立ったことで、アメリカ国内の反英感情も和らいでいった。このことは、アメリカ国内でイギリスとの和解を求める雰囲気をもたらしていた。それにも拘わらず、一八九八年五月一日にアメリカの上院は、英米仲裁条約の批准を拒否した。それほどまでに、アメリカ国内でのイギリスに対する警戒感と嫌悪感は強かったのだ。それは、独立戦争や第二次米英戦争などの歴史的な記憶に根付いたものでもあった。

とはいえ、同時にこの時代のアメリカ国内では、英米両国民の間の友情を求める声が着実に広がっていた。駐英大使の任を終えて帰国したオルニーは、次のようにハーバード大学で語っていた。「われわれがどの国と提携すべきか、疑いはない。イングランドである。われわれの最も恐るべきライバルであると同時に、われわれの最も自然な友人である。国家に対してと同様に、人種に対してもパトリオティズムのようなものがある。……われわれには、あらゆる近隣との関係において見られるような喧嘩が起こるかもしれない。だが、近い未来に、人類のあらゆる人々が感じるような、永久の善となるようなパワーを、われわれの緊密な友情のなかに見ることが出来るかもしれない」[27]。二一世紀に発展する英米協調の精神の萌芽を、ここに見ることができる。

またサー・ジョージ・クラークは、一八九八年八月に次のように論じていた。「一四年前に私は、政府のメモランダムの中で次のように論じていた。すなわち、『国際政治の未来について、最も重要な特徴となるのはおそらく、イングランドとアメリカとの間の徐々に広がる和解であり、その発展はただ単に人種的な感情に基づくのみならず、利益のコミュニティにも基づいている』。そして私は真実のこととして、次のように言うことができる。すなわち、私の人生の目標の中で、英米間の了解を促進することこそが、最も大きな目標なのだ」[28]。

同様に、アメリカ国務長官のジョン・ヘイもまた、次のように述べている。「大洋の両岸において、次のような確信が幅広く見られている。すなわち、イギリスとアメリカとの間の了解は、文明にとって必要なものなのだ」。イギリス政府がアメリカの米西戦争を支持し、またアメリカ政府がイギリスのボーア(第二次ブール、南アフリカ)戦争に好意的な中立を保っていたことで、両国間の友好感情が育まれていった。オルニーやヘイのようなアメリカ国内の親英派の影響も浸透して、英米関係は明らかに新しい段階へと移っていった。

❖「アングロサクソン主義」の時代へ

一八九八年の米西戦争においてスペインに勝利をしたアメリカは、西半球で自らの影響力を確立すると同時に、西太平洋のフィリピンを領有した。それは、大西洋と太平洋の二つの大洋を視野に入れた「海洋覇権」へと道を歩み始めたことを意味する。一九世紀末から二〇世紀初頭にかけて、それまでの英米対立が英米協調へと転換していき、二つの大洋にこの両国の影響力が浸透していった。

一八九五年から九六年にかけてのヴェネズエラ国境紛争で、英米関係は戦争直前の緊張状態まで突き進んでいくと同時に、それを回避して両国関係を好転させようとする政治的努力をも引き出すことになった。結局は、一八九九年にパリで仲裁裁判所が設立されて、紛争地帯はヴェネズエラ領へと落ちついた。ソールズベリ首相は、領土問題で譲歩をすることで、アメリカとの友好関係を構築しようと意図していた。というのも、次第にドイツ海軍が巨大な勢力となっていくなかで、イギリスは自国の艦船を地中海や大西洋に結集させるためにも、中南米に大きな海軍力を残す余裕はなかったからである。すでにアメリカは、巨大な海軍国へと変貌しつつあった。そのような海軍大国アメリカと西半球で戦争する余力はイギリスにはなかった。

ヴェネズエラ紛争の解決は、この時代の二つの大きな流れに帰結した。一つは、アングロサクソン主義のイデオロギーであった[29]。このイデオロギーに基づけば、同じ人種であるアメリカ人とイギリス人は協調を深めるべきであって、それは一つの「英語諸国民（English-Speaking People）」として考えるべきであった。イギリス下院議長であったアーサー・バルフォアは、ヴェネズエラ危機での緊張が深まる一八九六年に、次のように述べている。「モンロー大統領に代わって、誰か幸福な権力の座にある指導者が、英語諸国民の間の戦争が不可能となるようなドクトリンを示す時代が到来するであろうし、到来しなければならない」[30]。

また一八九八年五月に、アングロサクソン主義の主唱者の一人のジョゼフ・チェンバレン植民地相は、イングランド中部の工業都市で彼の出身地であるバーミンガムにおける演説で、次のように論じていた。「われわれの次なる義務は何であろうか？　それは、大西洋を越えた、われわれと血を共有する者たちと永遠の友愛という絆を確立し、維持することである。彼らは強大で、寛容な国民である。彼らはわれわれと同じ言語を話し、同じ血を共有している。彼らの法律、文学、そしてあらゆる問題についての立場も、われわれと同様である。また、人類愛や世界平和への彼らの使命感をともなう感情や利益もまた、われわれのそれと一致している」[31]。さらに続けて、次のように語る。「私は、次のようにさえ言うことが出来る。戦争がどれほど恐ろしいものであったとしても、アングロサクソン同盟のために星条旗とユニオンジャックがともにはためくための、偉大で貴い目的のためであれば、戦争などたやすいものであろう」[32]。このチェンバレンの演説は、この時代のアングロサクソン主義を象徴するものとして、繰り返し言及されてきた。

一九〇〇年に、首相と兼任していたソールズベリに代わって外相となったランズダウン卿は、アメリカとイギリスとの関係を「海洋をまたぐ兄弟たち」と呼んだ[33]。バルフォアやチェンバレンとは異なり、冷徹なランズダウン外相には情熱的な人種主義のイデオロギーはあまり見られなかった。むしろ彼は、冷静な国益の計算から、英米協調を求めていたのだ。パクス・ブリタニカの時代を支えた高齢の保守主義者、ソールズベリ首相とは異なり、ランズダウンの場合は、イギリスの国力の限界を深く認識していた。またカナダ総督を経験したランズダウンは、アメリカの保持する潜在的なパワーに強烈な印象を受けていた[34]。もはやイギリスには、パクス・ブリタニカの時代の「光栄なる孤立」という選択肢は存在せず、積極的にパートナーとの協力を深める必要があると感じていた。イギリスは、極東における日本海軍、そして西半球におけるアメリカ海軍と提携することで、海洋覇権を維持できると考えた。「英語諸国民」として、アングロサクソン主義のイデオロギーに基づいて、英米両国が共同で海洋覇権を確立しなければならない。

ランズダウン外相はそのような情勢認識に基づいて、アメリカとは一九〇一年一一月一八日にヘイ・ポンスフォート協定を締結して、アメリカに対するさらなる譲歩を示した。これによって西半球におけるアメリカの優越的な地位を容認する結果となる。同時に、一九〇二年一月には、日本との間に日英同盟を締結した。これによってイギリスは、西半球と極東にあった軍艦の一部を大西洋に集結させることが可能となり、ドイツ海軍の台頭に対応することが可能となった。

このような外交的妥協を、歴史家のポール・ケネディは肯定的な意味合いで「宥和の伝統」と呼んでいる。ケネディによれば、「この時期の長期的な対外政策のパターンは、『宥和』によって問題を解決することであった」。すなわち、「これらすべての問題に直面すると、とりわけ大国との関係においてイギリスの政策は、関与を縮小し、敵対を解消して、戦争に至るかもしれない対立を回避する方向へと向かっていった。」そして、「膨張するアメリカとの関係こそが、この最良の事例といえる」と述べている[35]。このように、一八九〇年代初頭からの一〇年間で、イギリス外交は大きく方向転換をした。またそれによって、それまでは戦争勃発寸前の緊張状態にあった英米関係が、緊密な友好関係へと変貌していったのだ。イギリスが西半球でアメリカへと譲歩を示すことで、イギリスは自国の安全を確立し、アメリカは自国の影響力を拡大することが可能となった。パクス・ブリタニカの時代が、徐々にパクス・アメリカーナの時代へと移っていく。それはまた、アングロサクソン主義に基づいた、英米共同での海洋覇権の確立を意味していた。

4 「パクス・アメリカーナ」の幕開け 一八九八―一九一四年

❖イギリス海軍と新しい戦略環境

一八九〇年代以降にドイツとアメリカの海軍が急速に増強されていくことを、イギリス政府は想定していなかった。イギリス政府は、一八八九年に「二国標準（two-power standard）」、すなわち世界第二位と第三位の海軍力の合計を上回る海軍力をイギリスが保持していれば、イギリス帝国の安全が維持できるという海軍戦略を導入していた。これはあくまでも、フランスとロシアの海軍力を想定しての戦略であった。ところが当初仮想敵国として想定していたフランスやロシアではなく、ドイツやアメリカが世界第二位、そして第三位の海軍大国になっていくことで、イギリス政府は根本から戦略を再検討せねばならなかった[36]。

イギリス海軍が警戒していたのは、ロシアとフランスとドイツの三カ国が、イギリスに敵対して提携することであった。それは、一八九五年の三国干渉で示された構図であった。それゆえにイギリス政府は、アメリカとの和解を模索していった。あらゆる大国と敵対するような余裕は、イギリス海軍にはなかったのだ。

日露戦争を一つの転機として、新しい戦略環境が生まれていく。一九〇五年に日本海海戦でロシアのバルチック艦隊が壊滅すると、ロシア海軍、およびその同盟国のフランス海軍は、イギリスにとっての脅威ではなくなっていった。それゆえ日露戦争以後は、その帰結として、ドイツ海軍こそがイギリスにとっての最大の脅威となっていく[37]。そもそもフランスやロシアと国境を接しているドイツにとっては、地上兵力こそが中核的な戦力であり、イギリスに対抗するような巨大な海軍力は不要なはずであった。その巨大な規模と予算からも、ドイツ海軍はフランスやロシアに対してというよりも、イギリスに対して建造されていると考えるのが自然であった。この頃から、イギリス海軍はドイツ海軍を最大の仮想敵国と考えるようになる。

英独間での海軍建艦競争が進展していたこの時期に、西半球でアメリカ海軍が急速に力を増していった。高名な海軍史家のアーサー・マーダーによれば、一八九八年から一九〇五年までの間に急速にアメリカ海軍が台頭した主要な要因として、マハンの影響と、新しい帝国主義の潮流、そしてセオドア・ローズヴェルトの指導力があげられる[38]。イギリスのアメリカ駐在海軍武官は、アメリカがまもなくイギリスに次いで世界第二位の海軍大国となり、最終的には世界最大の海軍大国になろうとしていると報告している[39]。

しかしながら、ヴェネズエラ紛争解決後にイギリス政府は、アメリカとの協調が不可欠だと考えるようになる。このようにアメリカ海軍が急速に増強されているにも拘わらず、イギリスがアメリカとの協調関係を育んでいったのには、すでに見てきたようないくつかの理由が存在していた。第一に、この時期までのイギリスにとって最大の海軍上の脅威はフランスとロシアの連合であり、そこにドイツが加わるような状況であった。そうした脅威と対峙するなか、西半球のアメリカと敵対する余力はイギリスにはなく、またアメリカ海軍が大西洋を越えてイギリス本国を武力攻撃することも考えにくかった[40]。アメリカは、イギリスの利益や安全の根幹を直接脅かしていたわけではなかった。そこに英米和解が可能となる基盤があった。

当時イギリス政府は、財政的にも海軍予算を抑制する必要が生じており、そのような必要から新たに海軍軍令部長となったジョン・フィッシャーは大胆な海軍改革を進め、その延長線上としてドレッドノート型戦艦を完成させる。フィッシャーはなによりも、イギリスにおける財政的制約から、より効率的な海軍へと改革することを主張しており、そのために旧来型の多くの軍艦を退役させ、ドレッドノート型戦艦へと予算を集中して投入していた[41]。そのような財政的観点からも、アメリカとの敵対関係を想定して海軍予算を増大させることは難しかった。

第二には、アングロサクソン主義という人種的なイデオロギーが見られた。「血は海水より濃い」というスローガンが繰り返し唱えられ、同じ人種の枝分かれであるアメリカ人とイギリス人が戦争する可能性は低いと見なされていた。一八九四年の五月二六日刊行の『アーミーアンドネイヴィーガゼット』誌では、次のように書かれている。「固く結ばれた二つの大国の海軍が、血縁関係で固く結ばれて行動を共にして、世界平和をもたらすために運命づけられたと信じないなど、あり得ないことだ[42]。」このような人種的イデオロギーに基づいた英米提携論が浸透していったのは、この時代の特質であった。

第三に、ヴェネズエラ国境紛争のような、英米間の領土問題がこの時代に大きく解決されたことで、新しい協調の余地が生まれた。もはや両国間で、領土をめぐり戦争が勃発する危険性が大幅に後退した。ソールズベリ外相の下でヴェネズエラ紛争が解決に至り、また米西戦争におけるイギリスの対米支持の影響もあり、英米間の海軍協力の余地が生まれたのである[43]。それまで両国間の摩擦をもたらしていた多くの領土紛争が、この頃には解決されていたのだ。

そのような友好的な感情を裏付けるように、一九〇五年に、イギリスの駐米大使のサー・モーティマー・デュランドが本国外務省宛に送った電報のなかでは、次のように記されていた。

「閣下がお気づきのように、もしもわれわれがそれを望んだとしても、近い将来に英米間の同盟が締結されそうだとは、私は信じておりません。しかしながら、平時および戦時における両国の海軍の間の協力はつねに可能なことであって、疑いなく、両国の海軍の士官どうしで友好的な関係を育むことは、大きな利益となるでしょう。疑念をともなうことなくこれが発展すればするほど、われわれにとっては好ましいことです[44]。」

このようにして徐々に英米両国間で、友好と協調を模索する動きが見られていった。と同時に、一九〇五年にはイギリス海軍の将来を大きく左右する、二つの重要な新しい動きが見られた。一つは、一九〇五年五月に、対馬沖海戦で日本の連合艦隊がロシアのバルチック艦隊に勝利を収めたことである。これにより、イギリス海軍にとって、北海におけるロシア海軍の脅威はほぼ消失する。フランスもまた、このロシアのバルチック艦隊の壊滅状態に大きな衝撃を受けて、両国は海軍大国として大きく後退するようになる。

そのことはまた、必然的に、それ以外の海軍大国であるドイツ、アメリカ、日本という三つの海軍の存在が浮上することにも繋がる。イギリスは、日本とは一九〇二年一月に日英同盟を締結しており、アメリカとの間には前述の通りヘイ・ポンスフォート協定が締結されていた。したがって、ドイツ海軍こそが、イギリスにとっての最大の脅威となっていく。一九〇六年にイギリス海軍は、ドイツ海軍こそが考えられる唯一の「仮想敵国」と位置づけるようになった。

二つ目の大きな転機として、すでに触れたように、イギリスでドレッドノート型戦艦の建造が一九〇五年から始まったことが指摘できる。速度の点でも、装甲の点でも、また大砲の威力の点でも、この新しい戦艦の破壊力は圧倒的であって、それまでの戦艦を無効化させるほどのものであった。そのような最新の戦艦を建造可能な技術力と工業力を有するのは、アメリカとドイツであった。イギリスの海軍情報部は一九〇九年に、フランスの海軍大国の地位からの脱落を指摘し、「その脱落は顕著であるばかりか、実質的なものである」と言及していた[45]。

一九〇五年以降、世界における第一線の海軍大国は、イギリス、アメリカ、ドイツ、日本の四つの国家に限定されていった。それゆえ、イギリス海軍提督であり、ドレッドノート型戦艦の開発を主導したフィッシャーは、ドイツとアメリカの同盟こそが、イギリスが唯一恐れるべきものであると語っていた[46]。それを避けるため、イギリス政府はアメリカとの協調を促進し、ドイツとの対立に向き合っていった。これらの海軍大国を中心として、その後の国際関係が動いていく。イギリスがドイツとの海軍建艦競争を繰り広げている背後で、アメリカ政府はローズヴェルト大統領の指導の下で、世界最大の海軍国へと向かう道のりを歩み始めていた。

❖アメリカの海洋進出

一九〇一年九月のセオドア・ローズヴェルト大統領の就任は、アメリカ海軍史にとっての転機となった。南北戦争以後それまでは、国境の内側における国土開発が中心的な課題であったのに対して、米西戦争での経験とローズヴェルトの大統領就任を転機として、アメリカは国際社会でより大きな役割を担うようになる。一九〇一年一二月の、議会での最初の演説において、ローズヴェルト新大統領は次のように語った。「われわれがそれを望むと望まないと拘わらず、われわれには国際的権利ばかりでなく、国際的義務もあるということを、これからは認識しなければならないのだ[47]。」外交史家のジョージ・ヘリングによれば、「彼は、自らの最も重要な仕事は、自国を世界史のメインストリームへと導くことにあると教えていた」のだ[48]。それを実現する上で、最も重要な道具が、アメリカの海軍力であった。

ローズヴェルトは、以前からのマハンの親しい友人として海上権力の重要性を深く認識していた。一八九〇年五月一二日、ローズヴェルトはマハン海軍大佐に次のような手紙を送った。「この二日間、多忙な身でありながら、時間の半分を割いて、君の新著に読みふけっていた。私がどれほど興味を引かれたかは、この本を手にするや、まったく没頭し一気に読み通してしまったことでも分かってもらえるだろう[49]。」後に海軍次官、そして副大統領となるローズヴェルトは、海軍力を重視する自らの思想を、マハンの著書を読むことで理論的に補強することができた。このローズヴェルトとマハンこそが、それぞれ異なる立場から、アメリカ国民に海軍力の重要性を教えていったのである。

彼が大統領の座から退く一九〇九年に至るまでのあいだ、アメリカの海軍力は倍増以上の軍備拡張を進めていた。一八九九年に四八〇〇万ドルであった海軍予算は、一九〇一年に七八〇〇万ドル、一九〇九年には一億三七〇〇万ドルへと急増している[50]。わずか一〇年の間に、三倍近い伸びを示している。大西洋と太平洋に守られていたアメリカ大陸は、技術革新によって遠洋航海が容易となったことで、安全が必ずしも自明ではなくなっていった。この時期のアメリカ海軍にとって、大西洋を越えた先のイギリス海軍とドイツ海軍、そして太平洋を越えた先の日本海軍という、三つの海軍が主要な脅威となっていた。

ローズヴェルト大統領は親日家として知られ、日露戦争での日本海軍の勝利に限りない称賛を与えていた。また、日本を文明国家とみなして、西洋諸国もそこから学ぶべきだと考えていた。とはいえ太平洋の軍事バランスを考えるならば、一九〇二年の日英同盟締結後にイギリスが太平洋での海軍上の関与を縮小させると、日露戦争後に太平洋で残された海軍大国はアメリカと日本の二カ国のみとなっていた[51]。たとえ両国の関係が友好感情に包まれていたとしても、不可避的に太平洋でこの二つの海軍大国が直接対峙するかたちとなり、お互いを海洋上の脅威と認識するようになっていく。そのような時代状況のなかで、アメリカ政府は日本を「仮想敵国」とする「オレンジプラン」に着手することになる[52]。

日露戦争後の日米間の摩擦の浮上は、一九〇六年一〇月に起こったサンフランシスコ学童隔離事件によって、両国の国民感情を巻き込んだものとなった[53]。サンフランシスコ市学務局が日本人学童を市内の公立学校から隔離する決議を採択したことを契機に、州レベルの人種差別問題が外交摩擦へと発展する。この問題に対してローズヴェルト大統領は早期の解決を求めて、一二月三日に特別議会開会演説のなかで次のように述べた。「日本の文明は五〇年で著しく進歩し、その近代化のおかげでいまや欧米の一等国と肩を並べるまでになった。その上、日米両国は歴史的に友好関係を有してきたのだから、一つの州によってそれを台無しにされることは許せない[54]。」連邦政府の介入を経て、翌年三月には前年の学童隔離決議を無効とする新しい決議が出されたことで、問題は収束に向かう。このような日米摩擦の背後に、相互の脅威認識の増大を見ることができる。

ローズヴェルト大統領には、感情的に日本に対して友好感情と信頼感を寄せる側面と、軍事力の力関係を直視するリアリストとして日本による攻撃の可能性を警戒する側面と、二つの顔が見られた。したがって、感情的には日米関係を良好に保つことへの強い志向が見られながらも、同時に太平洋におけるアメリカ海軍の優位性を確立して、自国に有利な軍事バランスをつくりあげることへの強い欲求が見られる。そのことが、アメリカ海軍の急速な膨張、そして一九〇八年の米国主力艦の世界周航計画へと帰結する。

一九〇八年三月一三日、アメリカ海軍が誇る戦艦一六隻の日本訪問が決まった。これは、米国主力艦隊による世界一周の遠洋航海の一環としての寄港であった。その艦隊は、通常の軍艦色である灰色を白に塗ったために、「グレートホワイトフリート」と呼ばれた。ローズヴェルト大統領の強い要望によって実現したこの世界周航は、最新鋭の戦艦の艦隊という圧倒的な威容によって世界中の人々を驚かせた。アメリカ海軍はイギリスとドイツに次いで世界第三位の海軍となっており、またその技術力によって最新鋭の戦艦をそろえていた。斎藤実中将の強い要請で、このアメリカの艦隊が一〇月八日に横浜に寄港する。これを日本国民も熱烈に歓迎した。サンフランシスコ学童隔離事件で悪化していた両国の国民感情は、劇的に好転した[55]。

この「グレートホワイトフリート」の世界周航が可能となったのには、イギリス政府の協力が背後にあった。海外に植民地をほとんどもたず、給炭港や石炭船を欠いたアメリカの艦隊にとって、世界各地に点在するイギリスのそれを利用できることは死活的に重要であった。この世界周航で「グレートホワイトフリート」は四三万トンの石炭を消費したが、その多くは外国船によって補給されたものであった[56]。

アメリカ海軍は、英米間の協調的な雰囲気が育まれる中、世界中に広がるイギリス海軍のインフラストラクチャを存分に利用することで、このようなグローバルな展開が可能となっていたのだ。アメリカ海軍にとっても、イギリスとの協力は不可欠であったのだ。

❖ 大西洋と太平洋

一九世紀末まで二つの大洋によって国土が守られていたアメリカは、二〇世紀に入るとドイツ海軍や日本海軍による攻撃の可能性を懸念するようになる。蒸気船が普及して航行上の移動時間が大幅に縮小し、また兵器技術の革新がより強力な攻撃力を可能としていた[57]。そのような安全保障上の懸念から、アメリカはローズヴェルト大統領の下で急速な海軍増強計画を進めていった。

当時、アメリカ内外で巨大な知的影響力を誇っていたマハンは、大西洋と太平洋の二つの大洋に海軍力を分散させることを嫌った。海軍力はあくまでも一つの場所に結集させて、その強大な威力を保持すべきであった。それは、マハンによれば、「戦略のＡＢＣ」であった[58]。それを二つに分散させれば、それぞれが十分に力を発揮できずに、一つずつ打破されると考えていた。ローズヴェルト大統領も、そのようなマハンの主張に影響を受けて、一九〇九年三月三日に後任の大統領であるウィリアム・ハワード・タフトに次のように助言を行った。「最後に一つの伝統を伝えよう。いかなる状況であっても、パナマ運河が完成するまでは、戦艦を擁する艦隊を大西洋と太平洋に分散させてはならない[59]。」だが、言い換えれば、パナマ運河が開通すれば、大西洋と太平洋の双方に巨大な艦隊を配備することも可能であった。

大西洋へと目を向けると、この時期のアメリカ海軍が想定する最大の脅威はドイツ帝国海軍であった。ドイツ帝国海軍は、「世界政策」を掲げてその影響力と帝国領を世界大に拡大しようと、南米にまで進出していた。そのようなドイツ帝国のヴィルヘルム二世にとって、急速に影響力を膨張させているアメリカ海軍の存在は大きな障害であった[60]。アメリカ海軍にとっての一つの目標は、イギリスに次いで世界第二位の海軍大国となることであった。その上でのライバルであり脅威がドイツの海軍であった。

ドイツ海軍の活動の活発化は、大西洋ばかりか西太平洋においてもアメリカにとっての脅威となっていた。ドイツはこの頃にマーシャル諸島やマリアナ諸島を領有しており、その近隣の海域で活動するアメリカ領フィリピンのアメリカの軍艦にとって、ドイツ海軍の存在は不安の要因となっていた。また、南米においてもドイツは自らの影響力を膨張させようとしていた。他方で、西太平洋や南米で最新鋭の戦艦を誇示しながら勢力を拡張しようとしていたドイツ帝国にとって、アメリカ海軍の存在は障害となっていた[61]。ヘイ・ポンスフォート協定以降、英米協調が進展していたこともあり、アメリカにとっての最大の軍事的脅威はドイツとなっていたのだ。

太平洋に目を向けると、日露戦争後は日本海軍の強大化がアメリカにとっての不安材料であった。その頃、アメリカ国内では日本脅威論が沸騰していった。マハンもまた、この時期には強烈な反日的な主張と、日本人への人種差別的発言を示していた。ローズヴェルト大統領宛の書簡で、マハンは次のように訴えていた。「日本人移民はアメリカに同化せず、アメリカを植民地化し、事実上併合することになります。もし拱手傍《きょうしゅぼう》観《かん》するならば、二〇年のうちにわが太平洋岸はアジア人の領土となるでしょう」[62]。

アメリカ国内では、大西洋と太平洋の脅威に同時に対抗できるように、二つの大洋に巨大な艦隊を保持する必要がしばしば指摘されていた。しかしながらそのような主張に、財政的制約を直視するアメリカ議会は強い抵抗を示していた。アメリカ海軍がグローバル化して、その影響力を膨張させていく帰結として、この二つの大洋を制海権に収めることが重要であった。それをアメリカが達成するためには、二度の世界大戦を経験しなければならない。ドイツや日本との間で、一定の摩擦や対立を見せる一方で、イギリスとの協力関係を育んでいった。同時に、最先端の技術に覆われた戦艦を急速に増やしていくことで、「パクス・アメリカーナ」の時代の幕開けとなる準備が整ったのだ。

5　おわりに

このようにして、二〇世紀初頭のアメリカは、イギリスとの協調関係を育む一方で、大西洋と太平洋を越えた向こう側から強大なドイツ海軍や、ロシアの艦隊を破った日本海軍が攻撃してくることへの懸念が見られていた。また、米西戦争によりフィリピンを領有し、またヘイ・ポンスフォート協定により中南米での勢力圏を確立しつつあったアメリカは、それらの地位や権益が脅かされるなかで、より多くの脆弱性と向き合うようになる。これらの懸念を払拭し、アメリカの権益と安全を確立するためにも、強大な海軍力を保持することが不可欠だと認識されるようになる。また、急速にアメリカの経済力が膨張する時代であったゆえに、そのような海軍建艦競争に乗じることが可能となっていた。

依然として、イギリス帝国は世界中に給炭港や寄港地のネットワークを維持しており、それはイギリスの世界での影響力の基礎となっていた。そのようなネットワークを持たないアメリカにとって、イギリスとの協力関係は重要な意味を持っていた。アメリカが、グローバルパワーへと変貌していく過程で、英米協力がその基礎に必要であったのだ。アングロサクソン主義のイデオロギーが、アメリカとイギリスの両国民の間でその提携の必要性を深く認識させていた。パクス・ブリタニカの時代が終わろうとしているこの時代において、アメリカとイギリスの協調の基礎の上に、新しいパクス・アメリカーナが確立していったのだ。

そのためには、大西洋と太平洋という二つの大洋を支配せねばならない。アメリカが、この二つの大洋を自らの勢力圏に収めるためには、二度の世界大戦に勝利することが必要であった。この二つの大洋は、二〇世紀の後半には「アメリカの海」となり、そこに巨大な艦隊を展開させるに至る。まさに、パクス・アメリカーナとは、このような二つの大洋の支配と深く結びついていた。そのような方向へと動き始める起源を、これまで見てきたように二〇世紀初頭に見いだすことができるであろう。

註

1——Jeremy Black, *British Seaborne Empire* (New Haven: Yale University Press, 2004) p.249.

2——Ibid., p.254.

3——Ibid., p.x.

4——この時代のロイヤル・ネイヴィーについては、細谷雄一「黄昏のパクス・ブリタニカ——後期ヴィクトリア時代の外交と海軍」田所昌幸編『ロイヤル・ネイヴィーとパクス・ブリタニカ』(有斐閣、二〇〇六年)一四八〜一七五頁を参照。

5——Robert Massie, *Dreadnought: Britain, Germany, and the Coming of the Great War* (New York: Random House, 1991) p.xviixix.

6—Ibid., xix.

7—Ibid.

8—George W. Baer, *One Hundred Years of Sea Power: the U.S. Navy, 1890-1990* (Stanford: Stanford University Press, 1993) p.9.

9—Ibid., pp.10-11.

10—Ibid., p.18.

11—Ibid., p.21.

12—Alfred Thayer Mahan, *The Influence of Sea Power upon History, 1660-1783* (New York: Little, Brown, 1890). 邦訳は、『海上権力史論（抄訳）』北村謙一訳（原書房、一九八二年）及び、麻田貞雄編・訳『マハン海上権力論集』（抄訳が所収）（講談社、二〇一〇年）。ここでは、麻田訳を用いる。

13—アルフレッド・セイヤー・マハン「海上権力の歴史に及ぼした影響」麻田編・訳、前掲書、六六頁。

14—同上、九〇頁。

15—アルフレッド・セイヤー・マハン「合衆国海外に目を転ず」同上、一一〇頁。

16—Baer, *One Hundred Years of Sea Power*, p.11.

17—麻田貞雄『両大戦間の日米関係　—海軍と政策決定過程』東京大学出版会、一九九三年、九頁。

18—Baer, *One Hundred Years of Sea Power*, p.19.

19—中嶋啓雄『モンロー・ドクトリンとアメリカ外交の基盤』ミネルヴァ書房、二〇〇二年、一一四頁。

20—中嶋啓雄「英・ヴェネズエラ国境紛争（一八九四〜九六年）——南北アメリカにおける覇権の行方」佐々木卓也編『ハンドブック・アメリカ外交史——建国から冷戦後まで』ミネルヴァ書房、二〇一一年、三六〜七頁。

21—David Steele, *Lord Salisbury: A Political Biography* (London: Routledge, 1999) p.331.

22—Andrew Roberts, *Salisbury: Victorian Titan* (London: Weidenfeld & Nicolson, 1990) p.615.

23—Ibid., p.517.

24—Steele, *Lord Salisbury*, p.331.

25—Ibid.

26—Ibid., p.332.

27—Erik Goldstein, "Origins of the Anglo-American Special Relationship, 1880-1940", in Gaynor Johnson (ed.), *Peacemaking, Peacemakers and Diplomacy, 1880-1939: Essays in Honour of Professor Alan Sharp* (New Castle upon Tyne: Cambridge Scholars, 2010) p.7.

28—Ibid.

29—アングロ＝サクソン主義の起源と発展については、Reginald Horsman, *Race and Manifest Destiny: the Origins of American Racial Anglo-Saxonism* (Cambridge: Harvard University Press, 1981); Michael H. Hunt, *Ideology and U.S. Foreign Policy* (New Haven: Yale University Press, 2009) chapter 3, pp.77-91; 細谷雄一「チャーチルのアメリカ」アステイオン編集委員会『アステイオン69』(阪急コミュニケーションズ、二〇〇八年)を参照。

30—Iestyn Adams, *Brothers across the Ocean: British Foreign Policy and the Origins of the Anglo-American 'Special Relationship' 1900-1905* (London: Tauris, 2005) pp.12-3.

31—Extract from Chamberlain's Speech in Birmingham, 13 May 1898, in Kenneth Bourne, *The Foreign Policy of Victorian England 1830-1902* (Oxford: Oxford University Press, 1970) pp.456-7.

32—Ibid.

33—Adams, *Brothers across the Ocean*, p.17.

34—Kathleen Burk, *Old World, New World: The Story of Britain and America* (London: Little, Brown, 2007) p.427.

35—Paul Kennedy, *Strategy and Diplomacy 1870-1945* (London: Fontana, 1984) pp.23-4.

36—Phillips Payson O'Brien, *British and American Naval Power: Politics and Policy, 1900-1936* (London: Praeger, 1998) p.28.

37—Ibid., pp.30-1.

38—Arthur J. Marder, *The Anatomy of British Sea Power: A History of British Naval Policy in the Pre-Dreadnought Era, 1880-1905* (London: Frank Cass, 1964) p.442.

39—Ibid., pp.442-3.

40—Ibid., pp.449-450.

41—Nicholas A. Lambart, *Sir John Fisher's Naval Revolution* (Columbia: University of South Carolina Press, 1999) pp.5-6.
42—Marder, *The Anatomy of British Sea Power*, p.253.
43—Ibid., p.447.
44—Ibid., p.449.
45—Ibid.
46—Ibid., p.37.
47—George C. Herring, *From Colony to Superpower: U.S. Foreign Relations since 1776* (Oxford: Oxford University Press, 2008) p.345.
48—Ibid., p.347.
49—麻田、前掲書、一頁。
50—Marder, *The Anatomy of British Sea Power*, p.50.
51—Ibid., pp.56-7.
52—麻田、前掲書、一八頁。
53—簑原俊洋『カリフォルニア州の排日運動と日米関係——移民問題をめぐる日米摩擦、1906〜1921年』有斐閣、二〇〇六年、一一頁。
54—同上、二五頁。
55—同上、三三〜四頁。
56—Baer, *One Hundred Years of Sea Power*, p.45.
57—Herring, *From Colony to Superpower*, p.303.
58—Baer, *One Hundred Years of Sea Power*, p.45.
59—Ibid., p.42.
60—Ibid., pp.36-7.
61—Ibid.
62—麻田、前掲書、一九〜二〇頁。

第6章 海底ケーブルと通信覇権

——電信の大英帝国からインターネットのアメリカへ[1]

土屋大洋
Motohiro TSUCHIYA

1 はじめに

グローバリゼーションを加速させる要因の一つは、さまざまなネットワークの発達である。海運や空運の発達は国境を越える物や人の動きを増大させる。それと同時に、電気通信ネットワークの発達は、瞬時に地球の裏側までメッセージを送り届け、居ながらにして情報をやりとりすることを可能にしている。

電気通信ネットワークの発達史を見ると、一九世紀半ば以降の電信と大英帝国、二〇世紀半ば以降のインターネットとアメリカという、それぞれの時代の覇権国が深く関与している。一八九二年の時点でイギリスは世界の電信の六六・三%を押さえていた[2]。また、現代のインターネットにおけるアメリカのプレゼンスは、通信量、技術・サービス開発において他を圧している。

そうした電気通信ネットワークのインフラストラクチャという点で欠かすことができないのが海底ケーブルである。電気通信ネットワークをグローバルにするためには大西洋や太平洋といった大洋を越えなくてはならない。一八五〇年には早くもドーバー海峡の海底にケーブルが敷設され、北米大陸とヨーロッパを繋ぐ大西洋ケーブルは一八五八年から一八六六年にかけて結ばれている。

それに対し、アメリカとアジアを結ぶ太平洋ケーブルが結ばれたのは一九〇二年である。このときのルートは二つあった。大英帝国が中心になって敷設したルートは、カナダの西海岸バンクーバーから、太平洋上の現在のキリバス、フィジーを経由し、そこからニュージーランド、オーストラリアへ繋がるものであった。大英帝国のカナダとオーストラリアを繋ぐことが主眼であり、大英帝国から独立したアメリカはそこに含まれてはいなかった。

もう一方のルートはハワイを経由するルートである。第一のルートが大英帝国の衰退とともに使われなくなったのに対し、アメリカ西海岸からハワイを経てグアムに繋がり、そこから日本やフィリピンに繋がる第二のルートは、アジアの台頭ともに、現代に至るまで通信の大動脈となっている。

大西洋ケーブルの立役者はアメリカの事業家サイラス・フィールドである。彼の伝記はアメリカの子供たちによく読まれたようだ。もう一人は、イギリス人のジョン・ペンダー卿である。ペンダー卿は後に大英帝国のグローバルな電信ネットワーク運営の要となるイースタングループを率いることになる。

しかし、太平洋ケーブルの立役者はあまり知られていない。多くの人々が太平洋の荒波の下に海底ケーブルを引こうとしたが、実現に繋がる計画を実行したのは、数々の通信事業で価格破壊をもたらしたジョン・W・マッケイである。しかし、彼は太平洋ケーブルの完成を見ることなく亡くなってしまい、彼の夢を実現したのは息子のクラレンス・マッケイであった。

アメリカが「通信覇権」と呼ばれるほど強くなるのは、二〇世紀の半ばである。しかし、その萌芽は一九世紀から二〇世紀への世紀の変わり目にあり、その舞台はハワイであった。アメリカが海洋国家として太平洋へ乗り出していくのと軌を一にして、アメリカの海底ケーブルは太平洋の島々、そして東アジアへと伸びていく。それでは、なぜ大英帝国の海底ケーブルは廃《すた》れたのか。そして、アメリカは新しい海底ケーブルをどう敷設し、どうコントロールしているのだろうか。そこには何か変化があるのだろうか。本章は、「電信の大英帝国」から「インターネットのアメリカ」へと移る際、何が起きたのかを考察するものである。

以下、第二節では大英帝国の海底ケーブルについて検討し、第三節ではアメリカが太平洋ケーブル事業に進出する際の様子を検討する。そして、第四節では現代のアメリカとインターネットの関係について分析し、海底ケーブルのガバナンスという視点から考察を行う。

2　大英帝国と電信

❖電信と海底ケーブルの発明

電信技術の実用化は一八三七年のイギリスで、W・F・クックとチャールズ・ウィートストーンによって行われた[3]。一八三七年はヴィクトリア女王が即位した年であり、大英帝国の絢爛《けんらん》期である。

海底ケーブルが実用化されたのは、一八五〇年になる。英仏間のドーバー海峡に海底ケーブルを敷設したのはジェイコブ・ブレットとジョン・ワトキンス・ブレットの兄弟である。しかし、彼らの敷設した最初の海底ケーブルは、敷設の翌朝には繋がらなくなった。新種の海草と勘違いした漁師によって切断されてしまったからである[4]。切断されてしまうと全く役に立たないという通信ケーブルの脆弱性が最初に露呈した事件といえよう。

一八五五年までには大西洋をはさんでイギリスとアメリカで国内電信ネットワークが発達していた。大西洋を横断する海底ケーブルの敷設プロジェクトを中心的に進めたのは冒頭でも触れたアメリカ人のサイラス・フィールドとイギリス人のジョン・ペンダー卿である。彼らは幾度もの失敗を繰り返しながら、一八六六年に無傷の海底ケーブルの敷設に成功した[5]。

次のイギリスの目標は植民地の拠点であるインドであった。すでに一八六〇年に陸線によって英印間は結ばれていたが、陸線は切断事故や意図的破壊の影響を受けやすかったため、安定した海底ケーブルが求められていた。ジブラルタル海峡から地中海に入り、マルタ島を経由してスエズ運河を通り、紅海からインド洋に抜け、ボンベイに達する海底ケーブルが引かれた。

その後、イギリスは世界各地の植民地を海底ケーブルで繋ぎ、ロンドンの指令を短時間で帝国中に伝えるとともに、貿易を活性化させることに使った。アジアでは香港、上海までイギリス系のネットワークが接続された。上海から日本の長崎まで繋いだのはデンマークの大北電信だったが、世界の主要都市へイギリスは神経網を接続することになった。

❖大英帝国による電信ネットワーク利用

やがて一九世紀から二〇世紀の変わり目にグリエルモ・マルコーニが無線電信技術を発明すると、無線と有線の電信ネットワークは大英帝国の統治に欠かせない技術となった。ロンドンから遠く離れた植民地の反乱を抑えることは言うまでもなく、経済活動にも活用された。ポール・ロイターは、伝書鳩を使った情報サービスをいち早く電報に置き換えることで成功し、現在のロイター通信の源流となる通信社を作った。ロイズ保険組合は、船舶の安全に繋がる天候や航路の情報を電信ネットワークで交換し、積み荷がどこの港に入れば高く売れるかという情報を入手した。

表1 世界の電信ネットワークの所有割合（1892〜1908年）

	1892年		1908年		増加分	
	km	%	km	%	km	%
イギリス	163,619	66.3	265,971	56.2	102,352	45.2
アメリカ	38,986	15.8	92,434	19.5	53,448	23.6
フランス	21,859	8.9	44,543	9.4	22,684	10.0
デンマーク	13,201	5.3	17,768	3.8	4,567	2.0
ドイツとオランダ	4,583	1.9	33,984	7.2	29,401	13.0
その他	4,628	1.9	18,408	3.9	13,780	6.1
合計	246,876	100.0	473,108	100.0	226,232	100.0

出所：Daniel R. Headrick, Invisible Weapon: *Telecommunications and International Politics 1851-1945*（New York: Oxford University Press, 1991), p. 94.

電信ネットワークの重要性にいち早く気づいたイギリス政府は、後のケーブルアンドワイアレス（C&W）社に繋がる政府系の電信会社を組織し、イースタンテレグラフカンパニーへと集約していく。こうした政府の積極策によって、一八九二年時点でイギリスは世界の電信ネットワークの六六・三%、一九〇八年時点では五六・二%を押さえることになった（表1）。

イギリスは、こうした物理的なインフラストラクチャとしての海底ケーブルを支える法的なインフラストラクチャとして、各国との間に二国間協定や多国間協定を結ぶとともに、イギリス政府と民間企業、あるいは他国政府とイギリスの電信企業との間の協定を数多く結ぶ。一八六五年には第一回国際電信会議（万国電信会議）が開かれた。続いて一八六八年に第二回、一八七二年に第三回が開かれている。これは圧倒的な強さを持つイギリスを牽制するための他の国々による会議であり、当初、イギリスは参加しなかった。しかし、一八七五年の第四回からはイギリスも参加し、この会議が後の国際電気通信レジームの基礎となった。一九〇六年には国際無線電信会議も開かれた[6]。

ところが、大英帝国の国際政治的な覇権と共に、通信における覇権も、世紀の変わり目に近づくにつれて、衰えを見せ始めた。

それが如実に現れたのが太平洋ケーブルの敷設問題であった。そのカギとなるのはハワイの存在だった。

3　太平洋ケーブル

❖ハワイの戦略的重要性

一八七〇年頃からアメリカ西海岸からハワイへと繋がる海底ケーブルの必要性は指摘されてきた。最初に提案したひとりは、南北戦争の英雄であり、後に海軍兵学校の校長も務めたデビッド・D・ポーター提督だったという。一八七九年には大西洋ケーブルの成功で有名なサイラス・フィールドが太平洋ケーブルの権利を取得したが、十分な資金を集められなかった。フィールドは来日し、カムチャッカ半島経由で函館に至るケーブル、またはサンフランシスコと横浜を結ぶケーブルのいずれかを敷設したいと日本政府に要請したが敷設に至らず、フィールドの権利は失効してしまう[7]。国務長官トーマス・F・バヤードも関心を示したが国費の投入には至らなかった[8]。

一九世紀末の太平洋における英米関係は微妙な局面にあった。大英帝国は太平洋にも拠点を持ち、ハワイにも関心を示していた。ハワイ王国ではカラカウア王が、イギリス人やアメリカ人の力を借りながら近代化を進める一方で、特にアメリカによる併合の危機にさらされていた。カラカウア王は、当時台頭しつつあった日本との関係強化を図りながら、なんとか独立を保持しようとしていた。一八八一年に来日したカラカウア王は、明治天皇に海底ケーブル敷設の要請をしているが、実現には至らなかった[9]。また、ハワイの王室はアメリカよりもイギリスを好む傾向があった。特に最後の女王となるリリウオカラーニはイギリスの王室を範としようとしていた。

アメリカのグローヴァー・クリーヴランド大統領は、ベンジャミン・ハリソンを挟んで二度大統領になっており(第二二代および第二四代)、最初の大統領職にあった一八八七年、女王になる前のリリウオカラーニにホワイトハウスで会っている。リリウオカラーニは義理の姉(兄のカラカウア王の妃)に当たるカピオラニ王妃とともに、イギリスのヴィクトリア女王の在位五〇年の式典に出席のためロンドンに行く途中、ワシントンDCに立ち寄ったのだ。民主党のクリーヴランドは、共和党と違い、海外の植民地を持つことに反対しており、リリウオカラーニにはクリーヴランドに好感を持っている。ところが、リリウオカラーニのロンドン滞在中、ハワイに住むアメリカ人たちによるクーデターが起こり、カラカウア王は王権を弱めた憲法草案に無理矢理署名させられてしまっていた[10]。

ハワイに居着いたアメリカ人たちは、自分たちの権益を拡大し、それを守るためにはアメリカ合衆国にハワイを併合してしまうことが最善だと考え、そのための策を練っていた。カラカウア王暗殺の計画まであった。一八八九年三月から一八九三年三月まで大統領だった共和党のハリソンは、対外拡張論者であり、ハワイのアメリカ人たちはこうした政治的変化をとらえようとしていた。海底ケーブルをめぐる動きが本格化するのもこの頃である。

一八九一年一月、カラカウア王が病気治療のためアメリカのカリフォルニアを訪問中に病没したため、リリウオカラーニが初の(そして最後の)女王として王国を受け継いだ。しかし、一八九三年に、またもやハワイの利権を牛耳るアメリカ人たちによるクーデターが起き、これに抵抗した女王は幽閉されてしまう。一八九三年三月にハワイに好意を持つクリーヴランドが大統領に復帰すると、大統領はハワイのクーデターを否定し、調査を命じる。しかし、一八九七年に共和党のウィリアム・マッキンリが大統領になると、再びハワイのアメリカ人たちの併合活動が活発になり、一八九八年、ついにハワイはアメリカに併合されてしまう。

なぜアメリカはハワイを併合しようとしたのか。二回目のクーデターが起きた一八九三年、海洋権力論で知られるアルフレッド・T・マハンは、「ハワイとわれわれの将来の海上権力(Hawaii and Our Future Sea Power)」と題する論文を発表している[11]。その中でマハンは、ハワイは「固有の商業的価値だけでなく、海運・軍事コントロールにとって望ましい位置という点からも」重要であると書いている。そして、ファニング島やクリスマス島のように、数年の内にイギリスの所有になってしまうかもしれないとも警告した。カナダのブリティッシュ・コロンビアからニュージーランドやオーストラリアへのルート上にあるのがハワイだからである。

一八九五年一月九日、クリーヴランド大統領が、海底ケーブルについて議会にメッセージを送っている[12]。それによると、イギリスがカナダとオーストラリアを結ぶ海底ケーブルの中継地としてハワイ王国内の無人島をリースして欲しいとハワイ政府に申し入れていた。しかし、ハワイとアメリカの間には互恵条約が結ばれているため、アメリカの同意無しにはリースは認められない。英米両政府の間で交渉が行われ、合意文書の原案が作成され、それを承認するようクリーヴランド大統領はアメリカ議会に求めたのだ。

イギリスが求めたのは無人島で、いずれもハワイ諸島北西にあるネッカー(Necker)島、フレンチ・フリゲート・ショールズ(French Frigate Shoals)環礁、あるいはバード(Bird:別名ニホア[Nihoa])島のいずれかである。そこからホノルルにも支線を伸ばし、ハワイも海底ケーブルで世界と繋がる予定だった。

ところが、アメリカ議会は、この大統領のメッセージを黙殺し、実質的にイギリスの申し出を拒絶した。議会はハワイの戦略的重要性から、アメリカが自らハワイへの海底ケーブルを敷設するべきだと考え、当時世界の電信ケーブルを牛耳っていたイギリスがハワイを押さえることを避けたのだ。

海底ケーブルを陸上に引き揚げることを「陸揚げ」といい、通常はそこに「陸揚局」と呼ばれる局舎が置かれる。ケーブルの維持作業のために陸揚局は不可欠であった。イギリス側にもハワイへの陸揚げを反対する声が根強かった。イギリス議会の中にはハワイへ陸揚げすべきだという声もあったが、イギリス政府は「全赤線（All Red Line）」と呼ばれる純粋なイギリス支配のケーブルにこだわっており[13]、ハワイがイギリスのものでない以上、そこに陸揚げすべきではないと考えていた。これに加担して、国策ケーブル会社であったイースタン電信会社は、大西洋上のマデイラ島（現在はポルトガル領）からカリブ海のセントビンセント島、南大西洋のセントヘレナ島、アフリカを陸路で横断し、インド洋のモーリシャス、ココス島、オーストラリアのパース、アデレードを通るルートを提案した。つまり、太平洋を横断せずにオーストラリアに繋ごうというのである。これには、カナダが大反対し、イギリス本国、カナダ、ニューサウスウェールズ、ヴィクトリア、クイーンズランド、ニュージーランドの代表からなる太平洋ケーブル委員会（Pacific Cable Board）が設立された。その結果、イギリスは、一八八八年に領有していたファニング島（現在のキリバス共和国のタブアエラン島）に、一九〇二年にケーブル接続点を作り、そこを経由してフィジー、ノーフォーク島を通ってニュージーランドへ至るルートを作った[14]（図1参照）。カナダのバンクーバーからファニング島へのケーブルは、当時の世界最長のケーブルになった。さらには、イースタンが提案したルートも実際に作られ、イギリス系の世界一周ルートが作られた。

植民地主義の下では、どこの国が所有するケーブルかが重要な問題であった。イギリスは自国の影響下にある土地だけを結んだ「全赤線」にこだわり、海底ケーブルの運営に外国人がかかわることを嫌った。逆に、アメリカをはじめとする他の国々はいかにイギリスの影響から逃れるかを考えていた。イギリスのケーブルを通ると、そこで検閲され、下手をするとメッセージそのものが止められたり、改変されたりするおそれが

図1 20世紀初頭における英米の太平洋ケーブルのルート

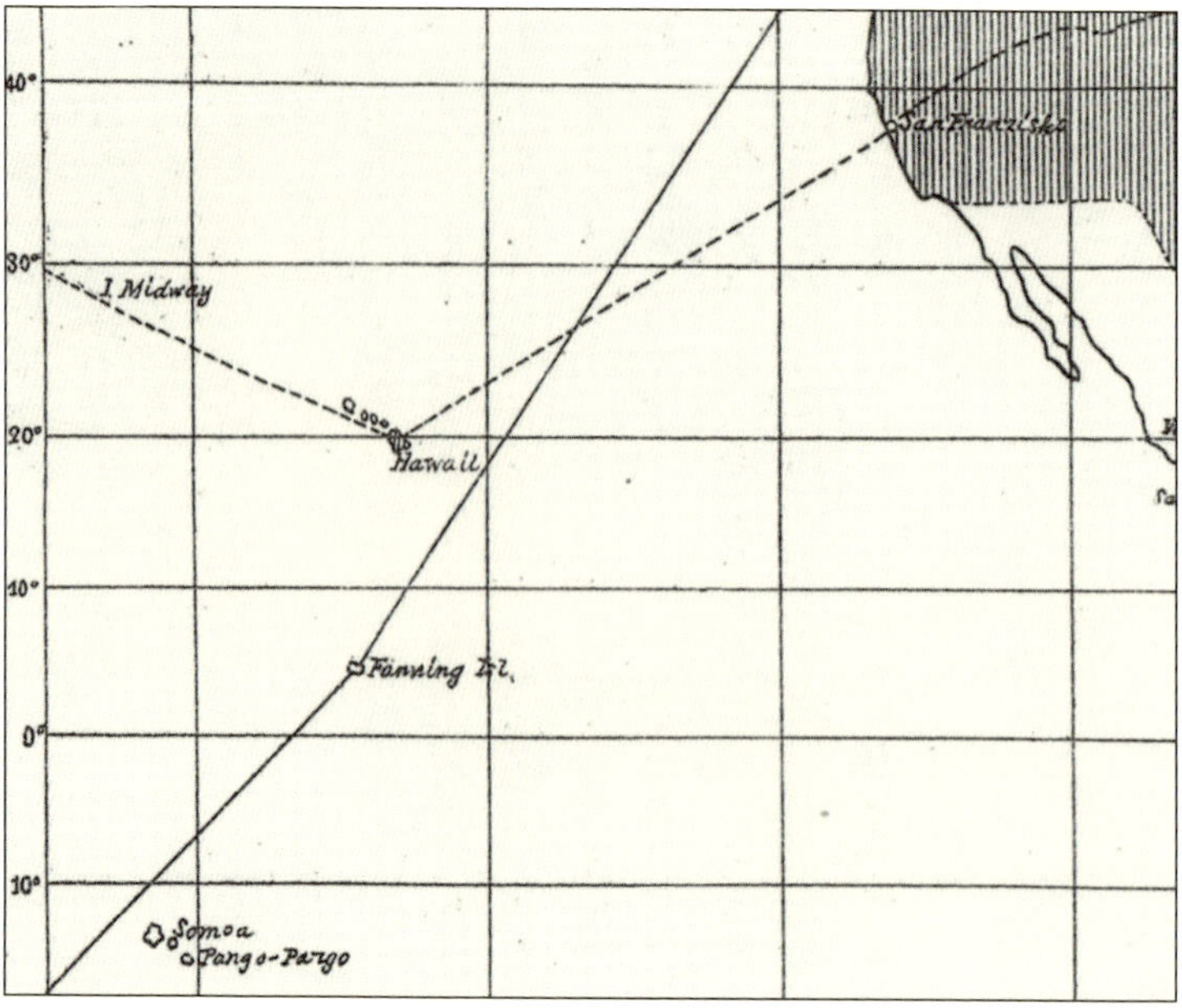

出所：内丑之助『海底電線論』臺灣日日新報社、1905年、非売品、折り込み図表。
注：実線が英国のルート、破線が米国のルート。

あったからである。海底ケーブルによる通信は、外国艦船の動静報告にも使われており、海底ケーブルを押さえることは戦略的に不可欠であった。

❖アメリカによるハワイ海底ケーブル

イギリスからの要請は拒否したものの、この一件はハワイへの海底ケーブル論議を刺激することになる。そして、一八九六年になると、ハワイの海底ケーブルは二社によって争われることになった。ザファナイア・S・スパルディング大佐が率いるニュージャージー太平洋ケーブル社(Pacific Cable Company of New Jersey)と、ジェームズ・A・スクリムザーが率いるニューヨーク太平洋ケーブル社(Pacific Cable Company of New York)である[15]。

イギリスのイースタングループを率

い、大西洋海底ケーブルのイギリス側の立役者であるジョン・ペンダー卿がスパルディングの会社を支援しており、アメリカの電報通信会社ウエスタンユニオンがスクリムザーと協力関係を築いていた[16]。

両陣営はアメリカ議会へのロビー活動も行い、それぞれを支持する法案が議会に提出され、上院の外交委員会(Foreign Relations Committee)は前者を支持し、下院の州間・外国商業委員会(Committee on Interstate and Foreign Commerce)は後者を支持した。議会には一八もの法案が提出されることになった[17]。

両者は、一八九六年四月一日、議会の公聴会で直接対決し、自社に敷設させるように求めた[18]。しかし、結論はなかなか出ないままだった。

これに関連する法案の一つとして、一八九六年五月二九日、チャールズ・G・ベネット下院議員(共和党、ニューヨーク州)が法案H・R・9252を提出した。この法案は、一八九八年一月一日までにハワイの真珠湾まで海底ケーブルを敷設し、一八九九年七月一日までに日本へ海底ケーブルを敷設することを条件に、スクリムザーの会社に毎年一〇万ドルを二〇年にわたって補助するという内容である。

ところが、この後、一八九八年二月一五日にキューバのハバナ湾でアメリカ海軍の戦艦メイン(USS Maine, ACR-1)が爆発し、これが原因となって四月に米西戦争が始まってしまう。後にアメリカ陸軍で通信傍受を担うジョージ・O・スクワイアーは、この戦争を「石炭とケーブルの戦争」と呼んだ(石炭は当時の船を動かすのに必要であり、各国は給炭港の確保を求めていた。また、石炭はメインの爆発の原因ともされている)。アメリカはキューバに繋がるケーブルを検閲したり、切断したりして、情報をコントロールした。スペインはキューバに送る通信を押さえられてしまうことになった。海底ケーブルを自国で確保しておくことの重要性が米西戦争によって改めて認識されることになった[19]。この米西戦争後、ハワイはあっさりと米国に併合されてしまった。

戦後の一八九九年二月一〇日、共和党のマッキンリ大統領は、ハワイとの海底ケーブル敷設に関して議会に対してメッセージを送った。米西戦争の講和条約がスペインとの間で批准の見通しとなり、フィリピンとの航路と通信路を開設するに当たり、ハワイの重要性が高まってきたことを受けて、長らく議論されてきたハワイとの海底ケーブル敷設構想を復活させようというものだ。大統領は次のように書いている。

ハワイとグアムがアメリカ領となり、海を横断する便利な場所を形成しており、アメリカとこうしたすべての太平洋島嶼との間の迅速なケーブル通信の必要性は欠かせないものになった。そうした通信は、平時であろうと戦時であろうと、完全にアメリカの支配下において確立されるべきである[20]。

米西戦争によってアメリカはフィリピンを獲得し、それはハワイの戦略的重要性を高めることになった。スパルディングの会社を支持する議会上院は一九〇〇年四月一一日、政府の費用によって海底ケーブルを敷設することを認める法案を可決し、下院に送付した。ところが、下院の州間・外国商業委員会はこれを認めず、スクリムザーの会社に毎年三〇万ドルの補助金を二〇年間支出する法案を成立させてしまった。両院は法案の差異を埋めることができず、ハワイへの海底ケーブルはまたもや先延ばしになった[21]。

❖太平洋ケーブルの開通

大西洋ケーブルのヒーローがアメリカのサイラス・フィールドとイギリスのジョン・ペンダー卿だとすれば、太平洋ケーブルのヒーローは、アイルランド移民で通信事業への投資で知られていたジョン・W・マッケイであろう[22]。彼は最初の太平洋ケーブルを敷設するべく、コマーシャルパシフィックケーブル社

(Commercial Pacific Cable Company)を設立した。

マッケイの構想が米西戦争前の二社と違ったのは、政府からの補助金無しで太平洋ケーブルを敷設する提案をしたことであった。スパルディングとスクリムザーの両者がケーブル敷設の援助金を取り損ねたのを見たマッケイは、一九〇一年八月二二日、ジョン・ヘイ国務長官に書簡を送った。自分は補助金を求めず、一九〇二年九月までに西海岸とハワイの間にケーブルを引いてみせるというのだ。そして、アメリカの影響下にあるところならどこでもケーブルを引き上げて良いという条件なら、フィリピン、日本、中国との間にも繋ぎ、通信料金を下げて見せるとも書き加えた。マッケイの構想はハワイのケーブルに関係する人たちを驚かせた[23]。

しかし、ジョン・マッケイは夢の達成を見る前に翌一九〇二年に亡くなってしまった。ジョンの夢を受け継いだのが息子のクラレンス・マッケイである。マッケイ親子の海底ケーブルは、まず一九〇三年一月二日にサンフランシスコからハワイの間でサービスを開始した。当初の計画からは遅れてしまったものの、五月二四日にはフィリピンのマニラからケーブル敷設船アングリア(Anglia)号が東へ向けて出航し、グアムとミッドウェイ諸島をケーブルで繋ぎ、さらにハワイを繋ぐ作業に着手した。

そして、一九〇三年七月四日、ニューヨーク州のオイスター・ベイの自宅にいたセオドア・ローズヴェルト大統領は、フィリピンの民政長官のウィリアム・タフト(ローズヴェルトの後に大統領になる)に最初のメッセージを送った。オイスターベイからフィリピンのマニラまで六分かかったという。大統領のメッセージは、ジョン・マッケイの持つ別会社であるポスタルテレグラフ(Postal Telegraph)社の陸線を通って東海岸のニューヨークからサンフランシスコに行き、そこから新しい海底ケーブルを使ってハワイ、ミッドウェイ、グアムを継いでマニラに到着、さらに香港、サイゴン、シンガポール、ペナン、マルタ、ジブラルタル、リスボン、アゾレス諸島、カナダのカンソーを経由して世界を一周し、ニューヨークに戻ってきた。

クラレンスの会社は、一九〇六年に海底ケーブルをマニラから上海に繋いだ。上海は大英帝国の海底ケーブルの基地があり、大英帝国の電信ケーブルネットワークとも接続する。さらに、小笠原諸島へ支線を作り、そこで日本の海底ケーブルとも接続した。

第一次世界大戦後の一九二八年、クラレンスは電信事業をＩＴＴ（International Telephone and Telegraph）社に売却した。その背景には、無線電信の発達があり、海底ケーブル事業が割高になってきたことがあった。そして、第二次世界大戦によって、海底ケーブル事業は壊滅的な打撃を受けた。日本と中国へ繋がるケーブルは切断され、二度と修復されることはなかった。繋がっていた西海岸からハワイ、そしてマニラへのルートでもＩＴＴのシェアはしぼんでいき、事業は赤字になった。一九六二年までケーブルは使われたが、その後は使われないまま、現在も海底に沈んでいる。

4　アメリカとインターネット

❖人工衛星による断絶

イギリスの電信ネットワークにおける強さは、その後の第一次世界大戦、第二次世界大戦においても維持された（戦時中は短波無線が多く利用されたが、短波無線は天候に左右されやすいため、平時においてはより安定した通信が必要になった）。しかし、大戦中にイギリスの海底ケーブルは各所で切断され、そのまま使えなくなるものも多かった。そして、イギリスによる海底ケーブルの支配、そして通信インフラストラクチャ支配は、戦後、思わぬ形で挑戦を受ける。それは人工衛星による通信の登場であった。

それまで海底ケーブルに使われていたのは同軸ケーブルである。一八八〇年に物理学者のオリヴァー・ヘヴィサイドによって発明された同軸ケーブルの内部導体は銅線であり、伝送容量はそれほど大きくない。モールス信号のような単純な信号を送るには十分だが、音声を伝えるには帯域が十分だとはいえなかった。海流や水圧の問題を考えれば、同軸ケーブルの直径を太くするのは簡単ではない。ケーブルの太さは敷設自体にも大きな影響を及ぼす。しかし、第二次世界大戦後の通信需要の高まりは、新しい技術を求めることになった。それに応えたのが人工衛星による通信である。

人類最初の人工衛星は、一九五七年一〇月四日ソ連によるスプートニクの打ち上げであった。この「スプートニクショック」はアメリカの宇宙開発政策を刺激することになり、米ソを中心とする各国の人工衛星打ち上げが始まることになる。

通信用の衛星として最初に実用化されたのは、一九六二年七月にアメリカが打ち上げたテルスターである。さらに、一九六二年一二月一三日には、リレー1号衛星も打ち上げられた。このリレー1号は一九六三年一一月二三日にジョン・F・ケネディ大統領の暗殺事件を日本のテレビ視聴者に伝えた。それは初の日米間テレビ伝送実験中のことであった。

人工衛星による通信は、地上や海底にケーブルを敷設しなくて良いという点で、一度衛星の打ち上げに成功してしまえば有利であった。無線を使った人工衛星による通信は天候や衛星の位置による制約を受けるとしても、同軸海底ケーブルを遅れた技術にしてしまう技術革新であった。

この人工衛星時代の到来が、イギリスによる同軸海底ケーブルの時代を終わらせた一つの要因と言って良いだろう。人工衛星による通信を主導したのは米ソであり、宇宙開発は軍事戦略的な思惑もあって、一九六〇年代以降、両国が多大な投資を行いながら競争していくことになった。その頃になるとイギリス

図2 人工衛星の打ち上げ数（1957〜2001年）

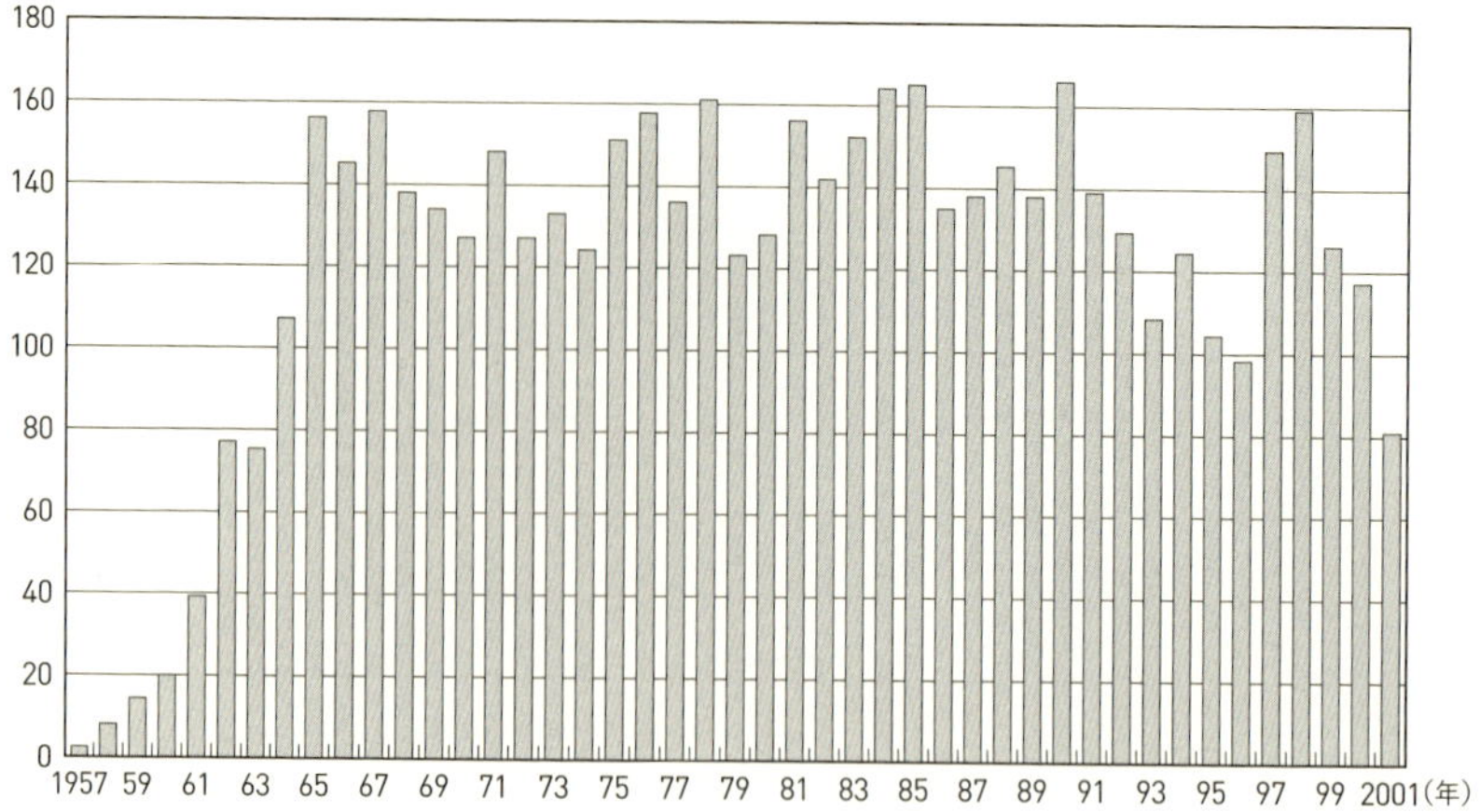

出所：衛星通信年報編集委員会編『衛星通信年報』KDDIエンジニアリング・アンド・コンサルティング、2002年、357頁。

はかつての勢いを失い、同軸海底ケーブルの維持・更新、さらに人工衛星への投資に注力することはできなくなっていた。

人工衛星による通信が本格的に民間に使われるようになるのは一九七〇年代の後半である。一九六〇年代半ばから一九九二年までは毎年一二〇機以上の人工衛星が打ち上げられてきたが、その後、一時的な上昇は見られるものの、減少傾向が見られる（図2参照）。それは、戦後、人工衛星に凌駕されてきた海底ケーブルが、再び表舞台に戻ってくるからである。

❖光ファイバの発明と光海底ケーブル

海底ケーブルの復活を、ここでは日米間の太平洋を例に見ていこう。

一九七二年の時点で、アメリカ本土とハワイの間には第一ハワイケーブル（電話四八回線分）と第二ハワイケーブル（一四二回線）という二本の同軸海底ケーブルがあり、ハワイからグアムまでは一九六四年六月に運用開始した太平洋横断ケーブル（TPC-1）の一四二回線、グアムから日本の神奈川県の二宮までは一三八回線分が利用可能であった。その後、第三ハワイケーブルが敷設されると、アメリカ本土とハワイの間は一気に八四五回線確保されるが、ハワイと日本の間は同じままだった。

一九七六年一月に第二太平洋横断ケーブル(TPC-2)が完成すると、ハワイから日本の沖縄までの間に八四五回線が加えられることになった。

一九七八年三月末の時点で、世界の国際海底ケーブルは三〇本一万七〇三四回線で、大西洋地域に一五本八六五三回線(五〇・八%)、太平洋地域一一本六一二一回線(三五・九%)、地中海地域四本二二六〇回線(一三・三%)の順となっていた。ケーブルの最終陸揚げ国別では、アメリカが一一本で最も多く、イギリス八本、カナダ六本、日本五本、フランス五本となっていた[24]。

これに対して同じ時期、インテルサット衛星は大西洋上で二個、太平洋上およびインド洋上で各一個、計四個が運用中で、回線容量は電話二万二〇〇〇回線およびテレビ八回線であった[25]。同軸海底ケーブルと衛星通信は、回線容量という点では大差なく、一度打ち上げてしまえば、衛星通信のほうが、効率が良かったといえるだろう。一九八六年末のデータ(伝送方式別対外直通回線構成比)は、通信衛星六三・六%、海底ケーブル三四・二%、その他二・二%となっていた[26]。

しかし、この状況を大きく変えることになったのが、一九八九年四月に運用を開始した第三太平洋横断ケーブル(TPC-3)であった。この第三太平洋横断ケーブルは、これまでの同軸ケーブルではなく、光ファイバを使った光海底ケーブルであった。光ファイバのほうが同軸ケーブルよりもはるかに細く、一本あたりの伝送容量も圧倒的に大きいことから、光海底ケーブルの導入は待ち望まれていたが、その開発にはさまざまな困難が伴った[27]。

ようやくそれらを克服し、大容量の光海底ケーブルが引かれたことで、やがて衛星通信と海底ケーブルの関係が逆転することになる(海底ケーブルの割合が増え始めたのは一九八九年)。回線容量は、第二太平洋横断ケーブルが八四五回線だったのに対し、第三太平洋横断ケーブルでは、千葉県の千倉とハワイの間が三七八〇回線、ハワイとアメリカ本土の間が七五六〇回線になった。その陰で一九九一年九月一日に第一太平洋横断ケーブルは運用を停止した。これは「アナログからデジタルへ、銅線から光ファイバへという、国際電気通信における新旧交代の象徴的な出来事であった[28]」。

翌一九九二年一一月には、一万五一二〇回線の容量を持つ第四太平洋横断ケーブル(TPC-4)が、一九九六年には第五太平洋横断ケーブル(TPC-5)が敷設された。一九九九年にイギリスからアジアを通って日本に接続されたSEA-ME-WE3と呼ばれる海底ケーブルは、光波長多重方式という新しい伝送方式を採用し、さらに大容量化が図られた。

❖ケーブルの民営化とITバブル

第二次世界大戦後、同軸ケーブルによる海底ケーブルの世界を打ち破ったのは、米ソの冷戦に端を発した人工衛星開発競争であり、その結果として同軸ケーブルを上回る容量の国際通信が通信衛星によって担われる時代が一九八〇年代末まで続いた。ところが、通信衛星優位の状況は、光海底ケーブルによって打破され、現在まで光海底ケーブル優位の時代が続いている。

一九九五年以降、インターネットが一気に世界に広がり、通信需要の大半がインターネットによって生み出されるようになったとき、やはり中心にいるのはアメリカであった。ただし、それはアメリカ政府ではなく、アメリカ企業である。つまり、ケーブル運用は民営化されていたのである。その変化の過程を見ていこう。

最も初期の海底ケーブル敷設に当たっては、ある国の通信事業者が、外国政府から海底ケーブル陸揚げに関する免許(concession)を独占的に取得していた[29]。日本における大北電信もそうである。

しかし、第二次世界大戦後、発展途上国が独立・台頭して来ると、「通信主権」の概念を持ちだして来たため、海底ケーブルの敷設・運用・保守を関係する二カ国以上の通信事業者の共同出資により行う形態が登場した。これは「コモンキャリア・ケーブル」と呼ばれている。このコモンキャリア方式に参入する通信事業者は、たいていの場合、各国の独占事業者や国営事業者だったので、各国政府は海底ケーブルに主権を主張しやすかった。

日本の場合、一九五三年に郵政省管轄の特殊会社として設立された国際電信電話(KDD)は、国際通信を独占的に扱っていたため、日本政府も第一太平洋横断ケーブルや第二太平洋横断ケーブルについては『通信白書』で日本が主権を有する海底ケーブルとして記述していた。

しかし、一九九八年にKDDは民営化され、特殊会社ではなくなった。さらに、DDIなどと合併し、現在はKDDIとなっている。民間会社が保有する海底ケーブルに対して政府が主権を主張するのは難しい。

さらに、一九八五年にアメリカでテル・オプティーク(Tel-Optik)社が、ノンコモンキャリア(非公衆通信事業者)として大西洋横断ケーブルの免許を取得した。つまり、自分で通信事業をしない営利企業が海底ケーブル敷設に参入して来たことになる。そしてこうしたノンコモンキャリアはケーブル容量の売却、賃貸をし始めた。

一九九〇年代に入るといっそう状況が変化してくる。通信需要の拡大が見込まれ、光海底ケーブルの建設ラッシュが始まると、アメリカのAT&TはAT&T-SSI、日本のKDDはKDD-SCSという海底ケーブルの建設部門を切り出した会社を設立し、本格的にビジネスとしての海底ケーブル敷設に乗り出した。

さらに一九九八年以降、アメリカのグローバル・クロッシング、レベルスリー、360ネットワークス、ワールドコムといった企業がケーブルビジネスに参入し、積極的な投資を行う。ちょうどインターネットを中心とするITバブルが始まり、アメリカのクリントン政権第二期には「ニュー・エコノミー」といった言葉も聞かれるほど、好景気に沸いた。こうした企業による光海底ケーブルは「プライベート・ケーブル」と呼ばれた。

ところが、永続するかと過信されていたITバブルが二〇〇一年にはじけ、新興企業の多くは破綻した。しかし、会社が消えて無くなっても、物理的なインフラストラクチャとしての光海底ケーブル自体は消えることはない。会社の清算に伴って安く転売され、さらに通信料金を下げる要因となった。

こうした業界の転換の過程で、アメリカを含めて、各国の政府は海底ケーブルに対する主権、もっと広く言えばコントロールを失っていく。日米間には数多くの光海底ケーブルが敷設され、さらに日本からは中国やアジア各国に光海底ケーブルは繋がっている。そのすべてが失われる事態は憂慮しなくてはならないが、かといって国家権力が直接介入する法的根拠はすでに失われている。日本の場合、NTTがいまだに特殊会社であるので、その傘下にあるNTTコミュニケーションズの海底ケーブルにコントロールを及ぼすことは可能かもしれないが、現実には難しいだろう。

状況はアメリカでも同じである。アメリカにはもともと国営通信事業者や独占通信事業者は存在しない。一九八五年に分割対象となったAT&Tでさえ、独占的ではあるが完全な独占企業ではなく、純粋な民間事業者であった。正当な理由(国家安全保障上の事態)がなければ、簡単に海底ケーブルのビジネスに介入できるわけではない。大英帝国が国策会社を通じて海底ケーブルをコントロールした時代とは大きく異なっている。

❖海底ケーブルのガバナンス

先述のように、イギリスは電信ケーブルの支配において、二国間協定や多国間協定を結ぶことによって、法的なインフラストラクチャとした。一八六五年の国際電信会議は、現在の国連専門機関である国際電気通信連合（ITU）に繋がっている。

しかし、そうした枠組みは現在のインターネットの世界では必ずしも見られない。初期のインターネットはITUの関知しないところで接続され、ITUは各国の事業者（その多くは国営独占事業者）の収益源である電話の問題と無線周波数の割り当ての問題を扱ってきた。二〇〇〇年頃からITUはインターネットに関心を示すようになり、グローバルなデジタルデバイド解消のための会議として世界情報社会サミット（WSIS）を二〇〇三年と二〇〇五年に主催した。

そこでのアメリカの影響力は必ずしも圧倒的というわけではない。ITUは国連の専門機関であるため、基本的には各国が平等な権限を持ち、国連の安全保障理事会のような拒否権が使えるわけではないからである。インターネットの問題をITUで扱えば、必ずしもアメリカは影響力を十分に発揮することができない。逆に、中国をはじめとする一部の国々は、インターネットの管理（インターネットガバナンス）をITUで行うべきだとWSISなどの場を通じて主張し続けてきた。

実質的にこれまでのインターネットガバナンスを担ってきたのは、インターネットの技術標準を議論するIETF（Internet Engineering Task Force）や、ウェブに関する技術標準を議論するW3C（World Wide Web Consortium）、ドメインネームやIPアドレスの割り当てを議論するICANN（Internet Corporation for Assigned Names and Numbers）などである。ITUも含めてどこか単一の機関がインターネット全体に責任を負っているということにはなっていない。そうした「自律・分散・協調」によるインターネットガバナンスは、アメリカも含めてどの国の政府にも従わない。

そうすると、電信のネットワークに対してイギリス政府が持ち得たような影響力を、インターネットに対してアメリカ政府は持ち得ないということになる。実際、アメリカ政府がインターネットに対して公式に持っている法的な管理権限はそれほどない。

むしろ、アメリカのインターネットへの影響力を支えているのは、法的なインフラストラクチャではなく、物理的なインフラストラクチャであり、その地政学的な配置であろう。どの国とどの国の間で、どの場所とどの場所との間で海底ケーブルを繋ぐかという判断は、各国が決められることである。ネットワークの世界では、小さなネットワーク同士が繋がるよりも、大きなハブに直接繋がるほうが有利になる。「優先的選択」といわれるルールが、大きなネットワークをさらに大きくし、ハブを形成していく[30]。

本来、大西洋と太平洋という二つの大きな大洋に隔てられたアメリカは、地理的にはハブになる要素は弱い。しかし、国際政治経済における覇権的な地位をテコとし、技術によって大西洋ケーブルと太平洋ケーブルを敷設し、インターネットという新しい技術で需要を喚起することで、アメリカは通信のハブとなっている。情報通信ネットワークのオープン化、民営化が進みつつある。

5 おわりに

イギリスの電信からアメリカのインターネットへという情報通信ネットワークの移行の間には、人工衛星による断絶の時期があった。そして、通信の需要の増大は、従来の同軸ケーブルではなく、光ファイバによる海底ケーブルを生み出した。その過程で発展途上国による通信主権の主張がプライベートケーブルという企業主導の海底ケーブルを普及させ、国家による海底ケーブルの支配力を弱めている。しかしながら、現在のインターネットガバナンスは、法的なインフラストラクチャではなく、物理的なインフラストラクチャに依拠しながら、アメリカの影響力を大きくしているといえるだろう。

インターネットをはじめとする通信ネットワークの接続性の確保は重要な政策課題である。世界中のトラフィックが集まるアメリカもまた、その接続性を海底ケーブルに依存している。大西洋と太平洋という二つの大きな大洋における海底ケーブルこそが、アメリカの繁栄と安全にとっての頼みの綱と言っても過言ではない。

海と国家の関係を考えるとき、人類は海底ケーブルによって「距離の暴虐（tyranny of distance）[31]」から「距離の死（death of distance）[32]」へ変えようとしてきた。イギリスとアメリカはそのための技術革新を生み出してきた。海底ケーブルは大洋を越えて拡張される国家の神経系である。

パクス・ブリタニカの時代には、政府が強いコントロールを海底ケーブルに保持していたが、現代のパクス・アメリカーナの時代には、情報通信ネットワークはオープンシステムへと変わってきている。情報通信ネットワークという視点からパクス・アメリカーナを見ると、その民営化が進んでいるということができるだろう。

註

1——本章は、拙稿「海底ケーブルの地政学的考察——電信の大英帝国からインターネットの米国へ」（アメリカ学会編『アメリカ研究』第四六号、二〇一二年三月、五一〜六八頁、所収）を大幅に書き改めたものである。本章では特に太平洋ケーブルの敷設をめぐる動きについて加筆し、分量の関係で他の部分を減らしている。また、二〇一三年六月二日のアメリカ学会年次大会「日米関係」分科会における筆者の報告に対する大野哲弥氏をはじめとする方々のコメントにも感謝したい。

2—Daniel R. Headrick, *The Invisible Weapon: Telecommunications and International Politics 1851-1945*, New York: Oxford University Press, 1991, p. 39.

3—西田健二郎監訳・編『英国における海底ケーブル百年史』国際電信電話、一九七一年、三〜八頁。

4—同上、一一〜一七頁。

5—同上、二一〜二五頁。

6—土屋大洋『情報とグローバル・ガバナンス——インターネットから見た国家』慶應義塾大学出版会、二〇〇一年、三七〜五六頁。

7—大野哲弥「空白の三五年、日米海底ケーブル敷設交渉小史」放送大学情報化社会研究会編『情報化社会・メディア研究』第四号、二〇〇七年、二五〜三二頁。

8—David M. Pletcher, *The Diplomacy of Involvement: American Economic Expansion across the Pacific, 1784-1900*, Columbia, MO: University of Missouri Press, 2001, pp. 234-5.

9—宮内庁編『明治天皇紀』第五巻、吉川弘文館、一九七一年、二九〇〜二九九頁。

10—猿谷要『ハワイ王朝最後の女王』文春新書、二〇〇三年、一〇五〜一二四頁。

11—Alfred T. Mahan, "Hawaii and Our Future Sea Power," *The Forum*, March 1893. この論文は以下に再録されている。Alfred T. Mahan, *The Interest of America in Sea Power: Present and Future, Boston: Little*, Brown & Co., 1917, pp. 31-55. 同書のデジタル版は<http://openlibrary.org/books/OL14014987M/The_interest_of_America_in_sea_power>で利用可能である（二〇一二年八月二〇日アクセス）。

12—Grover Cleveland, "Message from the President of the United States, Submitting Dispatches and Accompanying Documents from the United States Minister at Hawaii, Relative to the Lease to Great Britain of an Island as a Station for a Submarine Telegraph Cable," United States Congress (53rd, 3rd Session), Senate, Committee on Foreign Relations, January 9, 1895 (available at University of Hawaii, Manoa: Hamilton Hawaiian-Library, TK5613.U58).

13—赤色が使われたのは、当時の地図において大英帝国の領土が赤く塗られることが多かったからである。後の共産主義とは関係がない。

14—マックス・ロッシャー(訳者不明)『世界海底電信線網』日本無線電信、一九三七年、一一二～一一四頁。

15—スクリムザーはアメリカのフロリダと西インド諸島、キューバとの間にケーブルを引く実績を上げていた。Hugh Barty-King, *Girdle Round the Earth: The Story of Cable and Wireless and its Predecessors to Mark the Group's Jubilee 1929-1979*, London: Heinemann, 1979, p. p. 23.

16—大野、前掲論文。

17—Pletcher, *op.cit.*, p. 248. Headrick, *op.cit*, p. 100.

18—Hearings before the Committee on Foreign Relations in Regard to the Bills, S.1316, "To Facilitate the Construction and Maintenance of Telegraphic Cables in the Pacific Ocean for the Use of the Government in its Foreign Intercourse," Represented by Messrs. Z. S. Spalding and Wagner Swayne, and S.876, "To Provide for Telegraphic Communication between the United States of America, the Hawaiian Islands, And Japan, And to Promote Commerce," Represented by Messrs. James S. Scrymser and Edmund L. Baylies, April 1, 1896, Washington: Government Printing Office, 1896 (available at University of Hawaii, Manoa: Hamilton Hawaiian-Library, TK5613.U56).

19—George O. Squier, "The Influence of Submarine Cables upon Military and Naval Supremacy," *National Geographic Magazine*, XII, January 1901, pp. 1-12.

20—William McKinley, Jr., "Cable Communication with Pacific Islands: Message from the President of the United States, Relative to Necessity for Speedy Cable Communication between the United States and All the Pacific Islands," February 10, 1899 (available at University of Hawaii, Manoa: Hamilton Hawaiian-Library, TK5613.U64).

21—Commercial Pacific Cable Company, "Pacific Cable: Should the Government Parallel the Cable of the Commercial Pacific Cable Company Greatly Reduced Rates," Not for Publication, 1902 (available at University of Hawaii, Manoa: Hamilton Hawaiian-Library, TK5613.C65).

22—以下の記述は主に次の文献による。Jack R. Wagner, "The Great Pacific Cable," *Westways*, vol. 48, no. 1, pp. 8-9.

23―Commercial Pacific Cable Company, *op.cit.*

24―郵政省編『通信白書(昭和五三年版)』大蔵省印刷局、一九七八年、一二三頁。

25―同上。

26―郵政省編『通信白書(昭和六二年版)』大蔵省印刷局、一九八七年、三九一頁。

27―光ファイバの技術自体は一九七〇年に実用化されていたが、海底ケーブルに用いるには困難が伴った。第三太平洋横断ケーブル敷設に伴う困難については、以下を参照。新納康彦「太平洋一万キロ決死の海底ケーブル〝国際光海底ケーブルネットワーク〟」『武蔵工業大学環境情報学部情報メディアセンタージャーナル』第七号、二〇〇六年、六〇～六九頁。新納康彦「光海底ケーブル開発の歴史I―歴史に学ぶ技術の進歩―」『IEEJ Journal』第一三〇巻一〇号、二〇一〇年、六九四～六九七頁。新納康彦「光海底ケーブル開発の歴史II―失敗から学び成功へ―」『IEEJ Journal』第一三〇巻一一号、二〇一〇年、七六〇～七六三頁。

28―郵政省編『通信白書(平成三年版)』大蔵省印刷局、一九九一年、六三頁。

29―高崎晴夫「通信バブルの一考察(第一回)―国際海底ケーブルビジネスで何が起こったのか―」『OPTRONICS』第三号、二〇〇三年、一七四～一七九頁。椛島隆富「急伸する国際トラフィック　新ケーブル事業が目白押し」『日経コミュニケーション』一九九八年九月二一日号、一五二～一五七頁。松本潤「国際ネットワークプランニング」『電子情報通信学会誌』第七六巻二号、一九九三年、一一六～一二〇頁。

30―アルバートアルバート＝ラズロ・バラバシ(青木薫訳)『新ネットワーク思考――世界のしくみを読み解く』日本放送出版協会、二〇〇二年。

31―イギリスから遠く離れたオーストラリアについてジェフリー・ブレイニー(Geoffrey Blainey)が著書のタイトルにした言葉。Geoffrey Blainey, *The Tyranny of Distance: How Distance Shaped Australia's History*, South Melbourne: Macmillan, 1968.

32―フランシス・ケアンクロス(Frances Cairncross)が著書のタイトルにした言葉。Frances Cairncross, *The Death of Distance: How the Communications Revolution Is Changing Our Lives*, London: Texere, 1997.

第Ⅲ部

第7章 海運政策とパクス・アメリカーナ

待鳥聡史 *Satoshi MACHIDORI*

1 はじめに

一九九六年一〇月八日、ビル・クリントン大統領はある立法に関する署名見解（signing statement）を出した。署名見解とは、大統領が重要だと思われる法案に署名するに当たって、その法案に関する自らの所信を明らかにするために提示するもので、二〇世紀初頭からしばしば用いられてきた。とりわけロナルド・レーガン以降の大統領は、連邦議会の立法が合衆国憲法に部分的に適合しないと指摘する署名見解を提示することで、立法に完全には拘束されないと主張する傾向を強めた。このような署名見解を憲法的署名見解と呼ぶ。憲法的署名見解は、現代アメリカ政治における論争の焦点の一つとなっている[1]。

しかし、クリントンがこの日提示した署名見解は、そのような論争とは全く無縁のものであった。具体的な内容を少し引用してみよう。

「本日、私は下院一三五〇法案、すなわち『一九九六年海事保安法（Maritime Security Act of 1996）』に署名いたしました。この法律は、アメリカの商業海運にとって二一世紀への道筋を開くものです。……この法律は、長期にわたる超党派的な努力の極致に位置するものです。それにより、我が国の経済および海上輸送にかかわる国防上の必要性に合致すべく、忠誠心に富んだアメリカ国民である商船乗組員によって運航されるアメリカ船籍の船舶を、合衆国が維持し続けることが可能になったのであります」[2]

法案の内容と立法努力に対する、まさしく全面的な称賛である。このような内容のものは修辞的署名見解といわれ、決して珍しいものではない。だが、一九九四年の中間選挙で共和党が議会両院の多数党となって以来、クリントン政権と議会共和党の激しい対立によって特徴づけられがちなこの時期のアメリカ政治としては、意外なほど好意的な内容だといえよう。その背景にあったのは、クリントン自身が署名見解で言及しているように、立法が完全に超党派で進められたという事実であった[3]。

一九九六年海事保安法が超党派の賛成によって成立したことは、この立法が実質的な意味を欠いた象徴的なものであることを意味しない。むしろ、アメリカの民間商船にかかわる諸政策、すなわち海運政策にとって重要な意義を持っており、そうであるがゆえにクリントンは修辞的署名見解を提示して立法を称賛したのである。

では、アメリカ海運政策にとっての一九九六年海事保安法の意義とは具体的に何だろうか。また、それが超党派で成立した理由はどこに求めることができるだろうか。これらの問いに答えていく作業を通じて、しばしば軍事的側面に注目されがちなパクス・アメリカーナと海洋の関係におけるもう一つの側面、すなわち民間海運の位置づけについても検討することにしたい。その先には、パクス・アメリカーナの本質的な特徴が見えるかもしれない。

2　アメリカ海運政策の基本枠組み

❖海運政策の特徴

アメリカの海運政策は、伝統的に経済政策や産業政策といった観点とともに、安全保障上の観点を重視するところに特徴があるとされてきた。このことから民間船舶の建造や運航にかかわる分野では、自由主義を基調とする二〇世紀以降のアメリカ経済政策の一部を構成しているにもかかわらず、一九二〇年商船法(Merchant Marine Act of 1920)以降、現在の海運政策の基礎となっている一九九六年海事保安法に至るまで、ほぼ一貫して介入主義的色彩の強い政策手段がとられてきた[4]。言い換えるならば、自由貿易と安全保障、国際主義と自国主義、さらには自由主義と保護主義の交錯するところに、アメリカの海運政策は存在してきたのである。

このような海運政策の性格は、一見したところ今日もはや実質的な意義を失っているようにも思われる。冷戦終結や軍事革命(RMA)といった安全保障環境の変化、新自由主義の圧倒的優位など経済政策の潮流変化を考えれば、海運政策についても安全保障上の観点は後退して、いわば「普通の」産業政策として自由化や規制緩和が図られていたとしても不思議ではない。事実、数多くの政策領域において、一九八〇年代以降には安全保障上の理由による介入主義は放棄されている。たとえば航空政策に関しては、軍事や郵便といった政府の活動との関係で業界保護が初期から行われていたが、五〇年代には規制への批判が登場し、七〇年代末からは自由化が進められるようになった[5]。

ところが海運政策においては、安全保障上の考慮は依然として大きな意味を持っている。その典型例が「運航補助制度」である。この制度は、アメリカ人船員を乗務させたアメリカ船籍の商船に対して、維持費用と運航費用を補助することを主眼としている[6]。制度の根底にあるのは、アメリカ人船員によるアメリカ船籍商船の存在が、物資の輸送という安全保障にとって無視できない側面において意義があるという発想である。それは同時に、人件費などを考慮するならば、補助金なしでは既に存続が困難になっているアメリカ人船員によるアメリカ商船の運航を人為的に維持するという、極めて保護主義的ないしは介入主義的な政策であるということができる。事実、運航補助制度に対しては国際競争を阻害するものであるという批判も他国から寄せられている。

現在の運航補助制度は、クリントン政権期の一九九六年海事保安法によって「海事保安プログラム(MSP：Maritime Security Program)」の一部をなすものとして創設され、それはジョージ・W・ブッシュ政権期に立法化された新しい海事保安プログラムにも受け継がれている。現行制度の下では、緊急時の臨時徴用と七五％以上のアメリカ国籍乗組員確保を要件として、アメリカ商船の維持と運航に対して連邦政府からの補助金が支払われる。その額は各年度一億五〇〇〇万ドル以上という規模で、かつ二〇一五年度までの実施が既に確定している。

新自由主義に基づく経済政策が絶頂にあり、かつアメリカの軍事戦略もかつてのような単独主義的傾向から変化している今日において、自国船重視の古典的ともいえる海運政策が維持されている理由は、どこに求めることができるのだろうか。以下では、今日に至るまでの運航補助制度の展開に焦点を合わせて、この点を明らかにしていこう。

❖制度的起源としての一九二〇年商船法

今日に至るアメリカ海運政策の直接的な起源と見なすことができるのは、一九二〇年商船法(Merchant Maritime Act of 1920)である。提案者である上院議員ウェズリー・ジョーンズの名前を取ってジョーンズ法と呼ばれることも多いこの法律は、内航海運における自国船主義、すなわちカボタージュを明示的に採用したことで知られる。カボタージュとは、「一国の国内の輸送についてその全部または一部を、自国民が所有し、自国に登記・登録され、自国において製造または修理され、自国民により運航(運行)される輸送機器のみが行うことができるよう制限または留保することにより、国内輸送産業及び関連産業を保護、育成するために講じられる当該国政府の措置」だと定義される[7]。

一九二〇年商船法に定められたカボタージュの原型は、一七八九年に合衆国憲法制定後に初めて開かれた第一議会において、内国輸送に当たる外国船に対して特別な課税を行うところから始まった。この立法は、連合規約時代のステイト(邦、旧各植民地)間の対立が尾を引き、アメリカ商船への州法による追加課税に繋がらないようにするためのものであった。ただし、同じように外国船を排除する動きはイギリスをはじめとする重商主義期のヨーロッパ列強にも存在しており、当時はアメリカよりも優位にあったヨーロッパ諸国との海運競争に備えたものという性質も帯びていた。それがフランス革命や米英戦争後の一八一七年には内航船舶をアメリカ船籍に限定するカボタージュとして確立し、第一次世界大戦後の一九二〇年法に引き継がれたのである[8]。

そもそもなぜカボタージュが必要とされるのだろうか。一九二〇年商船法の立法趣旨は次のように述べる。「国防及び米国内外通商が適切な発展を遂げるためには、米国の通商貨物の大半を輸送するのに十分であり、かつ戦争または国家緊急の際に海軍補助、軍事補助の任務を果たすことの出来る最も装備の整った、最も適切な種類の船舶から構成される商船隊が、米国人の民間人により所有され、運航されるように取り計らう必要がある。このような商船隊を開発し、その保持を奨励するために必要な手段を講ずることが米国の国策である」[9]

すなわち、立法時点における制度趣旨としては、安全保障上の考慮と通商の振興という二つの目的を両立させることが目指されていたのである。したがって、当然のことながらその具体的な手段はカボタージュだけではなかった。むしろ、カボタージュは内航海運からの外国船や外国人船員の排除をもたらすに過ぎず、保護主義的ではあってもアメリカ造船業や海運業への側面支援でしかない。一九二〇年代には既に圧倒的な経済力を持つに至っていたアメリカでは、造船コスト、船員人件費の高騰は不可避であり、その中で安全保障上の考慮からアメリカ商船隊を維持しようとすれば、追加的な方策が不可欠であった。

ここに、商船法は数次にわたって改正され、関連する海運・造船業界へのさらなる支援がなされることになった。まず、一九二八年商船法によって造船資金貸付や海外への郵便航送費補助を開始した。造船についても本格的な支援が始められたことと、ハワイやフィリピンへの航路が関係していたとはいえ、内航海運に限定されていた自国船保護の対象が海外航路にも拡大されたことから、アメリカの大手海運会社にとっては大きなビジネスチャンスであった。それは、当時太平洋航路において競争関係にあった日本の海運業界にとっても重大な関心事となった[10]。

❖「一九三六年商船法体制」の確立

第二次世界大戦が始まり、アメリカの関与が不可避になりつつあった一九三六年、商船法のさらなる大改正が行われた。それは「一九三六年商船法体制」と呼ぶこともできるだろう。

一九三六年商船法(Merchant Marine Act of 1936)は立法目的において「十分な、かつバランスの取れたアメリカ商船の展開と維持を進めること、アメリカの通商を促進すること、国防に資すること」などを掲げた。一九二〇年および二八年の商船法は、海運会社の収益改善には繋がったものの、アメリカ商船の質的向上や量的拡大には必ずしも貢献しなかった。そこで、三六年の大改正においては造船に対する直接補助が行われることとなった。具体的には、アメリカ国内造船所と外国造船所の建造原価の差額を連邦政府が補助する「建造差額補助制度」がその中心となった[11]。それと同時に、海運業界への補助も続けられた。国防省貨物のすべてと、その他の政府関連貨物の五〇%以上をアメリカ船に載せる「政府貨物留保制度」と、本稿が扱う「運航差額補助制度(ODS:Operating Differential Subsidy)」の創設が柱であった。

また、商船の運航管理行政や船員養成に関しても抜本的な改革を行ったことも、一九三六年商船法の大きな特徴であった。アメリカ商船の建造や運航、および戦時における動員を管理するために、一九一六年船舶法(Shipping Act of 1916)によって創設されていた合衆国船舶委員会(United States Shipping Board)を起源とする民間船舶に関わる行政組織を強化するために、独立行政委員会として合衆国海事委員会(United States Maritime Commission)を創設した。合衆国海事委員会の初代委員長はジョセフ・P・ケネディ、すなわち後の大統領ジョン・F・ケネディの父親であった。アイルランド系大富豪であったケネディ家は、既にフランクリン・D・ローズヴェルト政権と民主党の有力な支援者だったのである。

合衆国海事委員会においては、輸送船の戦時標準設計も行われた。第二次世界大戦中の兵站輸送に大きな役割を果たしたリバティ型輸送船やT2型タンカーは、いずれも海事委員会の戦時標準設計によって短期間に大量造船がなされたものであった。戦時標準船の設計と建造の経験は、溶接を多用した短期間での商船建造のノウハウ蓄積に繋がり、戦後の造船界に大きな影響を与えた。また、同じく一九三六年商船法によって創設された合衆国商船大学は、卒業生の多くを戦時輸送船の乗組員として供給した。合衆国海事委員会はその後、五〇年に合衆国海事局(United States Maritime Administration)に改組され、さらに八一年からは運輸省の一部局となって今日に至っている[12]。

3 海運政策の柱としての運航補助制度

❖運航補助制度の展開

前節で見たように、一九三六年商船法はアメリカ海運政策の展開にとって大きな画期となった。「一九三六年商船法体制」とでも呼ぶべき海運政策レジームにおいて、大きな意味を持つ制度の一つが運航差額補助である。運航差額補助とは、商船の建造や維持に関わる費用が大きく、人件費も相対的に高いアメリカ人船員を乗り組ませて商船の運航に当たる民間船舶運航者に対して、結果として生じるコスト高を補填することを目的として連邦政府が支払う補助金制度である。既に見たように、一九二八年商船法によって海外への郵便輸送に関しては補助が行われていたが、その実効性は必ずしも十分でなかったところから、より一般的な補助金制度が創設されることになったのである。

具体的に補助金の対象となるのは、連邦政府が重要だと認める航路に定期船を運航しており、かつ当該航路において外国船との競争関係にある民間船舶運航者であった。補助金の支給期間は二〇年以内とされ、その間に補助金による超過利潤を得ないことや、船舶更新のための減価償却費の積立を行うことなども定められた。第二次世界大戦への参戦をにらんで、戦時輸送にアメリカ商船の活用を目指すことが一九三六年商船法の第一義的な意図であり、そのために重要航路が外国船や外国船舶運航者に支配されないようにするというのが、運航差額補助制度の趣旨であった[13]。

実際にも、一九三九年には補助を受けた商船がアメリカ商船全体の四八・九%に達した。しかし、第二次世界大戦の勃発とともに商業ベースでの民間輸送は杜絶してしまったため、外国船との競争関係を受給要件に定めるこの制度は、戦時中に活用されることはほとんどなかった。運航差額補助制度が再び機能し始めるのは第二次世界大戦後のことである。一九四七年に補助金支払契約の更新が始まり、四八年からは新規契約も行われるようになって、五四年には補助を受けた商船の比率が四五・一%にまで回復した[14]。

郵便輸送への補助が開始されたときには、政府からの補助金が民間船舶運航者の単なる利潤になり、船腹量の増大や新規造船によるアメリカ商船隊の質的、量的な向上に繋がっていないという批判が存在した。これに対して、一九三六年商船法に基づく運航差額補助制度は、補助金を受給した商船会社の収益改善やアメリカ商船による物流比率の向上に貢献しており、五〇年代初頭までの段階ではある程度まで所期の政策目的を達成したと評価されていた[15]。しかしその後、西ヨーロッパ諸国や日本といった造船と商船運航の実績を持つ国々が戦後復興を遂げるにつれて、アメリカの輸出入の半分以上をアメリカ商船が担うという状況は失われ、アメリカ海運業は激しい国際競争にさらされることになった。

かくして、リンドン・ジョンソン政権末期の一九六〇年代後半になると、運航差額補助制度への批判が次第に強まるようになった。六〇年代後半はニューディール期以来の政治・経済・社会秩序の大きな転換が始まる時期であり、ニューディールから第二次世界大戦の時代に形成された、連邦政府が市場経済に積極的に関与し介入する政策への疑問が徐々に呈されるようになった。補助金によって安全保障と産業保護という二兎を追いかけようとする、一九三六年商船法体制も例外ではなかったのである。

批判は大きく二つ存在した。一つは経済政策としての実効性に対する批判である。運航補助や造船補助といった制度によっても、戦後ほぼ一貫してアメリカ商船の役割は低下し続けており、海運政策が成功しているとはいえないとの認識は政権内に強く存在した[16]。運航差額補助制度に関しては、特定の航路や定期船に限定するといった制約を問題だと捉える考え方が広く存在した。しかし、完全には満足していなかったものの、補助金への依存を強めていた海運業界や造船業界は大きな改革には消極的であった。

もう一つは国際レジームの観点からの批判である。商船法による自国船優遇はGATT（関税と貿易に関する一般協定）違反であり、戦後アメリカが追求してきた国際的な自由経済秩序、さらには海運における伝統的な理念である海洋自由の原則に対して、運航差額補助を含むアメリカの海運政策は全く合致していなかった。同時にアメリカは海運同盟を反トラストの観点から規制してもいた。そのため、直接の競争相手となる諸外国からの批判は強まっていた。たとえば日本政府は、既に一九六五年度版の『運輸白書』において、「米国の海運政策は、反トラスト思想に基づき海運同盟の活動に対し厳しい規制を行なっていること、および自国海運保護のため政府関係貨物を自国船に留保する米船優先政策をとっていることの二点において、英国および日本をはじめとする海運自由を唱える諸国との対立を深めている」と指摘していた[17]。

❖一九三六年商船法体制の限界

運航差額補助への批判が登場し始めた当初は、制度の部分的な修正によって強化するという方向性が模索された。リチャード・ニクソン政権期に「新海運政策」が提唱され、それに基づいて成立した一九七〇年商船法は、その典型例であった。この立法は造船補助と運航補助の二本立てという点では一九三六年商船法を受け継ぎつつ、その範囲を拡大するところに特徴があった。運航差額補助に関していえば、商船の運航形態の変化を反映させる形で、重要航路における定期船運航に限定されていた補助対象を、ばら積み貨物船運航にも適用することにした点が最大の変化であった[18]。当時、アメリカ商船の多くは老朽化が進行していたため、新規造船を積極的に促すことによって輸出入におけるアメリカ商船の役割を拡大することが主たる目的であるとされた[19]。

しかし、依然として十分な効率性は確保できなかった。問題点は主として二つ存在した。一つは、対象範囲を拡大したとはいえ、特定航路における特定運航形態に対する補助である以上、市況に応じた柔軟な運用の抑止に繋がってしまうことであった。もう一つは、アメリカ人乗組員を雇用する上での人件費、保険費用、アメリカ船籍商船の維持・修繕費用への非定額補助であったため、インフレなどの外部要因によって補助総額が増大してしまうにもかかわらず、アメリカ人乗組員や国内建造のアメリカ船籍商船は必ずしも増えないという問題であった[20]。これらの問題に加えて、連邦政府財政が悪化したこともあり、レーガン政権期の一九八三年以降は、新規の建造差額補助と運航差額補助契約は行われないことになった[21]。ただし、既存契約に基づく補助は継続された。

その一方で、国際海運におけるアメリカの地位は低下傾向が顕著になり、アメリカの輸出入は増え続けているにもかかわらず、アメリカ商船がそれをまかなう割合は明らかに低下していた。ニクソン政権の新海運政策が提唱された一九七〇年時点では九〇〇隻以上のアメリカ船籍コンテナ貨物船、ばら積み貨物船、タンカーが存在していたが、一九九〇年代にはその数は約二〇〇隻にまで減少し、載貨重量トン数で見ても一一〇〇万トン程度にまで減っていた[22]。国内建造の船舶と自国人船員によるアメリカ商船隊を維持し、物流面での安全保障を確保しようとする商船法の基本的な趣旨が実現できていないことは疑う余地がなかった。

ここに、抜本的な制度改革を求める動きが強まった。一九九一年には湾岸戦争が勃発した際には、実際の物資輸送には外国船籍で外国人乗組員の商船によって多くが担われた。さらに九三年には、運航差額補助の対象船舶を所有していたアメリカンプレジデントラインとシーランドという二つの海運会社が非効率であるとして制度からの離脱を図ったのである[23]。クリントン政権においては、九三年九月にアル・ゴア副大統領が提出した国家業績リヴュー（National Performance Review）によって商船法に基づく運航差額補助の廃止が提唱された[24]。新たな枠組みが必要だという認識が広がっていたのである。

❖一九九六年海事保安法による改革

一九三六年商船法の全面改正案が連邦議会に提出されたのは、一九九五年三月二九日のことであった。下院に法案が提出された段階では、立法目的として「アメリカ船籍の商船を再活性化すること、およびその他の目的のために、一九三六年商船法を改正すること」が掲げられていた。より具体的には、「国防およびその他の安全保障上の必要性に応じ、かつ国際商用船舶におけるアメリカのプレゼンスを維持するため、就航中で、軍事的に有益である民間所有の船隊を確立すること」が目指されていた[25]。

これらの立法目的から明らかなように、今回の全面改正案は従来に比べれば大規模な制度改革を目指していたが、ここまで述べてきた「一九三六年商船法体制」、すなわち安全保障上の利益と関係業界保護という二つの目的を追求するという海運政策の基本的特徴を大きく変えるものではなかった。提出された改革案においては、建造差額補助が廃止される一方で、運航補助は総額を縮小の上で復活することとされていた[26]。安全保障のために自国建造と自国乗組員からなるアメリカ商船隊はもはや必要ではなく、平時の海運会社の経営効率を低下させてアメリカ経済の国際競争力を低下させることに繋がっているという商船法への批判は、ほとんど骨抜きにされてしまったのである。国際的な自由貿易レジームや海洋自由の原則に反しているという諸外国からの指摘は、もちろん考慮されることはなかった。

法案提出後の連邦議会における審議過程において、一九三六年商船法体制への疑義は提起されることはなく、あくまで従来の政策目的はそのままに、手段について改革を行うという扱いがなされた。法案は提出直後に下院において安全保障委員会に付託され、九五年八月に同内容の法案が上院にも提出されると通商委員会に付託された。両委員会では、商船法に基づく運航差額補助制度が海運会社にとってアメリカ商船隊を維持するために十分な誘因となっておらず改革が必要だとされる一方で、第二次世界大戦後のアメリカ商船隊の衰退と、それに伴ってアメリカ国籍乗組員が不足するようになったという認識が示され、加えて湾岸戦争の経験を踏まえた軍需物資輸送の重要性が指摘された[27]。

両院の本会議でも、法案の骨格を大きく変えるような修正提案はなされなかった。とくに新しい運航補助制度については全く修正案が出なかった。下院では九五年一二月六日に発声投票(事実上の全会一致)によって、上院では九六年九月二四日に賛成八八票、反対一〇票という圧倒的な賛成多数によって、それぞれ法案を可決した。上院において反対票を投じた議員は全員が共和党で、主として財政上の懸念によるものだと思われるが、全体を通してみれば典型的な非対立型の立法過程だったといって良いだろう。本章の冒頭に引用した大統領の署名声明は、これを受けて出されたものであった。このようにして、一九九六年海事保安法が成立した。

新しい一九九六年海事保安法に基づき創設されたのが、海事保安プログラムである。一九三六年商船法体制の特徴の一つであった運航補助については、ほぼ基本的性格が維持された。すなわち、単年度当たり金額にして一億ドル、隻数にして四七隻を上限として、アメリカ船籍の商船に対する補助金が継続することになったのである。一億ドルという上限額は、旧制度に基づく新規契約が停止されていた一九九〇年度よりも少ないため、一定の合理化が行われたということはできる。しかし、その本質において安全保障上の理由から業界を保護するという論理構造には、変化がなかったのである。

❖二〇〇三年新海事安全保障法による継続

二〇〇一年九月一一日、アメリカ本土における同時多発テロ事件が発生した。ジョージ・W・ブッシュ政権は、アフガニスタンに根拠地を置き、ウサマ・ビン・ラディンに率いられたイスラム原理主義組織タリバーンによって事件は引き起こされたと断定し、テロリスト勢力と断固対決する姿勢をただちに明確化した。いわゆる「対テロ戦争」の始まりである。翌一〇月にはタリバーン政権打倒のためのアフガニスタン攻撃を開始し、二〇〇三年三月にはテロリストを支援しつつ自らも大量破壊兵器を製造しているという理由から、イラクとの戦争にも突入した。一九九〇年代に冷戦の終結に伴って語られるようになった「平和の配当」は完全に過去のものとなり、戦時として安全保障がすべてに優先するという雰囲気が強まった。今回はとくに、アメリカ本土が直接攻撃されるという米英戦争(一八一二〜一五年)以来の経験を伴っていただけに、安全保障面での危機感はいっそう強いものとなった。

このような状況下で、一九九六年海事保安法に基づく海事保安プログラムは更新の時期を迎えていた。同プログラムは当初から二〇〇五年度までの時限プログラムとして創設されており、延長するのであれば更新が必要であった。そのため、二〇〇四年度国防歳出権限法の一部に組み込む形で、海事保安プログラムの更新が行われることになった。アメリカの予算制度上は、歳出権限法(authorization act)によって各種の政策プログラムの根拠づけが行われ、歳出予算法(appropriation act)によって各プログラムへの実際の予算額が定められることになる。しかし実質的には、歳出権限法を制定した段階でプログラムの全期間にまたがる予算規模について大枠は定まるのである。

国防歳出権限法は軍事・安全保障に関わる広範な領域を含み、大規模なプログラムを多数扱っているために、海事保安プログラムはマイナーな存在であった。法案の審議過程においても、プログラムの更新について上院では全く議論された形跡がない。しかし、下院軍事委員会ではいくつかの論点が提示された。

一つは、アメリカ企業と呼びうる海運会社がほとんど存在しなくなったことへの懸念である。一九九六年に海事保安プログラムが創設された時点では、斜陽化が進んでいたとはいえ、アメリカに本社機能を置く海運会社は複数存在していた。だが、その後に国際的な海運業界再編がなされた結果として、多数の商船を擁して国際的な物流に大きな役割を果たす海運会社はすべてヨーロッパかアジアに本社を置くようになり、アメリカ企業の形を取っていたとしても子会社に過ぎなくなった。外国海運会社のアメリカ子会社に運航補助を行うのであれば、それは結局のところ外国会社への補助と同じになってしまい、プログラムの存在意義はなくなるという指摘がなされた。もう一つは、現在のアメリカ商船隊の陣容が安全保障上のニーズに合致していないという問題であった。イラク戦争の経験を踏まえると、有事にはジェット燃料の輸送が行えるタンカーが必要になるが、海事保安プログラムの補助対象となる商船にはジェット燃料の輸送が可能なタンカーがほとんど存在しなかった[28]。

これらの課題は指摘されたものの、全般的には大きな議論はほとんど行われないまま、二〇〇四年度国防歳出権限法の一部として海事保安プログラムは更新された[29]。二〇〇五年度まで一九九六年海事保安法に基づいて運営された後に移行する新プログラムにおいては、二〇〇六年度から〇八年度までが一億五六〇〇万ドル、二〇〇九年度から一一年度までは一億七四〇〇万ドル、二〇一二年度から最終の一五年度までは一億八六〇〇万ドルの予算が組まれ、対象船数も各年度四七隻から六〇隻へと増やされることになった[30]。そこには、一九九六年海事保安法の立法過程に存在した「一九三六年商船法体制」を維持しつつも合理化しようとする関心はほとんど見出すことができず、安全保障環境の変化を重視して海運業界への保護を強めようとする姿勢が顕著であった。

4　パクス・アメリカーナの変容と海運政策

❖「一九三六年商船法体制」の安定性

改めて、アメリカ海運政策の展開を要約しておこう。

建国初期に採用されていた内航海運における自国船主義は、一九世紀初頭の米英戦争を機に外国船排除が図られたところから始まり、さらに第一次世界大戦後の一九二〇年商船法によって明確に受け継がれた。一九二八年の法改正では、海外への郵便輸送補助という形で外国航路にも自国船優先の考え方が採用された。この間、造船費用の貸付制度などによって、アメリカ国内で建造された商船を使って、アメリカの商業的航送をまかなうという発想が確立していった。

第二次世界大戦への参戦直前に大改正を受けて成立した一九三六年商船法は、このような系譜の上にあって、アメリカ海運政策の集大成ともいえる立法であった。そこでは、安全保障上の必要を充足するためにはアメリカの造船業や海運業を維持発展させる必要があるという目的が掲げられた。そして、アメリカで建造された船舶に、アメリカ人船員が乗り組み、アメリカの輸出入や国内輸送を担うという基本構図が定式化され、連邦政府がそのために必要な手段を取ることが定められた。具体的な手段としては、造船業界への補助金、輸送船の標準設計の実施、合衆国商船大学校の設立、そして海運業界への補助金などであった。これら一連の手段からなる海運政策の基本的な方向性について、本章では「一九三六年商船法体制」と呼んだ。

そのうち、第二次世界大戦後にも継続し、戦後の自由主義経済圏における民間海運会社の国際的競争にも大きな意味を持ったのが、運航補助制度であった。運航補助制度とは、外国商船との競争が激しく、放置しておくと外国船が優位に立ってしまいかねない国際重要航路について、人件費、物価や保険料が他国に比べて高いアメリカ商船の運航費用の一部を連邦政府の補助金でまかなうという制度である。一九六〇年代以降は、戦後世界の自由貿易原則や海洋自由の原則に明らかに反しているとして国際的批判を浴び、また海運業界の非効率性を温存してアメリカ経済に悪影響を与えているという国内的批判も受けた。

しかし、運航補助制度は生き残った。一九八〇年代にはレーガン政権下で連邦政府財政の悪化を理由に新規募集がいったん停止されたが、湾岸戦争後の一九九六年にはクリントン政権下で規模を縮小しながらも超党派の支持を得た海事保安プログラムとして復活した。さらに、九・一一以後の対テロ戦争のさなか、二〇〇三年には規模と期間を拡大する形で、海事保安プログラムは更新されたのである。現在は、六〇隻のアメリカ船籍商船を対象として、二〇一五年度までの補助実施が決まっている。海運業界における国際競争はいっそう激しくなり、現在ではアメリカの海運会社はほぼすべてがヨーロッパやアジアに本拠を置く大手海運会社の子会社になっているにもかかわらず、アメリカ商船とアメリカ人乗組員によるアメリカの物資輸送、という一九三六年商船法体制の根幹にある考え方は維持され続けている。

❖安定の理由

経済政策における新自由主義の潮流が世界で最も強いアメリカにおいて、本稿のいう「一九三六年商船法体制」すなわち海運業界や造船業界を保護する色彩の強い海運政策が超党派的な支持を得て継続してきたのはなぜか。これが本稿の基本的な問いかけであった。

注目すべき点は二つあるように思われる。一つは、建国以来今日に至るまで、海運政策の展開には戦争が大きく関係していたことである。民間企業による造船と海運によって国家としての安全保障上の目的を達成する、という定式化がなされる以前から、独立戦争（一七七五〜八三年）、米英戦争（一八一二〜一五年）といった機会に自国船を優先させる方向は強まるというパターンが見られた。それは、第一次世界大戦直後の一九二〇年商船法、第二次世界大戦の勃発前夜であった一九三六年商船法、冷戦終結と湾岸戦争の影響を受けた一九九六年海事保安法、そして対テロ戦争の戦時色が強かった二〇〇三年の海事保安プログラム拡充更新と、二〇世紀以降も見事に符合している。

これはもちろん偶然の一致ではない。戦時そのものだけではなく、戦争の記憶が強く残っている終結直後や、戦争が近いことを意識する開戦直前の時期には、安全保障上の考慮は十分なチェックを受けることなく立法化されやすい。平時には権力分立による抑制と均衡が重視されているアメリカの場合、戦時と平時の対照性はより明瞭である。戦時の最も顕著な政治的特徴は、戦争遂行のために大統領への一時的集権化が図られるところにあり、これは「戦時大統領制」と呼ばれる[31]。それと平仄を合わせるように、過剰なまでに安全保障上の考慮を行った立法を連邦議会は行う傾向にある。外国人登録に関する一九四〇年のスミス法や、イスラム教徒への差別的側面が強い二〇〇一年愛国者法はその典型である。海運政策の根幹をなす商船法の改正はいずれも、戦時立法としての色彩が強い。

しかし、単なる戦時立法であれば、平時に戻ると多くが廃止や改正を受けるはずである。商船法の特徴は、戦時立法として出発しながら、それが平時にも維持されることによって、まさに本稿のいう商船法「体制」へと発展したことであった。その大きな理由は、立法のもう一つの目的である海運業界や造船業界の維持育成という側面が、個別的な利害当事者を生み出したところにあると考えられる。平時の連邦議会は、議員が政党に頼るのではなく個々人として選挙運動を行い、かつ政治活動のための資金も個々人で集めるために、議員の選挙区や関連業界の利益を追求する立法を行う傾向が強い[32]。補助金による業界保護という商船法の政策手段は、議員の個別利益追求にとって適合的である。しかも、個別利益追求を国家的な安全保障に資するという理由づけで覆い隠すことができるのであれば、最も好都合とさえいえるかもしれない。

一九三六年商船法体制の決定的な特徴は、戦時であるがゆえに成立しながら、平時であるがゆえに維持されるという二重性に求めることができる。この二重性が、超党派的な支持調達を可能にしていると考えられる。しかも、遠距離の物流手段である海運は、利用者が基本的に企業であり、その存在が消費者すなわち一般有権者には意識されにくい。同じように戦時以来の業界保護立法から出発しながら、一九七〇年代には全面的な政策転換が図られた航空政策との大きな違いである。旅客利用が中心で、運送コストと消費者の負担との関係が見えやすい航空とは異なり、海運は有権者にとって顕在化しにくい政策課題であった。顕在化しにくい政策課題では、業界保護的な政策が継続しやすいのである[33]。

❖パクス・アメリカーナの変容と海運政策

保護主義的な色彩の強い海運政策を展開してきたにもかかわらず、国際海運におけるアメリカ商船の役割は戦後ほぼ一貫して低下し、今日では世界の主要海運会社の中にアメリカを本拠とするものは一つもない。一九三六年商船法体制の下で一貫して掲げられてきた、アメリカ商船にアメリカ人船員が乗り組み、アメリカにとって必要な物流を担うという構図は、実質的に破綻しているとさえいえる。また、冷戦終結以降にアメリカが関与した大きな戦争である湾岸戦争やイラク戦争では、外国商船による軍需物資輸送も行われており、実際には安全保障上の効果も疑わしいというべきであろう[34]。

しかし、一九三六年商船法体制によって展開されてきたアメリカの海運政策には、パクス・アメリカーナの一翼をなす特徴が刻み込まれていることも、また確かである。パクス・アメリカーナは、単に軍事力のみによって支えられているものではなく、経済力さらには文化や理念といったソフトパワーを組み合わされることによって成り立ってきた。それゆえに、アメリカは経済力やソフトパワーにおける優越も維持せねばならなかったが、とりわけ経済力に関しては深刻なディレンマを抱えていた。すなわち、一方において自由主義の理念がパワーの源泉であるにもかかわらず、他方においては自由貿易のみでは国際経済競争でアメリカが優越できなくなってきたことである。このディレンマに直面して、総論としての自由主義と各論における保護主義は、とりわけ一九六〇年代後半以降、アメリカがしばしば用いる政策パッケージとなった。日本をはじめとする各国との貿易摩擦は、ほとんどがこのパッケージとの関連で生じている。

海運政策は、その先駆けであった。一九三六年商船法体制においては、外国海運会社との国際競争が存在すること、その根本には海洋における伝統的な自由主義が存在していることを前提にしながら、さまざまな業界保護の手段が採用されてきた。そして、先駆けとしての海運政策がその目的達成において実質的に破綻しているのだとすれば、軍事力、経済力、ソフトパワーの総合からなるパクス・アメリカーナの将来にも暗い展望をもたらさずにはおかない。しかし逆に、海運政策の変化からパクス・アメリカーナそのものの変容も想定できるかもしれない。二一世紀のパクス・アメリカーナは、既にその兆しが見られるように、経済に関しては多極化する一方で、軍事力とソフトパワーについては単極化するという新しい構造をとる可能性もあるだろう。だとすれば、安全保障という後ろ盾を失い、単なる業界保護の仕組みとなった一九三六年商船法体制は、やがて破棄されるという見通しも成り立ちうる。今後の海運政策の展開は、パクス・アメリカーナが二〇世紀と二一世紀でいかなる違いを持つのかについての試金石なのである。

註

1――梅川健「レーガン政権における大統領権力の拡大」日本政治学会(編)『年報政治学』二〇一一年度一号、木鐸社、二〇一一年。

2――*Statement on Signing the Maritime Security Act of 1996*, October 8, 1996.

3――一九九〇年代半ばのアメリカ政治を民主党政権と共和党多数議会の対決という構図だけで理解すべきでないことについては、待鳥聡史『〈代表〉と〈統治〉のアメリカ政治』(講談社、二〇〇九年)も参照。アメリカの政策過程の基本的特徴や関連文献についても、同書をご覧いただきたい。

4――石黒行雄「定期船海運の法政策に関する比較研究」『横浜国際経済法学』第一七巻一号、二〇〇八年。また、この点については「パクス・アメリカーナと海洋研究会」での星野裕志・九州大学教授のご報告も参照した。

5――Andrew Gibson and Arthur Donovan, *The Abandoned Ocean*, (Columbia: University of South Carolina Press, 2000); 秋吉貴雄『公共政策の変容と政策科学』有斐閣、二〇〇七年。

6――以下、とくに必要な場合を除き「アメリカ船籍の商船」を単に「アメリカ商船」と略記する。また、後出する一九三六年商船法に基づく運航経費等への差額補助金を「運航差額補助」、一九九六年海事保安法以降の現行プログラムに基づく運航経費等への補助金、および本稿が対象とする期間全体において連邦政府が支出する運航のための補助金の総称として「運航補助」という語を用いる。

7――ジェトロ・ニューヨークセンター船舶部・日本中小型造船工業会共同事務所『米国海運・造船業界における保護政策の現状と展望』日本中小型造船工業会・日本船舶技術研究協会、二〇一〇年。

8――同上書。

9――同上書、二頁に引用。

10—『大阪朝日新聞』一九二八年一一月二日付、『大阪毎日新聞』一九二八年一一月二日付、松竹「海事金融政策の行方についての考察」『経営と経済』第六六巻二号、一九八六年。新聞記事は神戸大学附属図書館デジタルアーカイブ新聞記事文庫より。二〇一二年七月六日最終アクセス。

11—佐波宣平「一九三六年アメリカ商船法」『経済論叢』第五六巻六号、一九四三年。

12—合衆国海事局および合衆国商船大学ホームページより。いずれも、二〇一二年七月八日最終アクセス。

13—佐波、前掲論文。

14—山本泰督「アメリカ運航差額補助金政策」『国民経済雑誌』第九七巻三号、一九五八年。

15—同上論文。

16—Gibson and Donovan, op. cit.

17—『運輸白書』一九六五年度版。なお、過年度版の『運輸白書』は国土交通省ホームページに公開されている。二〇一二年七月八日最終アクセス。

18—山岸寛「米国運航差額補助に関する研究」『東京商船大学研究報告　人文科学』第二七号、一九七七年。

19—『運輸白書』一九七一年度版。

20—Stephen J. Thompson, "The Maritime Security Program (MSP) in an International Commerce Context." *CRS Report for Congress*, October 28, 1998.

21—松竹、前掲論文。

22—Thompson, op. cit.

23—なお、両者とも一九九〇年代後半に外国資本により買収されたが、アメリカ子会社が引き続き運航差額補助を受けている。

24—Aran R. Fergason, "Reform on Maritime Policy." *Regulation* 17 (2): 28-36, 1994.

25—引用はいずれもアメリカ連邦議会図書館サイトTHOMASより。二〇一二年七月一〇日最終アクセス。

26—なお、造船関係の補助はその他にもいくつかの手段が用意されていた。

27—*Senate Report* 104-167; *House Report* 104-229.

28—*House Report* 108-106, 108-354.

29―二〇〇四年度国防歳出権限法成立に際しての大統領署名見解においても、海事保安プログラムについては一切言及がない。

30―合衆国海事局作成の二〇一一年三月版小冊子 *The Maritime Security Program* より。海事局ホームページからダウンロード可能。二〇一二年七月一六日最終アクセス。

31―砂田一郎『アメリカ大統領の権力』中公新書、二〇〇四年。

32―待鳥、前掲書。

33―京俊介『著作権法改正の政治学』木鐸社、二〇一一年。

34―ギブソンとドノヴァンによれば「一九世紀半ば以来ずっと、アメリカ海運政策は驚くほどその目的を達成していない」という。Gibson and Donovan, op. cit., p.1.

第8章 アメリカ海軍における空母の誕生と発展

八木浩二　Koji YAGI

1　はじめに

ヘンリー・キッシンジャー国務長官は、緊急事態に際して開催される国家安全保障会議の席上、まず空母の所在を確認した。その目的は、危機に効果的に対応するため、使用可能な最も近傍の軍事力を把握しておくことであったといわれる[1]。今日においても空母は、航行の自由の原則のもと、他国の同意を必要とせず世界中の海洋に展開が可能であり、展開と同時にアメリカの明確な国家意思を表明する手段、また機動性と柔軟性を有する戦力投入の手段とみなされている。

今日、アメリカ海軍の主力艦として重要な役割を果たしている空母であるが、当初から安定した地位を占めていたわけではない。空母が登場した時代は大艦巨砲主義の時代であり、戦艦中心の海軍において補助的な役割を期待されていたに過ぎなかった。逆に、航空機の将来を絶対視する者は、空軍を設立し、その中に海軍航空を取り込むことを考えた。さらに、太平洋戦争後は洋上に主要な敵となる海軍が存在しない状況において、核兵器と空軍の戦略爆撃機の組み合わせが重視され、海軍全般、とりわけ空母の存在意義が疑問視されるのである。

時々の環境の下、アメリカ海軍の空母は、時代の要請に合わせて姿と役割を変化させながら存続し、アメリカの安全保障に貢献し続けてきた。二〇世紀を中心としたその発展の歴史はパクス・アメリカーナと重要な関係を有すると考えられる。

本章では、アメリカ海軍において空母がどのように誕生し、運用され、発展してきたかについてみていきたい。空母を取り巻く環境及びその運用は、太平洋戦争を契機として大きく変化していることから空母の歴史を次の三つの時期に分けて考えることとする。最初は、二〇世紀初頭から太平洋戦争の始まりまで、次は太平洋戦争の期間、そして最後は戦後から今日までの期間である。

2　初期の空母戦力の形成

アメリカ海軍は、イギリス海軍と並んで軍隊としては早い時期に航空機に着目し海軍航空を誕生させている。その後、第一次世界大戦における航空機の活躍を背景として、ワシントン海軍軍縮条約のもとで初期の空母戦力を形成することとなる。空母の運用方法の開発に大きな影響を与えたのはフリートプロブレムと呼ばれる艦隊演習であり、太平洋戦争前に空母の運用法を大きく発展させたが、当時主力艦と考えられた戦艦と空母との関係は、解決が困難な問題として残った。

❖海軍航空の誕生

新たな艦種として空母を開発、発展させたのはイギリス海軍であるが、世界の海軍の中で最初に艦艇から航空機を発着艦させたのはアメリカ海軍である。一九〇八年、ライト兄弟による初の軍隊向け展示飛行が行われた際、主催は陸軍であったが、海軍も正式に二人の士官を派遣し見学している。その後、この展示飛行の見学者の発案により、アメリカ海軍は、艦船からの航空機の発艦と着艦の試験を実施することを決定する。一九一〇年一一月、ヴァージニア州ハンプトンローズ停泊中の巡洋艦バーミンガムの前甲板に仮設したプラットフォームから民間人テストパイロットであるエリーが、航空機を発艦させる。さらにエリーは、翌年一月にはサンフランシスコ湾停泊中の装甲巡洋艦ペンシルベニアへの航空機による着艦に成功する。同年三月に議会において海軍航空のための二万五〇〇〇ドルの予算が認められ、カーティス社から二機、ライト兄弟から一機の水上航空機の契約を行う。このようにしてアメリカ海軍における航空戦力はスタートした。

アメリカ海軍士官が最初にライト兄弟の展示飛行を見学した一九〇八年は、ローズヴェルト大統領による一六隻の戦艦を中心としたグレートホワイトフリートが横浜に寄港した年である。また、この二年前にド級戦艦と呼ばれるドレッドノートが登場し、四年後に超ド級と呼ばれる戦艦オライオンが就役している。列強海軍にとっては戦艦こそが海軍力をはかる基準であり、アメリカ海軍航空はこのような戦艦中心主義の中で誕生した。

世界に先駆けて艦上からの航空機の発着艦をおこなったアメリカ海軍であるが、その後はむしろ、いわゆる水上機母艦を重視することとなる。水上機母艦とは、海面を離発着する航空機（水上機）を搭載する艦船であり、水上機を艦船に備え付けのクレーンで上げ下ろしして使用するものである。もともと軍艦では小型のボートを搭載し、必要に応じて海面に下ろして使用するので、飛行甲板などの特別な装備がなくとも比較的容易に水上機を運用することができた。

水上機母艦に搭載された航空機は、偵察任務や戦艦の弾着観測に使用された。一九一五年には、水上機用カタパルトが実用化され、一九二〇年代までにすべての巡洋艦、戦艦に設置される。戦艦中心の時代において、初期の航空機の役割が敵艦船の偵察や射撃の弾着観測であったことは当然といえよう。航空機による弾着観測は非常に有効であったため、敵艦に対する戦艦の射撃精度を高めるため、我の航空機の行動の自由を確保することが重要になったのである。これこそ制空権という概念の誕生であり、以後、海上における作戦を有利に行うためには、空における航空機の行動の自由を確保することが不可欠となる。

海軍航空や空母が大きく発展する端緒となるのが第一次世界大戦における航空機の活躍である。アメリカ海軍は参戦した当初、ペンサコラの海軍航空基地に五四機の航空機、四三人のパイロット、一九三人の下士官を有するのみであった。しかし一九カ月後に戦争が終了した時には、二七の海外基地を含む三九の新しい海軍航空基地、三〇四九人のパイロット、四万三四五二人の下士官、二〇〇〇機以上の航空機と一五機の飛行船を保有するまでに拡大した。この時点では、アメリカ海軍はまだ空母を保有しておらず、航空機はすべて地上の航空基地から飛び立ち、船団護衛、潜水艦捜索、敵潜水艦施設の攻撃などのために運用されている[2]。第一次世界大戦を通じて、イギリス海軍は水上機搭載艦の運用を試みるとともに、徐々に艦型を進化させ、戦後の一九一八年九月には世界最初の全通甲板を有する空母アーガスを竣工させる。イギリスにおける空母の発展を目の当たりにし、アメリカ海軍においても空母に関する議論が活発化した。

アメリカ海軍においていち早く空母の重要性を認識した人物としてウイリアム・シムズが著名である。シムズはもともと砲術の専門家であり、アメリカ海軍において近代砲術を完成させた人物として知られている。当初は、当時の航空機の性能の限界も考慮し、あくまでも戦艦の補助として航空機を位置付けていたが、その後の航空機の発展に対する理解と海軍大学校長として実施した机上演習の結果から空母の重要性を認識するに至る。

逆に海軍航空への反対の立場として有名な意見は、ビリー・ミッチェルの空軍独立論である。第一次世界大戦においてヨーロッパにおける陸軍航空部隊指揮官であったミッチェルは、空軍の独立を主張し海軍航空をその一部とすることを強く主張した。シムズらは反対の立場をとり、海軍航空を海軍に留めることに成功している。イギリス海軍における空母発展の組織上の問題点として、イギリスは陸軍と海軍の航空部隊を独立させ空軍を創設したため、各種権限が空軍に集中し、十分な人材と予算、高性能の航空機などが空母航空部隊に配分されなかったことが指摘されている[3]。この観点から、海軍航空を海軍内に維持し、海軍が航空機に関する政策を直接的に監督できるようにしたことの意義は大きい。

また、海軍組織上の重要事項として、一九二一年に海軍省内に航空局が設置されたことがあげられる。局長は海軍長官に直属する組織であり、航空局の設置は、この時期の海軍が組織として海軍航空を重視していたことを表している[4]。初代局長には後にアメリカ海軍航空の父と呼ばれるウィリアム・モフェットが就任した。彼の前配置は戦艦ミシシッピーの艦長であったが、偵察や弾着観測における航空機の有効性とその将来性を認識し、海軍航空行政を取り仕切った。彼は少将で就任後、一九三三年に飛行船の事故により殉職するまで一二年の長きにわたり局長職にとどまり、海軍航空行政を取り仕切った。通常の艦隊勤務の経験を積めば、大将まで昇任する可能性があったが、それを犠牲にして揺籃期《ようらんき》の海軍航空の発展のために尽力している[5]。こうしてアメリカ海軍航空は、戦艦中心主義の中にあって徐々にではあるが、第一次世界大戦における実績や海軍航空を理解する人物の努力によって、その重要性を周囲に認識されることに成功するのである。

❖初期の空母建造

第一次世界大戦における実績などを背景に、一九一九年に米国議会は、実験艦的な意味を含め、給炭艦ジュピターの空母への改造を承認する。ジュピターは、一九二二年三月名称をラングレイと変更し、ノーフォークにおいてアメリカ海軍における空母第一号として就役する。空母ラングレイは就役後、すぐに部隊配備されることはなく、最初の二年間は実験艦として各種装備、航空機の試験に従事するとともに、パイロットと各種支援要員の訓練に従事した。その間、着艦拘束装置やカタパルトの試験・改善に加え、パイロットの空母発着艦の資格試験を行っている。その後、一九二四年に戦闘艦隊に編入され、海軍航空隊が正式に割り当てられた。

ラングレイは当初、格納庫に収容できる一二機あまりの航空機を標準機数として搭載したが、一九二五年に当時の航空部隊指揮官の要望に基づき、搭載機数を三六機まで増加させている。アメリカ海軍の空母は、飛行甲板を航空機の駐機場として使用する方法を採用しており、格納庫を基本的に駐機場とする同年代に建造された日本海軍やイギリス海軍の空母よりも一般的に搭載機数が多いことが特徴である。この飛行甲板を駐機場として運用する方法は、今日のアメリカ海軍の空母にも引き継がれている特徴である。

アメリカ海軍はラングレイの改造に並行して、次の空母として、より本格的な空母建造計画を開始した。当初三万九〇〇〇トンの空母を検討していたが、のちに三万三〇〇〇トンの巡洋戦艦をベースとして空母の設計を行う案が検討された。このような中、ワシントン海軍軍縮条約において空母のトン数の上限が一三万五〇〇〇トンとされ、また空母一隻の上限は二万七〇〇〇トンとされてしまう。アメリカ海軍は、巡洋戦艦をベースとする空母の建造を考慮し、一隻の空母のトン数制限として、廃棄する予定の主力艦から転用する場合は、二隻を限度として三万三〇〇〇トンまで許容することを強く主張し認められる。こうしてアメリカ議会は、建造中であった巡洋戦艦をベースとする空母レキシントンとサラトガの建造を認める。ワシントン会議から四カ月後のことであった。

レキシントン級空母の特徴は、その大きさと速力である。全長において、ラングレイよりも一〇〇m以上延伸され二七〇mとなり、当初は戦闘機や爆撃機など八〇機程度を搭載し、徐々に搭載機数を増加させ、最終的には、一二〇機の航空機を搭載した。速力は巡洋戦艦からの転用であることからラングレイの一四ノットから大きく増加し、三三ノット以上の速力の発揮が可能となった。

当初、ラングレイの運用構想は、実質的に偵察と弾着観測に限定されており、攻撃的な運用は限定されたものであった。しかし、レキシントン級のこれら高い能力によって、敵艦隊や地上目標の攻撃という積極的な任務の遂行が可能となったのである。レキシントンとサラトガは一九二七年一二月と一一月にそれぞれ就役した後、翌年二月にパナマ運河を通過し、三月に太平洋艦隊に編入される。こうして建造されたレキシントンとサラトガは、その高速と多数の搭載機数から当時の空母としては最高の性能を有し、アメリカ海軍における空母の運用方法の開発に大きく貢献するのである。

❖パナマ運河クリストバル（大西洋側の入り口）に停泊中のラングレイ（1930年）（U.S. NAVY）

❖フリートプロブレム（艦隊演習）

アメリカ海軍において一九二〇年代から三〇年代にかけて概ね毎年実施されたフリートプロブレムと呼ばれる大規模な艦隊演習

は、空母の運用方法の発展に重要な役割を果たした。フリートプロブレムは第一回の演習が一九二三年に、最後となる第二一回目の演習が一九四〇年に実施されている。この演習においては、敵艦隊の偵察や艦隊同士の決戦に加え、空母戦力を活用したパナマ運河やハワイに所在する基地をはじめとした陸上施設への攻撃も行われた。二〇年代にはパナマ運河に対する攻撃と防御がシナリオとして多用されたため、演習は主としてパナマ運河の太平洋側又はカリブ海で実施された。また、三〇年代には本演習は、ハワイとカリフォルニアの間の海域で頻繁に実施されている。

ここで主要な演習を紹介し、アメリカ海軍における空母運用方法の発展をみていきたい。第一回演習は、パナマ運河を攻撃する敵部隊とそれを防衛するアメリカ海軍部隊に分かれて実施された。実際の空母の参加はまだなく、戦艦が空母を模擬した。敵部隊の空母を模擬した戦艦オクラホマは、パナマ運河に近づき、一個航空グループを模擬した一機の水上機を発艦させ、ガツン湖上空を飛行し模擬爆弾を投下することに成功した。本演習の公式報告書は、パナマ運河の重要拠点を航空攻撃によって破壊できたことを指摘し、空母建造を促進することを提案している[6]。一九二五年に行われた第五回目となるフリートプロブレムには、実際の空母として初めてラングレイが参加した。本演習は、アメリカ海軍部隊が、ハワイ諸島周辺に位置する仮想敵国からアメリカを防衛するというものであった。敵部隊に所属したラングレイ搭載航空機は、アメリカ海軍部隊に対する偵察活動に活躍した。本演習において空母戦力の有効性を認識した当時の合衆国艦隊司令長官は、サラトガとレキシントンの建造を早急に進めることを提案している。また、一九二七年の第七回演習直前に行われたパナマ運河防衛に関する陸海軍の共同訓練において、ラングレイ搭載機により艦隊を護衛する任務が初めて実施されている。この際、敵潜水艦の捜索も行われた。カリブ海において実施された第七回演習において、ラングレイは低速で航行する船団の護衛を実施した。ラングレイ搭載機は、敵航空機から船団を守るために船団上空において航空哨戒を実施したが、航空哨戒を実施していない合間に、敵部隊に所属する二五機の陸上航空機による奇襲攻撃を受けている。一九二八年の第八回演習は、ハワイとカリフォルニア間の海域において実施され、模擬爆弾によるハワイへの奇襲攻撃が初めて実施されている[7]。

一九二九年の第九回の演習には、レキシントンとサラトガが初めて参加したため、フリートプロブレムの歴史の中で最も注目された演習となった。本演習においてもパナマ運河への攻撃と防御が演習シナリオとして採用されており、敵部隊に所属したサラトガは、パナマ運河から一四〇マイルの地点において八三機の搭載機を発艦させ運河への攻撃を成功させた。四機がオイル圧力の低下から地上に着陸し、一機が帰還中に燃料切れから着水したものの、残りの七八機はサラトガに無事に着艦した。もっとも演習上は、航空機を発艦させた後、敵戦艦から攻撃を受けるとともに、潜水艦からも四発の魚雷による攻撃を受け、さらに、サラトガが艦載機を収容する前にアメリカ海軍部隊であるレキシントンの艦載機は、サラトガ上空に到達している状況であった。これが実戦であれば、サラトガは戦闘不能に陥り、パナマ運河攻撃のために発艦した航空機を着艦させることはできなかったはずである。しかし、本訓練によってアメリカ海軍は、空母の戦力投入能力の高さを認識した。地上施設の攻撃兵力として、サラトガの八三機の航空機が使用された意義は大きく、本演習は高速空母機動部隊創設への基礎となったと多くの海軍史家は指摘している[8]。本演習は、空母部隊による地上への戦力投入能力の高さを示すと同時に、空母が駆逐艦等によって護衛されなかった場合においては敵空母部隊や敵潜水艦からの攻撃に対して脆弱であることを示した点においても重要であった。

次の第一〇回及び第一一回の艦隊演習では、空母は過去の演習の教訓も取り入れ、高速の攻撃兵力として、巡洋艦や駆逐艦とともに一個の完全な戦術単位として運用された。演習の教訓として、戦術単位の運用に習熟するために、空母は平素から巡洋艦や駆逐艦とともに部隊を編成し、訓練を行うことが提案されている。

一九三一年の第一二回演習では、空母の護衛として最低二隻の巡洋艦と二隻の駆逐艦が必要であること、洋上における給油が必要であること、機動部隊の指揮官は、航空作戦を的確に把握できるように巡洋艦や駆逐艦ではなく空母に乗艦すべきであること、さらに護衛の艦艇は空母と同様な速力を保持し、空母と同じ期間行動するための燃料を保有すべきことなどが教訓として得られた[9]。これらの演習における空母の運用は、現代の空母機動部隊の編成の原型と呼べるものである。なお、本演習後、空母部隊はニカラグアの地震災害の救援活動に従事し、航空機により被災地に医師や支援物資を輸送している。

翌年の第一三回演習においては、広大な太平洋において作戦を実施するため、空母部隊を分散して使用することを余儀なくされた。そのため、空母部隊の指揮官であったヤーネルは、広大な太平洋において作戦を実施するには、当時のアメリカ海軍が保有する空母の隻数では不十分であることを指摘している。また、彼は、空母を有する部隊同士の戦闘では、より多くの空母を保有する部隊側が有利となることを主張し、アメリカ海軍としてさらに六隻から八隻の空母を必要とすることを指摘した[10]。本演習の状況は、太平洋戦争初期において、アメリカ海軍の空母数が少なかったことから空母を分散して使用せざるを得なかった事実と一致するものである。

フリートプロブレムを通じて、アメリカ海軍における空母の運用方法は着実に進歩したものの、戦艦中心の時代にあって空母と戦艦の役割については、海軍内部において明確な意見の一致をみたわけではなかった。空母の戦闘力を重視する者は、三三ノットを有するレキシントンやサラトガのような高速空母は、二一ノットの戦艦群とは別行動とし、駆逐艦や巡洋艦とともに一個の独立した戦術単位として行動すべきであると主張した。他方で、従来の戦艦重視の考え方では、空母は戦艦群と行動をともにし戦艦によって守られるべきであるとされた。一九三七年の第一八回演習において、敵部隊に所属した航空部隊指揮官は、空母を戦艦部隊とは別に行動させることを主張するが、上級部隊指揮官はこの考えを退け、空母を戦艦部隊の一部として運用した。本演習における空母運用の状況は、海軍内部において空母の運用について、いまだ戦艦中心主義の影響が大きかったことを示している。この点について「アメリカン・ウェイ・オブ・ウォー」の著作で知られるラッセル・ウェイグリーは、七隻の空母が一九四一年までに建造され、空母の戦術は十分に進歩したにもかかわらず、当時のアメリカ海軍においては、戦艦中心の思想が支配的であった、と指摘している[11]。

一九三八年に行われた第一九回演習の特筆すべき事項は、サラトガによって実施されたオアフ島の約一〇〇マイル沖から発艦した航空機による真珠湾への奇襲攻撃である。本攻撃を指揮した航空艦隊司令官は、太平洋戦争時に合衆国艦隊司令長官兼ねて海軍作戦部長を務めたキングであった。三月二九日の早朝四時五〇分にサラトガを発艦した攻撃部隊は、真珠湾の艦隊航空基地、陸軍飛行場などに対する大規模な攻撃を成功させたのち、同日八時三五分までに帰投した[12]。言うまでもなく、これは一九四一年一二月に日本海軍によって実行された戦術である。

フリートプロブレムの状況からアメリカ海軍は、太平洋戦争前に基本的な空母の運用方法を完成させていたと言えよう。空母の任務としては、敵部隊の偵察・攻撃、船団護衛、陸上施設への航空攻撃などであり、また、敵航空機や潜水艦からの被攻撃を避けるため、護衛として駆逐艦、巡洋艦などの高速艦と行動を共にする必要性が明確になった。さらに、空母の重要性に鑑み、空母部隊を増強することが提案された。他方で、第一八回演習の状況からは、海軍内部において空母と戦艦を比較した場合、いまだ戦艦を主力とする考えが強く存在することがうかがわれる。

3　空母の大量生産と高速空母機動部隊

アメリカ海軍は、真珠湾攻撃を契機として戦艦から空母を中心とした部隊運用へと移行する。開戦初期には、フリートプロブレムの演習のとおり、比較的少数の空母によって空母任務群を編成した。そして、エセックス級などの量産空母の戦場への投入によって、アメリカ海軍は複数の空母の運用が可能となり、高速空母機動部隊として圧倒的な戦力を保有することとなる。

❖戦艦から空母へ

真珠湾攻撃はいまだ戦艦を重視する状況において生起し、アメリカ海軍は太平洋艦隊の主力である戦艦に大きな損害を被るが、米国にとって幸運であったことは空母が危難をまぬがれたことである。サラトガは米国西岸にいたし、レキシントンはミッドウェーへ飛行機を輸送中であり、エンタープライズはウェーク島に飛行機を輸送したのち、真珠湾への帰路にあった。その上、損害を受けた巡洋艦と駆逐艦は、きわめて少なかった。このようにして、太平洋戦争においてもっとも効果的な海軍兵器である高速空母攻撃部隊を編成するための艦船は、損害を受けなくて済んだのである[13]。真珠湾攻撃の結果として、アメリカ海軍は、その方針を戦艦から空母中心の運用形態に変更する。長年にわたるフリートプロブレムを通じても解決できなかった問題を日本海軍の真珠湾攻撃は解決したのである。二〇世紀における主要海軍にとって最も意義深い変化の一つは、その主力艦が戦艦から空母へと変化したことであるといわれる[14]。アメリカ海軍においては、日本海軍による真珠湾攻撃がそのきっかけであり、太平洋戦争前半の戦闘によって主力艦が戦艦から空母へと変化したことが明確となった。

太平洋戦争初期段階においてはいまだ使用できる空母の数が大幅に限られており、アメリカ海軍は一隻又は二隻の空母ごとに部隊を編成した。例えば、ヨークタウン部隊は一九四二年二月にギルバート諸島、マーシャル諸島を攻撃し、エンタープライズ部隊は、ウェーク島、南鳥島を攻撃した。また、三月にはレキシントンとヨークタウンを基幹とする兵力をもってニューギニアの北岸サラマウアに攻撃を加えた。さらに、四月に実施されたドゥーリットルによる東京空襲は、新たに戦域に到着したホーネットとエンタープライズによって実施された。また、このように比較的少数の空母から編成される部隊をもって行う作戦という観点では、珊瑚海海戦、ミッドウェー海戦及びソロモン海戦も同様である。一九四二年五月の初めに生起した珊瑚海海戦においては、ホーネットとエンタープライズ部隊は東京空襲のため間に合わず、ヨークタウンとレキシントンを基幹とする兵力が参加した。また、六月のミッドウェー海戦においては、レイモンド・スプルアンスの指揮するエンタープライズとホーネットに加え、フランク・フレッチャーの指揮するヨークタウンの合計三隻の空母とそれらを護衛する重巡洋艦と駆逐艦により部隊は編成されている。八月のソロモン海戦においても参加した空母は、サラトガ、エンタープライズ、ワスプの三隻であった。隻数は制限されているものの、もはや主力艦が戦艦から空母へと変化したことは明白であった。

主力艦の変更は艦船建造にも現れている。ワシントン条約の制限が撤廃された一九三七年から一九四〇年までに、アメリカ海軍は一七隻の戦艦を発注し、加えて一九四〇年には六隻の巡洋戦艦を発注している。それに対し空母の発注は一二隻にとどまっていた。戦艦については、四二年の夏までに六隻が完成したが、残りの一一隻中四隻のみが四三年から四四年に完成し、四四年から四五年にかけて二隻の建造が開始されるも完成することはなかった。また、六隻の巡洋戦艦のうち、最終的に完成し艦隊へ追加されたのは二隻のみである。アメリカ海軍は、太平洋戦争前半における空母の運用を通じて戦艦に対する空母の優越を受け入れたといえる。

❖空母の大量生産

太平洋戦争におけるアメリカ海軍の空母運用の特徴は、空母の集中的な運用である。そのためには空母の大量生産を必要とした。開戦時に保有した空母は、ラングレイ、レキシントン級二隻、レンジャー、ヨークタウン級二隻、ワスプの合計七隻、護衛空母であるロングアイランドを含めてもわずかに八隻であったが、終戦までにエセックス級一六隻、軽空母九隻に加え、護衛空母一一五隻を完成させている。

まず主力空母であるエセックス級について見てみたい。エセックス級の空母は、一〇〇機の航空機が搭載可能であり、太平洋戦争中盤以降、中部太平洋方面に登場し高速空母機動部隊を構成する中核となった空母である。同艦は、当初は一隻のみの計画であったが、四〇年七月に成立した両洋艦隊構想により整備数が一一隻に拡大し発注され、太平洋戦争の開始によりさらに拡大し、最終的に三二隻が計画された。四五年に戦争の帰趨が見えたことから建造中の二隻と四五年度計画艦の六隻が建造中止となったものの二四隻が建造され、うち一六隻が大戦中に完成している。日本海軍における戦争中の大型空母の建造が一隻であったことと比較するとアメリカの造船能力の高さが実感できる。

エセックス級の建造計画は充実していたものの、完成までに早くとも三年以上の期間を要する見込みであった。そのためアメリカ海軍は、空母に対する急速な需要に間に合わせるため、すでに建造中であった一万トンクラスの巡洋艦を軽空母に転用することを決定する。一九四二年一月に一隻目が発注され、七月までに合計九隻が発注された。四三年一月に一隻目となるインディペンデンスが就役し、四三年中に九隻全艦が完成、高速空母機動部隊の一部として活躍することとなる[15]。インディペンデンス級には約三五機の航空機が搭載可能であった。

隻数で最も多く建造されたものは護衛空母である。護衛空母は、戦時標準船の一種であるC‐3型商船、艦隊随伴型のタンカーなどをベースに建造され、総トン数は概ね七〇〇〇トンから一万二〇〇〇トン程度、搭載機数は約二〇機であった。ジープキャリアー、ベイビーフラットトップと呼ばれたが、船団護衛や対潜作戦に加え、発着艦訓練や各種輸送などの多様な任務に従事した。また、エセックス級などの艦隊型空母が不足した際には、両用戦部隊に対する航空支援を与える任務も遂行している。なお、戦争中に完成した一一五隻のうち武器貸与法に基づき、チャージャー級一五隻及びプリンスウイリアム級二五隻がイギリスに貸与されている[16]。

❖ウルシー環礁に停泊中の第58機動部隊を構成するエセックス級空母群手前からワスプ、ヨークタウン、ホーネット、ハンコック、タイコンデロガ(1944年)(U.S. NAVY)

当然ながら空母の生産に合わせて、航空機の生産と海軍航空パイロットの養成が必要である。海軍における航空機は、一九四〇年において一七四一機であったが、以後、一年ごとに概ね倍増している。四一年には三四三七機、四二年には七〇五八機、四三年には一万六六九一機、四四年には三万四〇七一機に増加し、四五年には最終的に四万〇九一二機を数えるに至った。四〇年には七〇八人であったパイロットも、四一年に三一一二人、四二年に一万〇八六九人、四三年に二万〇八四二人、四四年に二万一〇六七人、四五年には八八〇〇人が養成され、合計で約六万人となった[17]。
パイロットの養成に関連して、アメリカ海軍は主としてパイロットの発着艦訓練用空母として二隻の客船を改造して使用した。一隻目のウォルヴェリンは一九一三年に建造された外輪船であり四二年三月に海軍に購入され同年八月に改造を終え、ミシガン湖で運用された。冬季に湖面が凍った場合は砕氷船に先導された。二隻目のセーブルは四三年五月に改造を終え就役した。これら二隻の練習空母において、一万七八二〇人のパイロットが発着艦訓練を行っている[18]。なお、発着艦訓練用空母を湖で運用したのは、訓練中に潜水艦などからの攻撃を受けないようにするためであったと言われる。

❖高速空母機動部隊

空母を集中して運用する高速空母機動部隊の編成には大量の空母が必要とされるが、先に述べたとおり開戦直後はアメリカ海軍にその余裕はなく、特に一九四二年の後半の半年は厳しい状況であり、太平洋の全域において使用できる空母は数隻であった。しかし、このような状況は、四二年末から四三年の六月中旬にかけて九隻の高速空母が就役し、新たに太平洋戦域に投入されたことによって一変する。当初、空母エセックスが来援し、同型艦であるヨークタウン、レキシントン、バンカーヒルが続いた。また、軽空母では一番艦であるインディペンデンス以下、同型艦のプリンストン、ベローウッド、カウペンス、モントレーが展開した。さらに、ほぼ時期を同じくして、新たな艦載戦闘機であるF6Fヘルキャットが登場する。同機のゼロ戦に対する撃墜率は一九対一以上であり、空母の増強と合わせ大きく戦況を変化させた。こうしてアメリカ海軍は、大量生産した空母をその戦力に加え、中部太平洋への進撃を開始するのである。

このような空母と搭載航空機の増強を背景に、太平洋での戦闘において中心的役割を果たす高速空母機動部隊が編成された。同部隊は、通常四つの任務群から構成され、各任務群は、正規空母二隻、軽空母二隻、その他の護衛艦として一ないし二隻の高速戦艦、三ないし四隻の巡洋艦、一二ないし一五隻の駆逐艦から成っていた[19]。また、一個任務群には約三〇〇機の航空機が搭載可能であり、敵航空機の阻止、敵艦船の攻撃、加えて敵航空基地等の陸上目標に対する攻撃にも絶大な効果を発揮した。随伴する水上艦艇は、空母に随伴できる速力の発揮が可能であり、攻撃力、防御力及び機動力のいずれにも優れた戦闘単位となった。また、これらの部隊に対する補給を行うために、前進基地を整備するとともに、さらに洋上補給部隊を編成し部隊の長期行動を可能とした。洋上補給部隊と合同した任務群は、各種の補給支援を受け、そののち作戦海域に復帰し、次の新たな任務群が補給を受けるのである。

スプルアンスが指揮する第五艦隊は、この高速空母機動部隊を先頭に立て、四三年の終わりから四四年のはじめにかけてギルバート諸島、マーシャル諸島を攻略するとともに、二月には日本海軍の南西太平洋における中核であるトラック島の艦隊基地を攻撃するとともにマリアナ侵攻に備えて、グアム、サイパン島を空襲した。マリアナ沖海戦における高速空母機動部隊である第五八機動部隊の兵力は、正規空母七隻、軽空母八隻、航空機九〇〇機、高速戦艦七隻、巡洋艦二一隻、駆逐艦六六隻で構成された。

上陸部隊としては、海兵隊および陸軍によって統合遠征部隊が編成された。統合遠征部隊は、巡洋艦、駆逐艦に護衛され、また上陸前に艦砲射撃を行うために七隻の戦艦、また、上陸部隊の近接航空支援用として七隻の護衛空母が含まれていた。さらに、第五艦隊と行動をともにした洋上補給部隊として、二〇隻余りの補給艦、これらの護衛用の駆逐艦多数と四隻の護衛空母が含まれた。護衛空母のうち二隻は、高速空母（正規空母と軽空母）に補給するための航空機を搭載し、残りの二隻には侵攻後に空港に陸揚げする陸軍機を搭載してあった。これらを合わせると第五八機動部隊は、自らの部隊を含め、高速空母一五隻、護衛空母一一隻を含む八〇〇隻以上の水上艦艇の先頭に立っていたこととなる。

四四年八月末に第五艦隊司令官がスプルアンスからウィリアム・ハルゼーに交代し、艦隊名は第三艦隊となる。第五八機動部隊の名称も第三八機動部隊に変更される。作戦部隊はそのままで司令部のみが交代する仕組みである。一〇月のレイテ上陸作戦時には第三八機動部隊の空母数は、正規空母八隻、軽空母八隻、作戦機は約一一〇〇機であった。さらに、二月に再度スプルアンスに指揮官が交代し、第五八機動部隊の名称に戻った高速空母機動部隊は、沖縄戦においては、高速空母一一隻、軽空母六隻、作戦機は約一二〇〇機を擁する巨大な兵力となっていた。

高速空母機動部隊は、アメリカ海軍の太平洋における戦闘において中心的な役割を担った。本部隊を支えたものは、大量の空母や航空機の生産を可能にしたアメリカの巨大な工業力であることは言うまでもない。加えて、航空機パイロットをはじめとした数多くの要因の教育訓練、アメリカ本土から遠く離れた作戦海域において部隊を運用するための前進基地と洋上補給部隊から構成される大規模なロジスティクスが不可欠であった。第二次世界大戦は、国家のあらゆる人的・物的資源を投入するという観点から総力戦であり、アメリカ海軍の高速空母機動部隊は、国家の総力に支えられた作戦を遂行したと言えよう。

4　戦後の空母運用

総力戦に勝利した空母は、戦後は一転して急速な削減に直面する。また、敵となる海軍が存在せず、かつ核兵器と戦略爆撃機が重視される戦略環境の中、海軍自体の存在意義までもが問われる状況となる。しかし、朝鮮戦争において空母の戦力投入兵力として有効性が立証され、戦後初めてとなる大型空母の建造が認められる。また、空母の前方展開による抑止など、アメリカの国家意思を象徴する手段として、外交の一部としての役割が重視される。技術的な観点からは、空母搭載機がジェット機へと変化したことへの対応が必要とされた。

❖新たな役割の模索

太平洋戦争を通じて海軍の主力艦は、戦艦から空母へと明確に変化した。しかし、戦争が終わると動員を解除し、軍隊の規模を大幅に削減することがアメリカの伝統である。太平洋戦争後のアメリカ海軍も例外ではなく、空母も大幅に削減された。

加えて、戦後の国際環境の中で、アメリカ海軍はさらに根本的な問題に直面する。それは、世界中から敵となる海軍がなくなったとき、そもそも海軍は必要かという切実な問いであった。日本海軍とドイツ海軍は消滅し、ソ連海軍はいまだ十分な海軍力を保有していない状況である。マハンの海軍増強の議論は、国際政治のプレイヤーが海軍を有する国家であることが一種の前提であったが、もはや敵となる海軍は存在しなかった。また、戦後の安全保障環境においては核兵器と戦略爆撃機があれば十分であるとの考え方が広まり、海軍の立場をより厳しいものとした。

そこで海軍は、核爆弾を搭載した爆撃機の空母における運用を計画する。空母の新たな役割としてアメリカの核戦略の一端を担うことを考えたのである。しかし、当時の核爆弾を搭載できる爆撃機は大型で、従来の空母の大きさでは発艦は可能でも着艦が困難であった。また、大型爆撃機のスペース確保のために他の航空機の運用に支障をきたすなどの問題もあった。海軍は、核爆弾を搭載した航空機の運用が十分可能な六万五〇〇〇トンの空母ユナイテッドステーツの建造を計画するが頓挫する。戦後新たに創設された空軍にとって、この空母は戦略的航空戦力の独占を脅かすものとして受け取られ、また、多くの政治家にとっては限定された予算の無駄遣いに思えたのである[20]。結局、ユナイテッドステーツは、起工からわずか五日で建造が中止される。アメリカ海軍は、終戦時、正規空母二八隻と護衛空母七一隻を合わせ約一〇〇隻の空母を保有していたが、それらは急速に予備役にまわされ、ユナイテッドステーツの建造が中止された一九四九年には正規空母一一隻、護衛空母七隻を保有するのみとなっていた。この年の八月、サリバン海軍長官はさらなる正規空母の削減を海軍に指示している。

このような空母を取り巻く環境は、朝鮮戦争の勃発によって大きく転換する。一九五〇年六月二五日に北朝鮮は攻撃を開始するが、早くも七月三日にはアメリカ海軍の空母バリーフォージとイギリス海軍のトライアンフを発艦した航空機が、北朝鮮の首都にある軍事施設の攻撃を開始する。朝鮮戦争を通じて、アメリカ海軍は、合計一一隻の空母を黄海と日本海に配置し、北朝鮮の地上施設を攻撃するとともに、地上部隊に対する各種支援を実施した。同年九月には仁川上陸作戦に空母二隻が参加するとともに、興南からの撤退作戦においては、一〇万人の国連軍兵士と一〇万人の民間人に加えて三〇万トンの物資を、空母七隻、輸送船八〇隻などによって輸送した。朝鮮戦争を通じてアメリカ海軍の空母は、限定戦争における新たな役割を示すことに成功した。核兵器が有効な武力行使の手段となり得ない限定戦争において、空母は通常戦力として有効であり、とりわけ空母の機動力と地上への戦力投入能力が必要とされた。

朝鮮戦争によって空母の有効性が改めて立証され、朝鮮戦争中の一九五一年一二月に議会は大型空母の建造を承認する。この空母は、建造が中止されたユナイテッドステーツを踏襲して設計・建造され、フォレスタルと命名される。言うまでもなく、最後の海軍長官として空軍と論争し、また最初の国防長官として軍の統合問題に巻き込まれた結果、辞任し自殺に追い込まれたジェームス・フォレスタルから採られたものである。

❖ジェット機への対応

フォレスタルは、戦後の空母の役割を考える上で大きな転換点であったが、技術の観点からも重要な空母であった。戦後にアメリカ海軍が直面した問題としてジェット機への対応がある。従来のプロペラ機に変わりジェット機が発達し、これを搭載する空母にも変化が求められた。空母の運用から見たジェット化の主要な問題点は次の二点である。第一に従来のプロペラ機と比較して航空機の着艦スピードが格段に大きい。プロペラ機では着艦時にはエンジンを停止していたが、ジェット機では姿勢を安定させるためエンジンパワーをオンにしたまま着艦する必要があった。第二にジェット機は、プロペラ機と比較して重量が大きく、かつ発艦時の加速が遅いため、プロペラ機よりも大きな力で甲板からカタパルト（射出機）によって押出す必要があった。

❖地中海方面への展開準備中のフォレスタル（1962年）（U.S. NAVY）

これらの問題点は、光学式着艦誘導装置、アングルドデッキ、そして蒸気式カタパルトによって解決される。着艦スピードの速いジェット機は、空母からの指示を待っていては姿勢制御が間に合わない。そのためパイロットは自ら、艦上に設置されたミラーに写し出された機体を見て着艦を行う。これが光学式着艦誘導装置で、のちに夜間や悪天候時にも対応できるようライトの見え具合で姿勢を修正する方式に改良されている。アングルドデッキは、航空機が着艦する甲板を船体の中心線から一〇度弱の角度を持たせて設置する方式である。この方法によって、フックがうまくかからず進入に失敗した場合でも、発艦準備中の航空機との衝突を防止するとともに、そのまま再度発艦し、着艦をやり直すことが可能となった。カタパルトについては、戦後アメリカ海軍は、油圧式や電気式のカタパルトの研究を行い、当初油圧式のカタパルトを採用したが、後に蒸気式カタパルトに変更した。

興味深いのは、これらのジェット機運用に不可欠な技術が、すべてイギリス海軍によって開発された点である。空母そのものは、イギリス海軍の発明であるが、ジェット化への対応もイギリス海軍の技術が基本となった。第二次世界大戦中からイギリス海軍では、護衛空母をはじめ多くのアメリカ製空母や艦載機が使用されており、当時から技術者の交流は頻繁に行われていた。ジェット化対応の技術がアメリカ海軍へ導入されるにあたっても、こうした技術者が重要な役割を果たしたと言われている。アメリカ海軍は、これらの新たな技術を本家であるイギリス海軍に先んじて新鋭のフォレスタル級空母に導入した。フォレスタルは五五年一〇月に就役し、ジェット化に対応した戦後の大型空母の原型となった。

イギリス海軍が発明した技術はジェット機への対応に不可欠な要素であったが、その運用法の完成には、長期間のノウハウの蓄積が必要であり、その間、多くの事故が生起し、貴重な人命が失われている。アメリカ海軍(及び海兵隊)は、艦隊に相当数のジェット機が導入された一九四九年から一九八八年の間に、おおよそ一万二〇〇〇機の航空機と八五〇〇人以上の人員を航空機に関連する事故において失っている[21]。この数字はジェット機のみではなくヘリコプターなど他の航空機の事故数も含むが、改めて空母における航空機運用の難しさを実感させられる数字である。

また、こうした問題の典型例としてF-8クルセイダーの例があげられる。F-8は一九五〇年代にボート社によって開発された超音速戦闘機であり、合計一二六一機が製造され、艦隊において使用が終了するまでに実に全体の八八％に相当する一一〇六機がなんらかの事故により失われている。今日、航空機の通常の事故率は、飛行時間一〇万時間に対して一または一件以下であり、航空事故は滅多に起こるものではない。しかし、一九五四年の段階では海軍と海兵隊における同時間に対する事故率は約五〇件であり、空母部隊における事故率はさらに高いものであった[22]。今日のアメリカ海軍空母の艦上作業は、約三〇〇〇人の空母固有の乗組員とほぼ同数の航空関係員による高度に洗練された共同作業であるが、これらは過去の犠牲を伴う多くの経験があって初めて可能となったものである。

❖戦力投入の重視

第二次世界大戦後の戦略環境において戦力投入を空母の主要な役割とすることは、海軍内部では朝鮮戦争以前から存在した考え方であった。合衆国艦隊司令長官であったアーネスト・キングは、一九四六年五月に議会で証言し、海軍の機能や能力は海上における目標や海外における補給ルートの維持に限定されてはならない。海軍の任務は、海洋から到達できる陸上における目標に対処することであると述べている[23]。また、一九四七年にチェスター・ニミッツは、制海とともに戦力投入は、歴史的に海軍が保有・行使してきた機能であると主張している[24]。先に述べたとおり、フリートプロブレム演習では、艦隊同士の決戦に加え、空母戦力を活用したパナマ運河やハワイに所在する基地などの陸上施設への攻撃が演習の初期段階から行われていた。太平洋戦争でも、アメリカ海軍は、まず日本海軍と制海権獲得のための戦闘を行い、その後、地上への戦力投入を実施している。制海の観点からはアメリカ海軍への脅威が存在しない状況で、海軍の役割として空母の機動性、柔軟性を有する戦力投入能力が重視されたことは自然な流れであった。

実際の戦闘をみても朝鮮戦争に引き続く、ベトナム戦争、湾岸戦争、イラク戦争、アフガン戦争などは、制海に対する脅威が極めて限定された状況であった。一連の戦闘に際して空母部隊は機動性、柔軟性を発揮し、戦力投入、つまり地上目標への攻撃や地上部隊に対する航空支援を実施している。

戦後の空母の役割として注目すべき点は、常続的な前方展開による紛争の抑止機能である。戦後初期の前方展開として、一九四六年三月チャーチルの「鉄のカーテン」演説のあと、四月に戦艦ミズーリがトルコのイスタンブールとギリシャのアテネに入港した。その後、四七年八月から一〇月にかけて空母ルーズベルトが地中海に派遣され、これが地中海における前方展開の始まりとなった。同年一二月には、地中海司令部が誕生し、一九五〇年二月には正式に第六艦隊として編成される。以後、空母は冷戦期の地中海における前方展開兵力の中核となる。また、ソ連極東海軍の増強を背景として、ベトナムで和平協定が調印された一九七三年に第七艦隊に所属する空母ミッドウェーの横須賀配備が決定される。一九九五年七月にはペルシャ湾とインド洋を管轄し、バーレーンに司令部を置く第五艦隊が第二次世界大戦以来はじめて再編された。このようなペルシャ湾や西太平洋への空母の前方展開は今日のアメリカ海軍の重要な任務である。

継続的な前方展開とともに、状況に応じた空母の派遣は、国際社会における不安定要因に対するアメリカの国家としての関与を示す道具として使用されてきた。空母は航行の自由の原則のもと、対象とする国家の領海の手前まで自由に近接が可能であり、また原子力推進と合わせて適切な補給を受けつつ、長期間に渡りプレゼンスを示すことが可能である。例えば、一九五八年の中共軍による金門島への攻撃に際しては、六隻の空母を含む空母機動部隊が台湾海峡に派遣されている。キューバ危機でも空母エセックスを中心とする部隊が現場に派遣されるとともに、空母エンタープライズ及びインディペンデンスを中心とする部隊が不測の事態に備えた。また、一九九六年の台湾海峡危機において空母ニミッツとインディペンデンスを含む部隊が派遣された事例は、空母による危機抑止の代表例と言える。平時におけるこうしたプレゼンスの維持は、外交を補完する空母の重要な役割として位置付けられ今後も継続するものと考えられる。

5　おわりに

これまで見てきたとおり、アメリカ海軍の約一世紀におよぶ空母の発展の歴史は決して平坦な道のりではなかった。当初、戦艦の目として弾着観測や敵艦隊の偵察を主任務とした空母は、その後、航空機の能力向上に合わせて船団の護衛、敵艦隊の攻撃に加え、地上の重要施設、敵基地の攻撃までも担うようになった。特に太平洋戦争では、これらの能力を発揮し、空母は戦艦に代わって海軍の主力艦としての地位を確立する。戦後は、核攻撃が可能な爆撃機の運用など新たな役割が模索されたが、朝鮮戦争における機動性と戦力投入能力の高さが空母の有効性の再認識をもたらした。

また、平時においては前方展開による紛争の抑止など、外交の一手段としての空母の役割が重視された。洋上から沿岸部への機動性のある戦力投入能力を誇示することによって、紛争を抑止し、望ましい秩序を維持することがアメリカ海軍における、空母の重要な役割とされたのである。戦後世界の海洋においては、現代の主力艦である空母を独占するアメリカ海軍によって秩序が維持され、結果として航行の自由が確保されたといっても過言ではない。航行の自由は、自由な貿易を行う上で必要不可欠である。その意味においてアメリカ海軍の空母は、パクス・アメリカーナの基盤を提供したと言えよう。

最後に、現在、アメリカ海軍のみが空母部隊を維持できている理由について考えてみたい。一九一八年にイギリス海軍が空母アーガスを就役させて以来、多くの海軍が空母を建造し運用を試みてきた。しかし第二次世界大戦にあたり実質的に空母部隊を創設し運用できた海軍は日英米の三カ国のみであり、戦後もソ連海軍を初めとして多くの海軍が空母を建造又は購入しているが、一定のレベルで運用に成功した海軍はアメリカを除いて存在しない。

その理由としては、まず船舶としての機能と航空基地としての機能を必要とする空母は、そもそも建造・維持が難しいことが考えられる。船舶としての設計に加え、それに適した航空機の製造、カタパルトなど関連する各種装備品の開発といった技術的問題も存在する。さらにはパイロットをはじめとする要員の教育、空母単艦としての運用、空母機動部隊としての運用、そのために必要な情報収集、多岐にわたる後方支援など、空母を中心に連携する一つのシステムとして機能するには、多くのノウハウの蓄積が必要である。そして、それらを支える海軍予算、国家としての産業力、経済力が不可欠である。

これらの技術的、財政的な要素に加え、アメリカ海軍には空母の発展に適した要素があると思われる。それは空母の発展を必要とするアメリカの地理的位置である。アメリカはその両岸を広大な海洋にはさまれており国家防衛のためには、海洋における安全を確保しなければならない。海洋において航空戦力を使用する場合、狭い海域であれば陸上から航空機を運用することが可能であるが、太平洋や大西洋のように広大な海域では高い機動力を有する空母が欠かせない。さらに、遠征軍としてのアメリカ軍の相手は、広大な海の向こう側に存在しており、そのため広範囲にわたる海上交通を確保・維持するとともに、海を越えて大陸の沿岸部を中心として戦力を投入することが必要となる。沿岸部への戦力投入に関しては、現代ではミサイルや空中給油機の支援を受けた長距離爆撃機などが存在するが、空母の有する機動性や柔軟性は他の兵力では代替が困難である。マハンは、シーパワーに影響を及ぼす条件の一つとして「地理的位置」をあげたが、この点はアメリカにおける空母の発展にも重要な影響を与えていると言えよう。

なお本稿の分析・叙述は著者個人の見解であり、著者の所属する組織・機関とは無関係であることをお断りする。

註

1—James L. Holloway, *Aircraft Carriers At War*, Naval Institute Press, 2007, P xi
2—Sandy Russel and the Staff of Naval Aviation News, *Naval Aviation 1911-1986*, The Deputy Chief of Naval Operations (Air Warfare) and the Commander, Naval Air System Command, 1986, P10.
3—塚本勝也「戦間期における海軍航空戦力の発展——山本五十六と軍事革新」『戦史研究年報第七号』防衛研究所、二〇〇四年、三六〜三七頁。
4—Norman Polmar, *Aircraft C arriers Vol.1 1909-1945*, Potmac Books, 2006, P43.
5—谷光太郎『米軍提督と太平洋戦争』学研、二〇〇〇年、三九四頁。
6—Scot MacDonald, *Evolution of Aircraft Carriers*, The office of the Chief of Naval Operations Department of the Navy, P30.
7—Ibid, P31-P32.
8—Ibid,P33.
9—Ibid,P35-P36.
10—Ibid, P36.
11—Russel F Weigley, *American Way of War*, Indiana University Press, 1973, P253.
12—Albert A. Nori, *To Train the Fleet for War, the U.S. Navy Fleet Problem*, 1923-1940, Naval War College Press, 2010, P231.
13—C・W・ニミッツ、E・Bポッター(実松譲、富永謙吾訳)『ニミッツの太平洋戦争史』恒文社、一九六二年、二四頁。
14—Geoffrey Tell, *SEAPOWER*, Routledge, 2009,P.125.
15—Norman Polmar, *Aircraft C arriers Vol1*, P266.
16—福井静夫『世界空母物語』光人社、二〇〇八年、一一二〜一一三頁。

17—Norman Polmar, *Aircraft C arriers Vol1*, P273.

18—Ibid, P272.

19—C・W・ニミッツ、E・Bポッター、前掲書、二〇九頁。

20—Dean C. Allard, *An Era of Transition 1945-1953*, In Peace and War, Interpretation of American Naval History, 1775-1984 A second edition edited by Kenneth J. Hagan, Greewood Press, P291.

21—Robert C. Rubel, *The U.S. NAVY's transition to jets*, Naval War College Review, Spring 2010, Vol,63,No.2, , P51.

22—Ibid,P51-52.

23—Norman Polmar, *Aircraft C arriers Vol.2 1946-2006*, Potmac Books, 2006, P2.

24—Chester W.Nimitz, *Who commands Sea – Commands Trade*, the Monthly NEWSLETTER, Mar 1948(www.history.navy.mil/library/special/employ_naval_forces.htm)、(二〇一二年一二月二一日最終アクセス)。

第9章 ペルシャ湾岸へのアメリカの関与、政策と海洋

三上陽一
Yoichi MIKAMI

1 はじめに

アメリカ海軍が「海洋から 二一世紀の海軍に備えて」と題する報告書を発表した一九九二年は、アメリカが自ら主導した多国籍軍が湾岸戦争で華々しい勝利を納めた翌年であった[1]。前章(八木論文)で検討したように、第二次大戦以降、とりわけパクス・アメリカーナとも呼ばれた時期には、大洋の制海権はアメリカ海軍によってほぼ独占的に維持され、本格的な海上戦闘が生起することは考えにくくなっていた。冷戦後に勃発した湾岸戦争でも、この前提に変化は生じなかった。だからこそ、この報告書でも、二一世紀のアメリカ海軍の任務として、沿岸地域における陸上作戦に対する海洋から兵力投射の重要性が指摘されたのである。

一九九一年の湾岸戦争において、アメリカ海軍の果たした役割が大きかったことに疑問の余地はない。例えば、独立して行動できる空母部隊は大きな機動性と攻撃力を遺憾なく発揮し、作戦の早い段階から活躍した。何より、装備、物資などのじつに九〇%以上が海を経由して輸送され[2]、海軍はここでも重要な役

割を果たしたのである。輸送任務はアメリカ輸送司令部（U.S. Transportation Command）が全体の指揮に当たり、その下に置かれた軍海上輸送司令部（Military Sealift Command）の指揮官は海軍中将がつとめた。にもかかわらず、湾岸戦争における海軍の役割は補助的なものに過ぎなかったという認識が、軍関係者のあいだに強いことも事実である。実際、湾岸戦争は当時中央軍の司令官であった陸軍のシュワルツコフ大将によって指揮されていた。一九八六年のゴールドウォーター・ニコラス法に基づき、中央軍の司令官として同大将は管轄内の陸軍部隊のみならず海軍、空軍、海兵隊の諸部隊も統合して指揮しており、例えば海軍作戦部長が作戦の指揮命令系の中枢に位置づけられることはなかった[3]。そのため空母インディペンデンスを中心とする戦闘グループも、ひとたび戦闘域内に入ればシュワルツコフ大将の指揮下に置かれることとなったのである。アラビア海を経てインド洋に繋がる戦略的海域として重視され、代々、海軍出身者が司令官を務める太平洋軍が管轄してきたオマーン湾とアデン湾も、このとき中央軍の管轄に移譲されている[4]。生粋の陸軍軍人であるシュワルツコフ大将が湾岸戦争を通して中央軍司令官の地位にあったことは、アメリカのこの地域への関与のあり方を考える上で象徴的な事実である。

アメリカが特定の地域に軍事的関与をおこなう場合、海軍兵力のみの行動には限界があり、なんらかの形で陸上の兵力が組み合わせられることがほとんどである[5]。本章では、ペルシャ湾岸地域に焦点をあて、第二次大戦以降のアメリカの地域関与のあり方を具体的に検討する。確かに第二次大戦以降のアメリカ海軍の実力は、他国の追従をゆるさない圧倒的なものではあったが、年代によってはペルシャ湾やインド洋でソ連海軍が脅威となりつつあると認識された時期もあった。必要に応じ、世界中に軍事力を展開できることがパクス・アメリカーナの前提だったが、その実像を、特定の地域に対するアメリカの関与を追跡することで浮き彫りにしようというのが本章の狙いである。

なお、本章で検討の対象とするペルシャ湾岸地域すなわち「湾岸」とはペルシャ湾とその沿岸地域を指す[6]。ペルシャ湾はアラビア半島とイランとに挟まれた海であり、ホルムズ海峡を経てオマーン湾、アラビア海、そしてインド洋に繋がっている。湾の北側にはイランがある。湾の北西ではチグリス川とユーフラテス川がアラブの大国であるイラクを通過し合流して流れ込んでいる。ペルシャ湾を挟んでイランと向かい合う形で六つのアラブの国々、すなわちサウジアラビア、クウェート、バーレーン、カタール、アラブ首長国連邦、オマーンが位置している。これら六カ国は、一九八一年に湾岸協力機構(GCC：Gulf Cooperation Council)を発足させている。

2　アメリカの関与のはじまり

そもそも湾岸は、第二次大戦前からイギリスの影響力が大きく及ぶ地域であった。イギリスにとって植民地インドへの連絡路を確保することは死活的重要性を持ち、ゆえに湾岸は戦略的意味を有したのである。第一次大戦期からはイギリス海軍が燃料を石炭から石油に切り替えたこともあり、湾岸の石油確保もまた重要な目的となっていく。そのためイギリスは湾岸における影響力の確保、維持に腐心した。ただし、イギリスは湾岸に大規模な常駐の陸上兵力は配置せず、また域内諸国の内政に直接関わることも避け、いわば低コストの関与による安定化戦略を進めていた。イギリスは域内の多くの国を保護国とし、それらを通じた地域バランスの維持によって地域秩序を安定させようとしていたのである。

アメリカが湾岸に関与し始めたのは第二次大戦中のことである。同盟国であったソ連に向けて物資を補給するルートとしてこの地域が利用されたのである。イギリス軍、ソ連軍とともに、アメリカもイランを中心とした地域に軍人三万人と文民三万人を展開し、補給任務にあたらせることになった。ソ連に供与された四〇万台以上のトラックの約四五%が湾岸を経由して輸送され、アメリカから供与された航空機などは現地で組み立てられてもいる[7]。アメリカは補給を確実にするためにイラン政府との関係強化に努め、イラン治安組織の育成なども行った。湾岸戦争を指揮したシュワルツコフ大将の父親は、当時、高級将校としてこの治安組織育成等の任務のためイランに派遣され大戦後も任務を続けた人物であり、シュワルツコフ自身、生粋の陸軍軍人である父と共にイランでの生活を経験している。

アメリカからイランまでの補給路は海であり、シーレーンの確保は当然問題となり得た。しかし、ペルシャ湾においてはドイツや日本の海軍が深刻な脅威を及ぼすことはなく、すくなくとも一九四四年秋までには商船の大半が護衛なく航海できるようになっていた[8]。湾岸へのイギリス海軍の展開もあり、アメリカ海軍の関与は限定的なものにとどまった。

ソ連とイギリスは第二次大戦後、共にイランから軍を撤退させることに合意していたが、ソ連がこれを守らず戦後もイラン北部地域にとどまったことから問題となった。ソ連のこの行動を冷戦の開始点と見る向きもある。このときはアメリカの支援を得つつ、誕生したばかりの国連に問題を持ち込むといったイラン政府の努力もあって、結局ソ連軍は撤退することになる。しかし冷戦が本格化し、アメリカの世界戦略が主として対ソ連戦略、いわゆる「封じ込め政策」として策定、実施されるようになると、湾岸政策も必然的に対ソ冷戦戦略の一環を形成してゆく。冷戦期を通じて、ソ連が石油の一大産出地域である湾岸をその勢力圏とすること、ソ連が外洋への連絡路を湾岸に確保すること、そしてソ連が湾岸から西側諸国への石油の流れに脅威を及ぼすことが、アメリカの懸念材料であった。

ソ連の浸透および影響力の増大阻止という観点からは、特にソ連陸軍の脅威が問題となった。ソ連陸軍がイランに侵攻した場合、これに対抗できる現地の陸上兵力は、イランはもちろん、イギリスやアメリカも有していなかった。イギリスの湾岸への関与は継続したが、限定されたものであり続けたのである。そのためアメリカは、イギリスと歩調を合わせつつ、トルコ、イラン、イラク等、北辺地域(The Northern Tier)の国々を強化する政策を採用した。それはトルーマンドクトリン(一九四七年)の発表等を経て、バグダッド条約機構の発足、そしてそれに代わる中央条約機構の形成といった形で具体化されていく[9]。これらは北辺地域諸国を強化すると同時に、北辺地域諸国間の好ましいバランスを形成し維持しようとする政策でもあった。ソ連の脅威に対抗するために必要な北辺地域諸国の強化は必然的に同地域の安定を高めることになり、また安定のためには北辺地域諸国間の好ましいバランスの形成、維持も必要であると考えられた。北辺地域諸国にはイランとイラクという湾岸の国々も含まれていた。こうして北辺地域諸国の強化、北辺地域諸国間の好ましいバランスの形成、維持を追求する政策は湾岸にも及んだのである。特にイランはその地理的な重要性もあり重視された。

西側への石油の安定供給確保という目標においてもソ連が意識された。石油の一大産出地域である湾岸から西側への石油の流れはペルシャ湾、アラビア海、そしてインド洋を経るシーレーンを通じてのものであった。当然ここでは海洋がより大きな意味を持った。しかし、湾岸と西側とを結ぶシーレーンにおけるソ連海軍の脅威は冷戦初期には大きなものではなかった。ソ連海軍は当時この地域に大規模な展開をできていなかったからである[10]。こうして、イギリスによる関与が限定的ながらも維持される中で、湾岸に向けられたアメリカの海洋における関与もきわめて限定的なものにとどまった。一九四九年八月一六日、基本的には三隻の艦船からなるアメリカ海軍部隊が「中東部隊(Middle East Force)」として設置されることになった。同部隊は、バーレーンを基地としてアメリカのプレゼンスを示すとともに、危機や有事には現場にあって大規模部隊の展開を助けることになろう。だが、「中東部隊」の主要な任務は、何よりも湾岸諸国との良好な関係の構築、維持であり、またインテリジェンス活動等にあった。

このように、冷戦初期においてアメリカは、陸上においては北辺地域を重視して湾岸国でもあるイラン、イラクを含む北辺地域諸国の強化と同地域諸国間のバランスの形成、維持に努めた。またアメリカは、イラン、イラク以外の湾岸諸国との関係においても、イギリスの関与を前提にしつつ、同諸国内の良好なバランスの形成、維持につとめた。アメリカ軍自体が大規模な形で直接関与することは避けながら、ソ連の浸透および影響力の増大阻止、西側への石油の安定供給確保を図ろうとしていたのである。

3　イギリスの「撤退」

ところが、イギリスの影響力が湾岸から徐々に失われていくことによって、アメリカの地域戦略は再検討を迫られるようになった。インドが第二次大戦後の一九四七年に独立すると、イギリスにとってインドへの連絡路としての湾岸の意味は消滅した。ただ石油の重要性はむしろ高まり、第二次大戦後もイギリスは湾岸における影響力を維持すべく努力した。しかし、一九五六年のスエズ動乱以降はイギリス帝国の解体は不可避の流れとなり、たびたび訪れたポンド危機によってイギリスの対外プレゼンスの維持は財政的にも不可能になっていった。こうして一九六八年一月、イギリス労働党政権は一九七一年末までにスエズ以東、すなわち湾岸を含む地域から「撤退」するとの方針を打ち出した。

すでに述べたようにイギリスは湾岸に大規模な常駐の陸上兵力を展開せず、平時のプレゼンスは限られたものであったが、有事の際に海軍部隊を含む兵力を派遣する備えを怠らなかった。ソ連海軍の展開が非常に限定的であったこともあって、このようなイギリスの湾岸におけるプレゼンスの意味は地域の小国にとってはことさら大きかった。域外にあって影響力を有していたイギリスは、これらの国々がイラン、イラク、サウジアラビアといった域内大国に対抗する上でも大きな意味を持ったのである。イギリスは域内諸国間のバランス形成とその維持に大きな役割を果たし、湾岸の安定に貢献していたのである[11]。湾岸諸国にとってイギリスの「撤退」発表は大きな衝撃となった。アブダビはイギリスの駐留経費全額を負担することを申し出てイギリスのプレゼンスを維持しようとしたし、地域の大国であるサウジアラビアでさえも経費負担を提案したくらいであった[12]。

アメリカにとっても、湾岸諸国間のバランス形成、維持を通じて安定に貢献していたイギリスの役割は特にソ連に対抗する観点から有益であった。したがってイギリスの「撤退」はアメリカにとっても衝撃となった。しかし一九六八年当時、アメリカはベトナム戦争の真っ直中にあり、イギリスの「撤退」によって生じる真空状況を自ら埋める余裕はなかった。

ニクソン政権は、一九六九年七月にグアムで、そして一九七〇年二月に外交教書において、「ニクソンドクトリン」と呼ばれることになる外交原則を発表した。「ニクソンドクトリン」は、ベトナム戦争による消耗を踏まえ、アメリカ自身の安全保障面での役割を相対的に縮小し、同盟諸国により大きな防衛負担を求めるものであった。そして、「ニクソンドクトリン」の原則を湾岸に適用する政策が「二本柱政策（twin pillars policy）」と呼ばれるものになっていく。すなわち「二本柱政策」は、イランとサウジアラビアという王政で親米の湾岸二大国を柱として、この二本柱が影響力を行使することによって湾岸諸国間のバランスを形成、維持させ、地域の安定を図ろうとするものであった。そこではイラン、サウジアラビア両国に対するアメリカからの軍事支援が大きな意味を持ち、アメリカからイラン、サウジアラビアへの軍事移転の額は、一九七〇年のそれぞれ一億三六〇〇万ドル、一五八〇〇万ドルから、一九七二年のそれぞれ五億五二七〇万ドル、三億一二四〇万ドルに急増した[13]。他方で、アメリカ自身の湾岸への直接的な関与は、既に存在していた海軍「中東部隊」の維持が改めて確認されるにとどまった[14]。

このように、イギリス「撤退」後のアメリカの湾岸政策となった「二本柱政策」は、アメリカの湾岸への直接関与を避けることに重点を置いていた。アメリカの湾岸政策は、引き続きソ連の脅威を強く意識しており、イランとサウジアラビアという域内大国を重視しつつも湾岸諸国間のバランスに気を配ったものであった。

4 「二本柱政策」の破綻とカータードクトリン

しかし、湾岸、さらには同地域を越えて中東全体の情勢を大きく変化させる劇的な展開が繰り返されたことで、「二本柱政策」は時を経ず破綻することになる。第一の展開は、一九七三年の第四次中東戦争、同戦争を受けてサウジアラビア等が発動した石油戦略、その結果として生じた石油危機として現れた。アラブ・イスラエル紛争という中東地域内の要因が、二本柱の一つとして期待されていたサウジアラビアの姿勢に変化をもたらしたのである。

それまでアラブ統一を唱えるエジプト、シリアといった急進的な国々と、保守的な王政で親米のサウジアラビアのような国々の関係は決して良好とはいえなかった。しかし、エジプトでサダト、シリアでアサドが、それぞれ指導的立場に就いて以来、両国とサウジアラビアの関係は改善されていた。各国の国内的思惑が絡む中、また各国国民のパレスチナ問題への関心が無視できないほど大きい状況の下、サウジアラビアをはじめとする湾岸アラブ諸国がアラブ・イスラエル紛争という文脈に沿って石油戦略を発動する環境は整っていたのである[15]。

石油危機はイギリス「撤退」後のアメリカに新たな現実を突きつけた。ソ連の浸透および影響力増大阻止と並ぶ重要な目標であった西側への石油の安定供給確保に脅威をもたらしたのは、ソ連ではなく、地域の二本柱の一方たるサウジアラビアに他ならなかった。

第二の展開は、一九七九年の革命の結果、親米のモハンマド・レザー・パフラヴィー政権が崩壊したことである。反体制勢力が全権を掌握し、イスラム共和国樹立が宣言された。しかも革命の混乱の中でテヘランのアメリカ大使館が占拠され、館員が人質にされる事件も発生し、アメリカはイランと関係改善の見通しを立てることすら事実上不可能となった。アメリカは最重要パートナーであったイランも失い、「二本柱政策」は完全に破綻してしまったのである。

さらに一九七九年、アメリカの湾岸への政策と関与に大きな変化をもたらす第三の展開が生じた。一二月にソ連軍がアフガニスタンに侵攻したのである。この侵攻以前から、海洋でのソ連の浸透、影響力増大の兆候は見られるようになっていた。一九六〇年代から一九七〇年代にかけて、ソ連はインド、イラク、南イエメン、ソマリア、エチオピアとの関係を強化しており、湾岸周辺におけるソ連海軍の活動も活発になっていた。そのような背景の下、しかもイラン親米政権が崩壊して混乱が広がる最中に、イランと国境を接するアフガニスタンにソ連が侵攻したのである。これは北辺地域を重視する政策において特に懸念されていたソ連陸軍による侵攻そのものであった。

域内諸国間のバランスが変化し、ソ連の軍事的な脅威が拡大する中で、アメリカは、ソ連の浸透および影響力増大阻止と西側への石油の安定供給という二つの目標を達成するため、新たな政策と関与が必要だと考えるに至った。アメリカの新方針は、まもなく「カータードクトリン」として定式化される。一九八〇年一月、カーター大統領は一般教書演説の冒頭から世界情勢に言及した。同大統領は、イランによるアメリカ大使館占拠事件を国際テロリズム、ソ連のアフガニスタン侵攻を軍事攻撃とした上で、これらがアメリカと世界のすべての国々に対する深刻な挑戦であると断罪した。石油危機にも言及したカーター大統領は続けて次のように述べた。

我々の立場を絶対的な形で明確にする。ペルシャ湾岸地域(the Persian Gulf region)のコントロールを得ようとするいかなる域外の武力による試みも、アメリカ合衆国にとって死活的重要性を持つ利害への攻撃と見なされることになり、そのような攻撃は軍事力を含む必要とされるいかなる手段をもってでも撃退されることになる。

「カータードクトリン」が意識しているのは「域外」すなわちソ連である。そして、「ペルシャ湾岸地域のコントロールを得ようとする」武力による試みは「軍事力を含む必要とされるいかなる手段をもってでも撃退される」とあるように、軍事力の行使が強く示唆されている。「二本柱政策」を転換した「カータードクトリン」は、アメリカが湾岸に直接関与する決意を強く示したのである。事実、カーター大統領は、「我々は、また、アメリカ軍を遠隔地域に緊急に展開する能力を向上させてもいる」とも述べている。ただし、あくまで「撃退」の舞台が「ペルシャ湾岸地域」とされていることは、アフガニスタンという陸においてソ連と直ちに直接対峙することを意味しない、とも解し得る。「カータードクトリン」の対象地域が、ペルシャ湾という海と、その沿岸に位置する湾岸諸国であったことには注意を払う必要があるだろう。

「カータードクトリン」を受け、一九八〇年には緊急展開軍(The Rapid Deployment Joint Task Force)が編成された。湾岸諸国の多くが国内事情等を理由にアメリカ軍の受け入れを躊躇する中、緊急展開軍の創設にあたっては、一般教書でも述べられたとおり、またその名称自身が示すように展開能力が強調された。現地に大規模な常駐の陸上兵力、装備、施設を有しないアメリカ軍は、航空輸送と共に、海上輸送に重点を置かざるを得なかった[16]。

5 「タンカー戦争」

ソ連のアフガニスタン侵攻後、アメリカが重視した地域は「カータードクトリン」が示したとおり湾岸であった。引き続き最重要目標はソ連の浸透、影響力増大の阻止にあったが、西側への石油の安定供給確保も引き続き重視された。そして、「カータードクトリン」においてアメリカは、第二次世界大戦後初めて、湾岸に直接関与する強い意思を示した。では、そのような直接関与がなされるとき、これまで一貫して維持されてきた湾岸域内諸国、つまり「域内」のバランスを重視する方針はどうなるのか。この問いへの回答はイラクイラン戦争が双方の精製施設等に対する攻撃を伴うようになり、さらには航行中のタンカーに対する攻撃へとエスカレートする中で、「タンカー戦争」においてで示された。

イラン革命とソ連のアフガニスタン侵攻の翌年である一九八〇年の九月、イラクがイランに侵攻しイランイラク戦争が勃発した。アメリカは、当初中立の立場をとっていたが、後にイランが優勢になったことも踏まえ、徐々にイラク支持、支援に傾いていったのである。これは湾岸域内諸国のバランスを重視する政策が継続された結果と理解できる。

イランイラク戦争は長期に及び、それにともなってイラン、イラク以外の国々の損害も増加した。そして一九八六年後半以降、クウェートはペルシャ湾内を航行する船舶に対する護衛をアメリカ、そしてソ連に要請するようになった。アメリカに対しては、アメリカの船舶以外にもアメリカ国旗を掲げこれを護衛するとの考え方が示された。アメリカは当初、躊躇したものの、この時期ソ連海軍の展開がさらに活発化していたこと、またソ連がクウェートのこのような要請に前向きの姿勢を見せたことなどを考慮し、一九八七年三月にクウェートの護衛要請を受け入れた。ソ連の浸透および影響力増大阻止という目標、そして西側への石油の安定供給確保という目標が、この決定に際しても意味を持ったとみることができよう。「タンカー戦争」によって、アメリカはペルシャ湾に大規模な海軍部隊を直接関与させることになった。繰り返し指摘するように「カータードクトリン」はソ連の脅威を強く意識したものであった。しかし、大規模な直接関与によってアメリカが湾岸で実際に対峙するのは「タンカー戦争」におけるイランとなった。「タンカー戦争」の渦中、アメリカ海軍艦船はイラク軍機のミサイル攻撃を受け、またイランによって敷設された機雷による損害も生じた。他方でアメリカ軍はイラン軍艦艇やイラン軍が使用する石油関連施設に対する攻撃を行っている。さらに米軍艦船がイランの民間航空機を撃墜する事件も起こった。

イランイラク戦争そのものは一九八七年八月には終結したが、アメリカが第二次大戦後初めて湾岸に大規模兵力による直接的関与をおこなったのは、「タンカー戦争」をもって嚆矢とする。このとき関与の主体となったのは海軍であった。「カータードクトリン」で明らかにされた強い決意は、言葉だけのものではなかったのである。他方、アメリカの湾岸政策が持つ、域内諸国間のバランスを重視するアプローチに変更はなかった。アメリカはイランと対峙したが、それはイラクがイランを撃滅すること望んだためではなく、どちらか一方が域内において圧倒的存在となることを避けたいと考えていたからであった。アメリカが「タンカー戦争」への関与を決める過程では、ソ連という要素が決定的な意味を持っており、実際の関与にあたっても域内諸国間のバランスの形成、維持は強く意識され、地域の安定が追求された。

6 湾岸戦争

一九八八年、ソ連は翌年初頭までにアフガニスタンから撤退することを発表した。これによって北辺地域を重視する政策において懸念されたソ連の陸上戦力の脅威が大きく減退した。アフガニスタン侵攻でソ連自身が大きく消耗したこともあり、冷戦はアメリカに唐突な勝利をもたらし終結した。第二次世界大戦後、一貫して維持されてきたアメリカの湾岸政策の目標であったソ連の浸透および影響力増大阻止は達成され、以降、政策目標としての意味を失うこととなったのである。

「カータードクトリン」でその決意が示され、「タンカー戦争」で具体的な形を取ったアメリカによる湾岸への直接関与は、冷戦後、すなわちソ連という脅威の消滅後どのように位置づけられることになるのだろうか。また、一貫して維持されてきた湾岸域内諸国間のバランス重視という湾岸政策上のアプローチはどうなるのか。これらに対する答えを示したのが湾岸戦争であった。

一九九〇年のイラクによるクウェート侵攻は、アメリカが冷戦後の世界戦略を真剣に模索していた時期と重なった。武力によって隣国を一挙に併合しようとする、あまりにも露骨な侵略行為は、冷戦後の「新世界秩序」を大きく損ないかねないと考えられた。石油の安定供給という面から見ても問題は大きかった。クウェート侵攻によってイラクは世界の石油埋蔵量の二〇%を支配するに至り、仮にイラクがサウジに侵攻するようなことになれば、その数字はじつに五〇%近くに達する。これはアメリカにとって看過できる事態ではなかった[17]。

そのため、この侵攻に対してアメリカは軍事力をもって断固たる対処をおこなった。サウジアラビアの同意を取り付けた上で、陸上部隊を含む大規模な兵力を湾岸に展開したのである。「タンカー戦争」や、第二次大戦中の同地域への関与と比較しても、大規模な陸上兵力（戦闘部隊）の展開が含まれる点で質的に異なっていた。湾岸戦争によって、アメリカの湾岸への関与はひとつのピークを迎えたと見ることができる。

同時に域内諸国間のバランス重視という従来のアメリカの政策アプローチが維持されることも明らかとなった。アメリカは域内大国であるイラクのサダム政権が軍事攻撃によって一気に崩壊することによって域内のパワーバランスが崩れることを避けた。また湾岸戦争の過程では国連の枠組みが重視され、サウジアラビアをはじめとする湾岸諸国のみならず、エジプト、シリアといったアラブ諸国も参加する広範な多国籍軍が組織された。湾岸戦争中には、イスラエルに対するイラクのミサイル攻撃によって状況の複雑化が懸念される局面もあったが、アメリカの強い働きかけによりイスラエルは反撃を自制した。「砂漠の嵐」作戦は、クウェート侵攻というイラクの侵略行為に対処し、域内諸国間のバランスを回復することが目的である、という名分が貫かれたのである。結果として戦闘は多国籍軍側の犠牲を相当おさえた形で終了し、イラク軍はクウェートより撤退し降伏した。アメリカは、サウジの防衛とクウェートの解放、およびイラク軍部隊の一定の破壊をもって目標を達成したとして、軍事的にイラクの体制変更を求めることはなかったのである。

7 「二重封じ込め政策」

イラクのサダム政権が湾岸戦争後も存続したことは周知の通りである。湾岸戦争で展開されたアメリカの兵力の大部分は現地を離れたが、新たな脅威に対し抑止力を示し、危機、有事に際しては即応できるようにするため、アメリカは湾岸に兵力の事前配備を進めた。そして、湾岸諸国の多くも自国へのアメリカ軍の事前配備を受け入れた。

アメリカ海軍はバーレーンを基地とする兵力を増強し、それは一九九五年に第五艦隊に格上げされる。しかし、質的な変化としてより注目すべきは、大規模で常駐の陸上の兵力、装備、施設等が配置、建設されるようになったことである。すなわち、カタールは一〇〇両以上の戦車を含む機械化旅団のための重装備を受け入れ、航空基地の建設を認めた。アラブ首長国連邦も事前配備を認め空港へのアクセスも認めた。イラクに侵略されたクウェートはもちろん、侵略の危機に直面したサウジアラビアも、アメリカによる陸上兵力の配置やアクセスを認めた[18]。

最高司令官として湾岸戦争を指導したジョージ・H・W・ブッシュ大統領を大統領選で破って発足したクリントン政権は、一九九三年から一九九四年にかけてアメリカの新たな湾岸政策を「二重封じ込め政策(Dual Containment Policy)」として定式化した。「二重封じ込め政策」を詳しく論じたレイク安全保障担当大統領補佐官の論文は、イラクとイランをキューバ、北朝鮮、リビアと並ぶ「跳ね返り諸国("backlash" states)」とした上、アメリカが「唯一の超大国(the sole superpower)」になったとの前提に立ってアメリカの政策を論じている[19]。そこでは、「ペルシャ湾岸地域における戦略基本原則は好ましいバランスオブパワーを作り出すこと」であり、それによって友邦諸国の安全を保障し、安定した価格で石油が自由に取引されるという観点からもアメリカの重要な国益が守られるとされた。

その一方で同論文は、過去の米国の政策はイランとイラク二国のうちの一方の国とのバランスをとるために他方の国に依存するアプローチを採用してきたが、このアプローチは破滅的であることが明らかになったとも主張する。それゆえ、これまでのアプローチに替わるものとして二重封じ込めを主張し、「イラクあるいはイランに依存することなく、域内の同盟諸国と共に、好ましいバランスを維持することを追求する」としたのだった。こういった野心的なアプローチが可能とされた理由として、もはや冷戦が終結しアメリカは唯一の超大国として圧倒的に優位にある一方で、イランイラク戦争と湾岸戦争によってイランとイラク両国の軍事力がそれぞれ弱体化したこと、さらにGCC諸国がアメリカとの間の安全保障や前方拠点に関する協定に前向きになったこと、また中東における全般的な傾向が好ましくエジプト、イスラエル、トルコ、サウジアラビアといった重要な国々とアメリカとの関係が強固なものになってきていることが指摘された。

「二重封じ込め政策」は、アメリカがそれまで一貫して維持してきた域内諸国間のバランス重視政策を大きく変更させたものである。確かに、レイク大統領補佐官の論文は、前述の通り「好ましいバランス」に言及している。しかし、同論文が言及したバランスは域内大国であるイラクとイランを言わば無視した形で形成されるものとされており、それまでのアメリカの域内諸国間のバランス重視政策におけるバランスとは異なった内容を持つものとなっている[20]。「湾岸において好ましいバランスを維持しアメリカの友邦諸国や国益を守るために、イラクあるいはイランのどちらかに依存する必要性はもはやない」のである[21]。このような変更が加えられた背景には、ソ連との冷戦に勝利したユーフォリア(陶酔感)があったと見ることはあながち間違いではないであろうし、レイク大統領補佐官の論文も認めるようにイランイラク戦争、湾岸戦争を経てイラン、イラクが共に弱体化しているという認識等があった。しかし、ここでは特に湾岸アラブ諸国(GCC諸国)内にアメリカの大規模で常駐の陸上の兵力、装備、施設が「前方拠点」として構築されたことが注目されよう。

8 陸か海か

陸軍兵力によるか、それとも海軍兵力によるかといった関与の様態が政策を決めるのではなく、政策が関与の様態を決めることは言うまでもない。しかし「二重封じ込め政策」の決定過程においてもそうだが、政策決定時点に選択肢として想定される関与の様態や、同様態に関する将来の見通し等も、政策決定自体に影響を与えると考えるべきであろう。であれば、関与を陸の視点から見るか海の視点から見るか、陸軍から見るか海軍から見るかは、政策決定にも重要な意味をもってきたと言えるだろう。

湾岸政策の決定にあたって、陸の視点から見るか海の視点から見るか、陸軍から見るか海軍から見るかは、例えば関与に際して陸軍、海軍それぞれが持つ能力や制約との観点から、政策決定に影響を与えてきたように見える。域外国が行動するためには現場への連絡路が確保されなければならず海軍の役割は重要である。しかし海軍のみでは最終的に現地をコントロールすることができない。他方、陸軍を域内にとどめるとの決定に際しては、域内各国の内政状況や地域情勢、そしてアメリカ自身のコストやリスクをより慎重に考慮しなければならないだろう。

さらには、陸軍と海軍という二つの組織間のライバル関係といったことも政策決定に少なからず影響を与えるかもしれない。そうでなくとも政策と関与の様態との間にはダイナミックな相互作用があり、陸軍と海軍という二つの巨大な組織も、そういった相互作用の中で自らの組織の任務や役割を不断に再定義しているのである。冒頭で紹介したアメリカ海軍の報告書も当時のワシントンの状況を踏まえたアメリカ海軍中枢の認識や問題意識を元に作成、発表されたものである。

同時に政策の内容が、組織や人事にも反映されるのは言うまでもない。たとえば湾岸も統括するアメリカ中央軍の歴代司令官の数は二〇一二年八月までに一一名に及んでいるが、そのうち海軍出身者は一人だけで他は陸軍あるいは海兵隊出身者である。唯一の海軍出身者であるファロン提督の任期は、二〇〇七年三月から二〇〇八年三月までの約一年間であった。彼が任命される直前の時期にあたる二〇〇六年から二〇〇七年にかけては、イラク戦争の状況が特に厳しく、イラク戦争に対する批判や政策変更を求める議論が強かった。ファロン提督の中央軍司令官への就任は、中央軍管轄地域における海軍の役割への認識や期待が高まった結果と考える海軍関係者の多くは喜んだであろうし、イラク政策に批判的であった者は陸軍、海兵隊が主体となって進められていたイラクでの作戦、ひいてはイラク政策の全般が変更されつつあると期待しただろう。

しかし、結局ファロン提督は比較的短期間でその職を外れることになった。それはある雑誌のインタビュー記事がブッシュ政権への批判を展開したものとして問題となったことと直接関係していると見られるが[22]、二〇〇七年初頭にいわゆる「増派」戦略が採用され、ペトレイアス将軍がイラク多国籍軍司令官に就任すると、同年後半以降イラクの状況は改善していたことと関係していると推測することもできよう。「増派」戦略を強く推進したペトレイアス・イラク多国籍軍司令官は、ワシントンの政策決定者の高い評価を受けたが、同将軍は陸軍出身であり、後には中央軍司令官の任につくことにもなるのである。

また湾岸戦争を指揮したシュワルツコフ中央軍司令官も、一九八八年の一一月の自らの就任に際しては、前例を無視して海軍が候補者を出した結果、必ずしも人事がスムーズに進まなかったと回顧している。それは一九八八年まで継続したイランイラク戦争の「タンカー戦争」において、アメリカの関与が海軍主導でおこなわれたことを踏まえ、海軍が中央軍司令官候補者を出すことにこだわったためであろう。

こうした人事の「前例」への変更は実際に生じてきたし、議論もされてきた[23]。中央軍司令官の場合、特にそれが陸軍(あるいは海兵隊)出身者か海軍出身者かということは、陸軍と海軍との間のライバル関係を示すにとどまらず、ワシントンの政策決定者の考え方や議論を、さらにはアメリカの湾岸への関与や政策そのものの方向性を示唆してもいるのである。

9 おわりに

以上見てきたように、アメリカは第二次世界大戦によって湾岸地域への関与を開始したが、イギリスが同地域にとどまる間はその関与のレベルは限定的なものであった。また、イギリスが「撤退」した後もアメリカは「二本柱政策」によって直接関与を避けることに務めた。しかし、石油危機、イラン革命、そしてソ連のアフガニスタン侵攻に直面したアメリカは「カータードクトリン」を発表して、直接関与の決意を示すことになった。この決意は「タンカー戦争」においてイランと対峙する大規模かつ直接的な関与へと繋がった。そして冷戦後、一九九一年の湾岸戦争においてアメリカは、一層大規模で直接的な関与を行った。海軍中心の「タンカー戦争」の時とは違い湾岸戦争は大きな陸上兵力をも伴うものとなり、アメリカの関与の一つのピークとなった。

このような関与の様態の変遷にもかかわらず、アメリカの政策は、一貫して域内諸国間の好ましいバランスが形成、維持されることを追求した。冷戦初頭に策定された北辺地域を重視する政策の対象にはイランとイラクというふたつの湾岸諸国が含まれていたが、同政策は域内諸国間のバランスを重視するものでもあった。一九七一年の「撤退」までイギリスが湾岸で果たしていていた役割をアメリカが歓迎していていたことも域内諸国間のバランス重視を示すものである。イギリス「撤退」後の「二本柱外交」においてもアメリカは、イランとサウジアラビアが影響力を行使することによって湾岸諸国間のバランスを形成、維持することを追求した。さらに衝撃の一九七九年を経て「カータードクトリン」で直接関与の決意が示され「タンカー戦争」で海軍が実際に直接関与した際にも、アメリカの湾岸政策が域内諸国間のバランスを重視しているとの点では変化は生じなかった。それは、ソ連の湾岸への浸透、影響力増大阻止、西側への石油の安定供給確保が目標と位置づけられる中で、湾岸の安定が追求された結果としてであった。冷戦後に発生し陸軍が中心的な役割を果たした湾岸戦争においてもこの域内諸国間のバランス重視という政策が変更されることはなかった。イラクのレジームチェンジが軍事的に追求されることはなかったのである。

このような地域バランスを重視する政策の背景には、湾岸にアメリカが大規模で常駐の陸上兵力を展開していなかったことも関係していたように見える。しかし冷戦後アメリカが「唯一の超大国」になり、湾岸戦争の結果地域諸国が米軍の陸上兵力の前方展開を受け入れるようになると、「二重封じ込め政策」によって、それまでの湾岸域内諸国間のバランスを重視する政策に変更が加えられた。この変化、すなわち関与の様態と政策の変化は、相まって、その後のアメリカの湾岸への関わり方全体に影響を及ぼしていくことになる。アメリカが特定の地域に関与する場合には、海軍力のみでは限界があり、なんらかの形で陸上兵力の組み合わせが求められる場合が多い。そして湾岸へのアメリカの関与の様態を見る限り、何らかの理由で大規模な常駐陸上兵力や装備、施設がない場合には、海軍の役割がより重視され、かつ域内諸国間のバランスを重視する政策がより強く意識されてきたように映るのである。

なお本稿の分析・叙述は著者個人の見解であり、著者の所属する組織・機関とは無関係であることをお断りする。

註

1—Department of the Navy, "...From the Sea: Preparing the Naval Service for the 21st Century", Department of the Navy, September 1992. なお、本稿で示された認識や意見等は筆者個人のものであり筆者が属する組織の認識や意見等を必ずしも反映するものではない。

2—Department of the Navy, *The United States Navy in "Desert Shield" "Desert Storm"*, Department of the Navy, 1991, p. vi and pp. 27-33. 海上輸送に関してはMarolda, Edward J. and Robert J. Schneller Jr., *Shield and Sword: The United States Navy and the Persian Gulf War*, Naval Institute Press, 2001, pp. 96-110. 等も参照。また、有事における民間船舶徴用にかかわるアメリカの海運政策、その政治的側面については第七章（待鳥論文）を参照。

3—後に触れる「タンカー戦争」においては、作戦全体が海軍を中心とするものであったこともあり、湾岸戦争とは異なる形で作戦が進められたように見える。

4—Marlda and Schneller Jr., *Shield and Sword*, pp.81-83.

5—以下、本章においては、特段の断りがない限り「関与」とは軍事的関与を指すこととする。

6—ペルシャ湾という呼称をめぐる議論やアメリカ政府内での扱いについては、Potter, Lawrence G., "Introduction" in Potter, Lawrence G. ed., *The Persian Gulf In History*, Palgrave Macmillan, 2009, pp. 15-16. 等を参照。

7—Macris, Jeffrey R., *The Politics and Security of the Gulf: Anglo-American Hegemony and the Shaping of a Region*, Routledge, 2010, pp. 44-46.

8—Ibid., p.42.

9—一九五四年四月のトルコとパキスタン間の合意を出発点とし、一九五五年二月にはイラクが加わりバグダッド条約機構の中枢が作り出された。一九五五年中には英、パキスタン、イランが加わり、バグダッドを本部とするＭＥＴＯ（Middle East Treaty Organization）となった。しかしイラクは一九五八年七月の革命を経て一九五九年三月に脱退し、バグダッド条約機構はイラン、トルコ、パキスタン、イギリス、そして準加盟国のアメリカからなる中央条約機構（ＣＥＮＴＯ：Central Treaty Organization）に改変された。一九七九年のイラン革命をもって中央条約機構は崩壊した。

10—インド洋に海底地形調査のためのソ連の海洋調査船が現れたのは一九五七年であり、ソ連の原子力潜水艦がインド洋で初めて確認されたのは一九六八年あったとされる。http://media.sais-jhu.edu/archive/podcast/gary-sick-united-states-persian-gulf-outlier-empire-part-i-four-part-series（二〇一二年七月二九日聴取）

11—「撤退」に向けてもイギリスは国境確定を含む湾岸諸国間の調整等において大きな役割を果たした。一九七一年にはバーレーン、カタール、アラブ首長国連邦が完全に独立し、現在にも続く湾岸システムが誕生した。

12—Gause, Gregory F., *The International Relations of the Persian Gulf* (New York: Cambridge University Press, 2010), pp. 18-19.

13—Ibid., p. 22.

14—一九七一年一二月、アメリカとバーレーンは議会による批准を必要としない行政取極を結んでいる。Macris, op. cit., p.178.

15—Gause, *The International Relations*, pp. 30-31.

16—Palmer, Michael A., *On Course to Desert Storm: The United States Navy and the Persian Gulf* (Honolulu: University Press of the Pacific, 1992), p. 105. 等。なお、アメリカは特にオマーンとの間で基地に関するアレンジメントを進めた。

17—Gause, *The International Relations*, p.103.

18—Ibid., pp. 127-128., また、Macris, *The Politics and Security*, pp. 221-36. 等を参照。

19—Lake, Anthony, "Debate: Confronting Backlash States" *Foreign Affairs*, March/April, 1994. なお、レイク大統領補佐官の論文の発表に先立つ一九九三年五月、ＮＳＣのインディック特別補佐官はワシントン近東政策研究所における講演で「二重封じ込め政策」について言及していた。

20—レイク大統領補佐官の論文が掲載されたフォーリン・アフェアーズ誌の同じ号に発表されたゴウズ教授の論文は、一九九三年のインディックＮＳＣ特別補佐官の講演を元に検討を加え、「二重封じ込め政策」は、論理的欠陥と実際面での一貫性のなさが入り乱れ、誤った地政学的前提に基づいている、と厳しく批判した。Gause, F. Gregory, Debate: The Illogic of Dual Containment, *Foreign Affairs*, March/April 1994. なおインディックは、後の二〇〇九年に出版した著書の中で、包括的なアラブ・イスラエル和平の達成がもたらすであろう地域のバランスの変化が「二重封じ込め政策」の前提として期待されていたと振り返っている。Indyk, Martin, *Innocent Abroad: An Intimate Account of American Peace Diplomacy in the Middle East*, Simon & Schuster, 2009, p. 43.

21―「二重封じ込め政策」は、「域内の同盟諸国と共々に」と述べるように、唯一の超大国となったアメリカがあたかも域内国としてバランス形成、維持に直接かかわることを念頭においていると読める。

22―"The Man Between War and Peace" *Esquire*, April 2008. このインタビュー記事においては、特に対イラン政策に焦点が当てられていた。

23―例えばhttp://ricks.foreignpolicy.com/posts/2012/02/29/army_shut_out_of_centcom_staff（二〇一二年三月一日最終アクセス）

アメリカ史のなかの海、そして海軍
——あとがきにかえて

阿川尚之
Naoyuki AGAWA

アメリカは若い国だとしばしば言われる。確かに建国以来二百数十年の歴史に過ぎない。それにもかかわらず、もしかするとそれゆえに、アメリカ国民は自らの歴史を常に意識し語る性癖がある。海軍の歴史についても同じだ。

たとえば日本に所在するアメリカ海軍基地に所属する主要艦艇を見よう。横須賀を母港とする航空母艦ジョージ・ワシントン（CVN‐73）の艦名は初代大統領から採っている。ワシントンは独立戦争のときの大陸海軍司令長官でもあり、海軍の父の一人である。

同じく横須賀のタイコンデロガ級ミサイル巡洋艦カウペンス（CG‐63）の名は、サウスカロライナ州にある独立戦争時の古戦場から採られたし、シャイロ（CG‐67）は、南北戦争の大きな節目となったミシシッピー川沿いの戦場の名前である。

一方、佐世保米海軍基地に二〇一二年四月配備されたワスプ級強襲揚陸艦の名前はボノム・リシャール（LHD−6）。独立戦争中、大陸海軍の指揮官ジョン・ポール・ジョーンズがイギリス海軍との戦いで武勲を立てたときに座乗した軍艦である。同基地にはやはり独立戦争の戦場から艦名を採ったドック型揚陸艦ジャーマンタウン（LSD−42）もいる。この艦は東日本大震災の際、救援活動に派遣された。

これらの艦名は、海軍の将兵だけでなく一般国民にも合衆国の歴史を思い起こさせ、海軍が建国以来果たした大きな役割を想起させる。著名な政治家や提督だけでなく、戦いで命を落とした勇敢な水兵などの名前も使うところが、民主国家アメリカらしい。国民の払う税金によって維持される海軍は、国民の理解なしに成り立たない。その意味でも艦名は重要である。

歴史にゆかりのある名前をつけた艦が、さらに新しい歴史をつくる。太平洋戦争初期、優勢な日本海軍の艦艇に対抗し奮戦した空母として、レキシントン（CV−2）、サラトガ（CV−3）、ヨークタウン（CV−5）があった。いずれも独立戦争の転換点となった由緒ある戦場の名である。レキシントンの戦いが珊瑚海海戦に、サラトガ、ヨークタウンの戦いがミッドウェー海戦に重なり、再び歴史をつむぐ。その営みこそがアメリカという国家の正統性と連続性を担保しているのだと、南北戦争の戦場を独立戦争の記憶に繋げたゲティスバーグでの短い演説でリンカーンが述べ、彼の言葉がまた歴史となった。ちなみにコーラル・シー（CV−43）、ミッドウェー（CV−41）、アブラハム・リンカーン（CVN−72）は、いずれも戦後活躍した空母の名として採用されたし、ゲティスバーグ（CG－64）もまたミサイル巡洋艦の名前になっている。

本書には建国以来現代に至るまでのアメリカと海の関わり合いの歴史をさまざまな角度から論じた九本の論考が収められている。多くが海軍を取り上げているが、共通の関心は海軍もふくめパクス・アメリカーナを可能にした海にある。

アメリカの歴史と海の関係は、切っても切れないものである。一七世紀初頭、イギリス人が大西洋を渡り、後のジェームズタウンやプリマスに上陸しなければ、一世紀半後のアメリカ合衆国誕生はなかった。アメリカ東海岸に自分たちの町や村を築いた初期のアメリカ人は、交易の機会を求め、あるいは鯨を追って再び世界中の海へ出た。アメリカを可能にしたのはまずもって大西洋という海であり、その海を渡るという決意であった。

ただし、上陸したイギリス人の眼前に広がっていたのは、どこまで続くのかさえ定かでない巨大な陸地である。土着のアメリカインディアンを除けば、人口のまばらなこの豊穣な大陸。実際、大西洋岸から一〇〇キロも内陸へ入れば、海のことなどすっかり忘れてしまう。

作家の開高健氏はベトナム戦争の取材中、敵の猛攻撃のさなか、弾が間断なく頭上を通り過ぎる塹壕のなかで言葉を交わした内陸州出身の若い兵士の言葉を紹介している。ベトナムへ来るとき初めて飛行機の上から海を見た。それはとてつもなく広くて大きかった。

「開高よ、あの水は本当に塩からいのか？」

海洋国家と大陸国家と両方の性質を有するアメリカ。その二重の性格が、時にアメリカを海に向かわせ、時にアメリカを陸に戻らせる。アメリカは海軍を必要とするのかという建国以来の論争も、つまるところこの二重性に由来する。

けれども山崎正和氏が喝破したように、人の営みで溢れるヨーロッパやアジアの陸地とは異なり、建国以来西へ向かうアメリカ人の行く手に立ちはだかった大陸もまた、人跡まばらで荒々しい自然が待ち受ける、ある意味で大きな海であった。鉄道の終点から、家財すべてを積みこんだ幌馬車に乗ってさらに西へ向かう開拓者たちは、プリマスの港を小さな船で出帆した少数の清教徒たちと変わらない。どちらも勇気ある船出をしたのである。そういえば『アメリカのデモクラシー』のなかでトクヴィルは、ミシガンの辺境に入植した開拓者の丸太小屋を、「樹海に取り残されて漂う文明の箱船」と形容している。

こうして大陸という大海を渡った彼らは、やがてもう一つの海、すなわち太平洋に出る。そしてさらにこの海を渡り、遙か彼方の岸に上陸した。太平洋の渡海は、大陸を渡る航海の続きであった。アメリカ史において大陸と海は決して別々ではなく、一体のものとして国家の精神を形作ったのである。これこそがパクス・アメリカーナの歴史の核心であろう。

ちなみに太平洋戦争という人類史上最大の海の戦いで日本海軍と戦った、ニミッツとバークという二人の提督（両者とも戦後は親日家として知られた）が、テキサスとコロラドという、どちらもアメリカ内陸の生まれ育ちであったことは興味深い。海を一度も見たことのない、厳しい西部の大自然にさらされて育った若者たちが、やがて志を立てて海軍に入り、太平洋で我が海軍を相手に縦横の活躍をした。なおチェスター・ニミッツは航空母艦（CVN‐68）、アーレー・バーク（DDG‐51）はイージス駆逐艦として、今も現役で活躍している。

一九九六年の正月に亡くなったバーク提督は、国葬に準ずる形で母校である海軍兵学校の墓地に葬られた。そのとき参会者に配られたプログラムの最後には、イギリスの桂冠詩人、ジョン・メースフィールドの「海への熱情」という詩が記載されていた。

「我再び、海に帰らん、寂寞たる海へ、空へ」

兵学校の墓地にある提督の墓には、名前の下に「セイラー」という一言がその生涯を説明する言葉として彫ってある。

海を往くアメリカ人も、陸を往くアメリカ人も、もしかすると皆がセイラーなのかもしれない。

マッケイ，ジョン（John W. Mackay）150, 160-161
マッケンジー，アレクサンダー（Alexander Mackenzie）043-044
マディソン，ジェームズ（James Madison）010, 014, 017, 025, 127
マハン，アルフレッド・セイヤー（Alfred Thayer Mahan）viii-ix, 025, 063-064, 068-070, 075, 079, 085-086, 092, 097, 124-126, 135, 138-139, 141-142, 145, 156, 219, 226
マリアット，フレデリック（Frederick Marryat）092
マルコーニ，グリエルモ（Guglielmo Marconi）152
ミッチェル，ビリー（William Lendrum Mitchell）205
メースフィールド，ジョン（John Edward Masefield）257
メルヴィル，ハーマン（Herman Melville）iv
モフェット，ウィリアム（William Adger Moffett）205
モルトケ，ヘルムート・カール・ベルンハルト・フォン（Helmuth Karl Bernhard von Moltke）071-072
モンロー，ジェームズ（James Monroe）127, 132

ヤ

ヤーネル，ハリー（Harry E. Yarnell）210
山崎正和　256
山梨勝之進　iii

ラ

ライト兄弟（Wilbur & Orville Wright）203
ラファイエット侯（Marquis de La Fayette）005
ランズダウン侯（第5代）（Henry Charles Keith Petty-FitzMaurice）132-133
リトル，ウィリアム（William Little）079
リリウオカラーニ女王（Lili'uokalani）100, 154-155
リンカーン，エイブラハム（Abraham Lincoln）055, 254
ルイ16世（Louis XVI）023
ルイス，メリウェザー（Meriwether Lewis）026
ルース，スティーヴン（Stephan B. Luce）viii-ix, 049, 062-064, 067-075, 077-084, 092, 124
レイク，アンソニー（William Anthony Kirsopp Lake）243-244, 250
レーガン，ロナルド（Ronald Wilson Reagan）177, 187, 193, 197
ロイター，ポール（Paul Reuter）152
ローズヴェルト，セオドア（Theodore Roosevelt）ix, 004, 007, 027, 052, 064, 068, 075, 082-083, 089-097, 099-109, 111-116, 135, 138-142, 161, 203
ローズヴェルト，フランクリン・デラノ（Franklin Delano Roosevelt）183
ロッジ，ヘンリー・カボット（Henry Cabot Lodge）093, 097
ロング，ジョン（John Davis Long）093-095

ワ

ワシントン，ジョージ（George Washington）004-005, 007-008, 023, 253

(Mohammad Rezā Shāh Pahlavi) 237
ハミルトン，アレクサンダー
(Alexander Hamilton) 003, 007-010, 014, 016-022, 025, 029-030, 042, 052
バヤード，トーマス (Thomas F. Bayard) 154
ハリソン，ベンジャミン (Benjamin Harrison) 124, 155
ハルゼー，ウィリアム
(William Frederick Halsey, Jr.) 035, 218
バルフォア，アーサー (Arthur James Balfour) 132
バロン，ジェームス (James Barron) 052-053
バンクーバー，ジョージ (George Vancouver) iv
バンクロフト，ジョージ (George Bancroft) 044, 047-049
ハンチントン，サミュエル
(Samuel Phillips Huntington) 065, 067
ピアス，フランクリン (Franklin Pierce) 097
ビスマルク，オットー・フォン
(Otto von Bismarck) 123, 128
ビン・ラディン，ウサマ (Usāma bin Lādin) 190
ファラガット，デーヴィッド
(David Glasgow Farragut) 055
ファロン，ウィリアム (William J. Fallon) 246
フィールド，サイラス (Cyrus Field) 150, 152, 154, 160
フィスク，ジョン (John Fiske) 075
フィッシャー、ジョン (John Arbuthnot Fisher) 135-136, 138
フィルモア，ミラード (Millard Fillmore) 097
フォレスタル，ジェームズ
(James Vincent Forrestal) 220
ブキャナン，フランクリン (Franklin Buchanan) vii, 047-049, 051-052, 055-056
フセイン，サダム (Saddam Hussein) 242
ブッシュ，ジョージ・W (子)
(George Walker Bush) 180, 190, 246
ブッシュ，ジョージ・H・W (父)
(George H. Walker Bush) 243
ブライアン，ウィリアム
(William Jennings Bryan) 095
ブラック，ジェレミー (Jeremy Black) 121
フランクリン，ベンジャミン
(Benjamin Franklin) 007
ブリス，タスカー (Tasker Bliss) 080
フルトン，ロバート (Robert Fulton) 045
フレッチャー，フランク (Frank Jack Fletcher) 213
ブレット，ジェイコブ (Jacob Brett) 151
ブレット，ジョン・ワトキンス
(John Watkins Brett) 151
ブロック兄弟 (James & Irvine Bulloch) 092
ヘイ，ジョン (John M. Hay) 098, 131, 133, 137, 142-143, 161
ヘヴィサイド，オリヴァー (Oliver Heaviside) 163
ペトレイアス，デイヴィッド
(David Howell Petraeus) 062, 246
ベネット，チャールズ (Charles G. Bennett) 159
ペリー，オリバー・ハザード
(Oliver Hazard Perry) 040
ペリー，マシュー・カルブレイス
(Matthew Calbraith Perry) iv, vi, 035, 045, 055, 097
ヘリング，ジョージ (George Herring) 138
ペンダー，ジョン (John Pender) 150, 152, 159-160
ポーク，ジェームズ (James Knox Polk) 044
ポーター，デーヴィッド (David Dixon Porter) 056-057, 074, 154
ポンスフォート，ジュリアン (Julian Pauncefote) 129, 133, 137, 142-143

マ

マーダー，アーサー (Arthur Marder) 135
マイケルソン，アルバート
(Albert Abraham Michelson) 062
マクレイ，ウィリアム (William Maclay) 025
マッキンリ，ウィリアム (William McKinley, Jr.) 093-096, 098, 100, 155, 160
マッケイ，クラレンス (Clarence Mackay) 150, 161

ジェファソン，トーマス（Thomas Jefferson）024-026
シムズ，ウィリアム（William Simms）204-205
シャーマン，ウィリアム（William Tecumseh Sherman）070
ジャクソン，アンドリュー（Andrew Jackson）039, 066, 096
シュワルツコフ，ハーバート・ノーマン（Herbert Norman Schwarzkopf, Jr.）230, 232, 246
ジョーンズ，ウェズリー　181
ジョーンズ，ジョン・ポール（John Paul Jones）006-007, 038, 046, 254
ショベネ　047
ジョンソン，リンドン（Lyndon Baines Johnson）185
スクリムザー，ジェームズ（James A. Scrymser）158-161
スクワイアー，ジョージ（George O. Squier）159
ストライブリング，コーネリアス（Cornelius Kinchiloe Stribling）053
スパルディング，ザファナイア（Zephaniah S. Spalding）158-161
スプルアンス，レイモンド（Raymond Ames Spruance）213, 217-218
スペンサー，ウィリアム（William Spencer）044
スペンサー，ジョン（John Spencer）044
スペンサー，フィリップ（Philip Spencer）043-044
ズムワルト，エルモ（Elmo Russell Zumwalt, Jr.）004
ソールズベリ侯（第3代）（Robert Arthur Talbot Gascoyne-Cecil）127-129, 131-133, 136

タ

ターナー，フレデリック（Fredrick J. Turner）097
高平小五郎　106, 114
タフト，ウィリアム（William Howard Taft）109, 115, 141, 161
チェンバレン，ジョゼフ（Joseph Chamberlain）120, 132
チャーチル，ウィンストン（Winston Churchill）119-120, 224
チャンドラー，ウィリアム（William Eaton Chandler）078
ディケーター，スティーヴン（Stephen Decatur, Jr.）040, 046, 052-053
鄭和（Zhèng Hé）xii
デューイ，ジョージ（George Dewey）095
デューイ，ジョン（John Dewey）072-073
デュランド，モーティマー（Mortimer Durand）136
東郷平八郎　100
トクヴィル，アレクシ・ド（Alexis de Tocqueville）256
ド・グラス，フランソワ（Marquis de Grasse Tilly）005
トレイシー，ベンジャミン（Benjamin Franklin Tracy）079, 124, 126
トンプソン，リチャード（Richard Wigginton Thompson）077

ナ

長岡外史　106
中濱万次郎　iv
ナポレオン（Napoléon Bonaparte）026
ニクソン，リチャード（Richard Milhous Nixon）186-187, 235
ニコライ2世（Nicholai II）105, 107
新渡戸稲造　114
ニミッツ，チェスター（Chester William Nimitz）035, 069, 223-224, 256-257
ネルソン，ホレーショ（Horatio Nelson）046

ハ

バー，アーロン（Aaron Burr, Jr.）009, 052
バーク，アーレイ（Arleigh Albert Burke）256-257
ハースト，ウィリアム（William Randolph Hearst）110
パフラヴィー，モハンマド・レザー

【主要人名索引】

ア

秋山真之 080
麻田貞雄 124
アダムズ，ジョン（John Adams）005-006, 025, 042, 045
アダムズ，ジョン・クィンシー（John Quincy Adams）042
アプシャー，エーベル（Abel Parker Upshur）044, 052
アプシャー，ジョージ（George Upshur）052-053
アプトン，エモリー（Emory Upton）070
アボット，ヘンリー（Henry Abbot）080
アン女王（Anne Stuart）016
イェーツ，ロバート（Robert Yates）014
ウィートストーン，チャールズ（Charles Wheatstone）151
ヴィクトリア女王（Victoria）121-122, 151, 155
ウィッテ，セルゲイ（Sergei Yul'jevich Witte）106
ウィルソン，ウッドロウ（Woodrow Wilson）iv, 115-116, 260
ヴィルヘルム2世（Wilhelm II）123, 128, 142
ウェイグリー，ラッセル（Russell F. Weigley）211
ウェルズ，ギデオン（Gideon Welles）055
ウォルシュ，パトリック（Patrick M. Walsh）061
エリー，ユージン・バートン（Eugene Burton Ely）203
オバマ，バラク・フセイン（Barack Hussein Obama, Jr.）089
オルドリッチ，ネルソン（Nelson Wilmarth Aldrich）078
オルニー，リチャード（Richard Olney）127-131

カ

カーター，ジミー（James Carter）036, 238-240
開高健 255-256
金子堅太郎 106
カピオラニ王妃（kapiolani）155
カラカウア王（David Kalākaua）154-155
キッシンジャー，ヘンリー（Henry Alfred Kissinger）201
キング，アーネスト（Ernest Joseph King）211, 223
クック，フレデリック（Frederick Albert Cook）iv
クック，W.F.（W. F. Cooke）151
グッドリッチ，キャスパー（Casper Goodrich）075
クラーク，ウィリアム（William Clark）026
クラーク，ジョージ（George Norman Clark）130
グラント，ユリシーズ（Ulysses S. Grant）057
クリーヴランド，グローヴァー（Grover Cleveland）097, 100, 127, 155-156
クリントン，ジョージ（George Clinton）014
クリントン，ビル（William Jefferson Clinton）062, 168, 177-178, 180, 188, 193, 243
グレイソン，ウィリアム（William Grayson）024, 026
クロムウェル，オリバー（Oliver Cromwell）093
ケネディ，J.F.（J. F. Kennedy）163, 183
ケネディ，ジョセフ・P.（Joseph P. Kennedy, Sr.）183
ケネディ・ポール（Paul Michael Kennedy）133
ケンドリック，ジョン（John Kendrick）iii
ゴア，アル（Al Gore）188
コーンウォリス，チャールズ（Charles Cornwallis）005
近衛文麿 115
小村寿太郎 105-106, 108

サ

斎藤実 140
ジェイ，ジョン（John Jay）014-016

	任期	国防長官	任期
		ロバート・ラヴット	1951/09/17–1953/01/20
	1953/01/21–1959/04/22	チャールズ・E・ウィルソン	1953/01/28–1957/10/08
	1959/04/22–1961/01/20	ニール・マッケロイ	1957/10/09–1959/12/01
		トーマス・ゲイツ	1959/12/02–1961/01/20
	1961/01/21–1969/01/20	ロバート・マクナマラ	1961/01/21–1968/02/29
		クラーク・クリフォード	1968/03/01–1969/01/20
	1969/01/22–1973/09/03	メルビン・ライアード	1969/01/22–1973/01/29
	1973/09/22–1977/01/20	エリオット・リチャードソン	1973/01/30–1973/05/24
		ジェームズ・シュレジンジャー	1973/07/02–1975/11/19
		ドナルド・ラムズフェルド	1975/11/20–1977/01/20
	1977/01/23–1980/04/28	ハロルド・ブラウン	1977/01/21–1981/01/20
	1980/05/08–1981/01/18		
	1981/01/22–1982/07/05	キャスパー・ワインバーガー	1981/01/21–1987/11/23
	1982/07/16–1989/01/20	フランク・カールッチ	1987/11/23–1989/01/20
	1989/01/25–1992/08/23	ディック・チェイニー	1989/03/21–1993/01/20
	1992/12/08–1993/01/20		
	1993/01/20–1997/01/17	レス・アスピン	1993/01/21–1994/02/03
	1997/01/23–2001/01/20	ウィリアム・ペリー	1994/02/03–1997/01/23
		ウィリアム・コーエン	1997/01/24–2001/01/20
	2001/01/20–2005/01/26	ドナルド・ラムズフェルド	2001/01/20–2006/12/18
	2005/01/26–2009/01/20	ロバート・ゲーツ	2006/12/18–2011/06/30
	2009/01/21–2013/02/01	レオン・パネッタ	2011/07/01–2013/02/27
	2013/02/01–	チャック・ヘーゲル	2013/02/27–

	アメリカ合衆国大統領	任期	国務長官
34	ドワイト・デービッド・アイゼンハワー	1953/01/20–1961/01/20	ジョン・ダレス
			クリスチャン・ハーター
35	ジョン・フィッツジェラルド・ケネディ	1961/01/20–1963/11/22	ディーン・ラスク
36	リンドン・ベインズ・ジョンソン	1963/11/22–1969/01/20	
37	リチャード・ミルハウス・ニクソン	1969/01/20–1974/08/09	ウィリアム・P・ロジャーズ
38	ジェラルド・ルドルフ・フォード	1974/08/09–1977/01/20	ヘンリー・キッシンジャー
39	ジェームズ・アール・カーター	1977/01/20–1981/01/20	サイラス・ヴァンス
			エドマンド・マスキー
40	ロナルド・ウィルソン・レーガン	1981/01/20–1989/01/20	アレクサンダー・ヘイグ
			ジョージ・シュルツ
41	ジョージ・ハルバート・ウォーカー・ブッシュ	1989/01/20–1993/01/20	ジェイムズ・ベイカー
			ローレンス・イーグルバーガー
42	ウィリアム・ジェファーソン・クリントン	1993/01/20–2001/01/20	ウォレン・クリストファー
			マデレーン・オルブライト
43	ジョージ・ウォーカー・ブッシュ	2001/01/20–2009/01/20	コリン・パウエル
			コンドリーザ・ライス
44	バラク・フセイン・オバマ・ジュニア	2009/01/20 –	ヒラリー・クリントン
			ジョン・ケリー

任期	海軍長官（閣僚）	任期
1877/03/12–1881/03/07	リチャード・トンプソン	1877/03/04–1880/12/20
	ネイサン・ゴフ	1881/01/07–1881/03/04
1881/03/07–1881/12/19	ウィリアム・ヘンリー・ハント	1881/03/07–1882/04/16
1881/12/19–1885/03/06	ウィリアム・イートン・チャンドラー	1882/04/16–1885/03/04
1885/03/07–1889/03/06	ウィリアム・コリンズ・ホイットニー	1885/03/07–1889/03/04
1889/03/07–1892/06/04	ベンジャミン・トレイシー	1889/03/06–1893/03/04
1892/06/29–1893/02/23		
1893/03/07–1895/05/28	ヒラリー・ハーバート	1893/03/07–1897/03/04
1895/06/10–1897/03/05		
1897/03/06–1898/04/27	ジョン・デイヴィス・ロング	1897/03/06–1902/04/30
1898/04/28–1898/09/16		
1898/09/30–1905/07/01	ウィリアム・ヘンリー・ムーディ	1902/05/01–1904/06/30
	ポール・モートン	1904/07/01–1905/06/30
1905/07/19–1909/01/27	チャールズ・ジョセフ・ボナパルト	1905/07/01–1906/12/16
	ヴィクター・メトカーフ	1906/12/17–1908/11/30
1909/01/27–1909/03/05	トルーマン・ニューベリ	1908/12/01–1909/03/04
1909/03/06–1909/03/06	ジョージ・フォン・レンガーク・マイヤー	1909/03/06–1913/03/04
1913/03/05–1915/06/09	ジョセファス・ダニエルズ	1913/03/05–1921/03/04
1915/06/24–1920/02/13		
1920/03/23–1921/03/04		
1921/03/05–1925/03/04	エドウィン・デンビ	1921/03/06–1924/03/10
	カーティス・ウィルバー	1924/03/19–1929/03/04
1925/03/05–1929/03/28		
1929/03/28–1933/03/04	チャールズ・フランシス・アダムズ	1929/03/05–1933/03/04
1933/03/04–1944/11/30	クロード・スワンソン	1933/03/04–1939/07/07
1944/12/01–1945/06/27	チャールズ・エジソン	1940/01/02–1940/06/24
	ウィリアム・フランクリン・ノックス	1940/07/11–1944/04/28
	ジェームズ・フォレスタル	1944/05/19–1947/09/17
1945/07/03–1947/01/21	**国防長官（新設）**	**任期**
1947/01/21–1949/01/20	ジェームズ・フォレスタル	1947/09/17–1949/03/28
1949/01/21–1953/01/20	ルイス・A・ジョンソン	1949/03/28–1950/09/19
	ジョージ・マーシャル	1950/09/21–1951/09/12

	アメリカ合衆国大統領	任期	国務長官
19	ラザフォード・バーチャード・ヘイズ	1877/03/04–1881/03/03	ウィリアム・エヴァーツ
20	ジェームズ・アブラム・ガーフィールド	1881/03/04–1881/09/19	ジェームズ・ブレイン
21	チェスター・アラン・アーサー	1881/09/19–1885/03/03	フレデリック・フリリングハイゼン
22	ステファン・グルーバー・クリーヴランド	1885/03/04–1889/03/03	トーマス・バヤード
23	ベンジャミン・ハリソン	1889/03/04–1893/03/03	ジェームズ・ブレイン
			ジョン・フォスター
24	ステファン・グルーバー・クリーヴランド	1893/03/04–1897/03/03	ウォルター・グレシャム
			リチャード・オルニー
25	ウィリアム・マッキンリ	1897/03/04–1901/09/14	ジョン・シャーマン
			ウィリアム・デイ
26	セオドア・ローズヴェルト	1901/09/14–1909/03/03	ジョン・ヘイ
			エリフ・ルート
			ロバート・ベイコン
27	ウィリアム・ハワード・タフト	1909/03/04–1913/03/03	フィランダー・ノックス
28	ウッドロウ・ウィルソン	1913/03/04–1921/03/03	ウィリアム・ブライアン
			ロバート・ランシング
			ベインブリッジ・コルビー
29	ウォレン・ガマリエル・ハーディング	1921/03/04–1923/08/02	チャールズ・ヒューズ
30	カルヴィン・ジョン・クーリッジ	1923/08/03–1929/03/03	
			フランク・ケロッグ
31	ハーバート・クラーク・フーヴァー	1929/03/04–1933/03/03	ヘンリー・スティムソン
32	フランクリン・デラーノ・ローズヴェルト	1933/03/04–1945/04/12	コーデル・ハル
			エドワード・ステティニアス
33	ハリー・シッペ・トルーマン	1945/04/12–1953/01/20	ジェームズ・バーンズ
			ジョージ・マーシャル
			ディーン・アチソン

任期	海軍長官（閣僚）	任期
1790/03/22–1793/12/31		
1794/01/02–1795/08/20		
1795/12/10–1800/05/12	ベンジャミン・ストッダート	1798/06/18–1801/03/31
1800/06/06–1801/02/04		
1801/05/02–1809/03/03	ロバート・スミス	1801/07/27–1809/03/04
1809/03/06–1811/04/01	ポール・ハミルトン	1809/05/15–1812/12/31
1811/04/06–1814/09/30	ウィリアム・ジョーンズ	1813/01/19–1914/12/01
	ベンジャミン・ウィリアムズ・クラウニンシールド	1815/01/16–1818/09/30
1815/02/28–1817/03/03	スミス・トンプソン	1819/01/01–1823/08/31
1817/09/22–1825/03/03	サミュエル・サウサード	1823/09/16–1829/03/04
1825/03/07–1829/03/03		
1829/03/28–1831/03/23	ジョン・ブランチ	1829/03/09–1831/05/12
1831/05/24–1833/05/29	レヴィ・ウッドベリー	1831/05/23–1834/06/30
1833/05/29–1834/06/30	マーロン・ディカーソン	1834/07/01–1838/06/30
1834/07/01–1841/03/03	ジェイムズ・ポールディング	1838/07/01–1841/03/04
1841/03/06–1843/05/08	ジョージ・ハジャー	1841/03/06–1841/09/11
	エーベル・アプシャー	1841/10/11–1843/07/23
1843/07/24–1844/02/28	デイヴィッド・ヘンショウ	1843/07/24–1844/02/18
1844/04/01–1845/03/10	トマス・ギルマー	1844/02/19–1844/02/28
	ジョン・ヤング・メーソン	1844/03/26–1845/03/04
1845/03/10–1849/03/07	ジョージ・バンクロフト	1845/03/11–1846/09/09
	ジョン・ヤング・メーソン	1846/09/10–1849/03/04
1849/03/08–1850/07/22	ウィリアム・プレストン	1849/03/08–1850/07/22
1850/07/23–1852/10/24	ウィリアム・アレクサンダー・グラハム	1850/08/02–1852/07/25
1852/11/06–1853/03/03	ジョン・ペンドルトン・ケネディ	1852/07/26–1853/03/04
1853/03/07–1857/03/06	ジェイムズ・ドビン	1853/03/08–1857/03/04
1857/03/06–1860/12/14	アイザック・トウシー	1857/03/07–1861/03/04
1860/12/17–1861/03/05		
1861/03/06–1869/03/04	ギデオン・ウェルズ	1861/03/07–1869/03/04
1869/03/05–1869/03/16		
1869/03/17–1877/03/12	アドルフ・ボリー	1869/03/09–1869/06/25
	ジョージ・ロブソン	1869/06/26–1877/03/04

資料【2】歴代アメリカ大統領/国務長官/海軍長官・国防長官一覧

	アメリカ合衆国大統領	任期	国務長官
1	ジョージ・ワシントン	1789/04/30–1797/03/03	トマス・ジェファーソン
			エドムンド・ランドルフ
2	ジョン・アダムズ	1797/03/04–1801/03/03	ティモシー・ピカリング
			ジョン・マーシャル
3	トマス・ジェファソン	1801/03/04–1809/03/03	ジェームズ・マディスン
4	ジェームズ・マディソン	1809/03/04–1817/03/03	ロバート・スミス
			ジェームズ・モンロー
5	ジェームズ・モンロー	1817/03/04–1825/03/03	ジェームズ・モンロー
			ジョン・クィンシー・アダムズ
6	ジョン・クィンシー・アダムズ	1825/03/04–1829/03/03	ヘンリー・クレイ
7	アンドリュー・ジャクソン	1829/03/04–1837/03/03	マーティン・ヴァン・ビューレン
			エドワード・リヴィングストン
			ルイス・マクレーン
8	マーティン・ヴァン・ビューレン	1837/03/04–1841/03/03	ジョン・フォーサイス
9	ウィリアム・ヘンリー・ハリソン	1841/03/04–1841/04/04	ダニエル・ウェブスター
10	ジョン・タイラー	1841/04/04–1845/03/03	
			エーベル・アプシャー
			ジョン・カルフーン
11	ジェームズ・ノックス・ポーク	1845/03/04–1849/03/03	ジェームズ・ブキャナン
12	ザカリー・テイラー	1849/03/05–1850/07/09	ジョン・クレイトン
13	ミラード・フィルモア	1850/07/09–1853/03/03	ダニエル・ウェブスター
			エドワード・エヴァレット
14	フランクリン・ピアース	1853/03/04–1857/03/03	ウィリアム・マーシー
15	ジェームズ・ブキャナン	1857/03/04–1861/03/03	ルイス・カス
			ジェレマイア・ブラック
16	アブラハム・リンカーン	1861/03/04–1865/04/15	ウィリアム・スワード
17	アンドリュー・ジョンソン	1865/04/15–1869/03/03	エリヒュー・ウォッシュボーン
18	ユリシーズ・シンプソン・グラント	1869/03/04–1877/03/03	ハミルトン・フィッシ

年	月日	出来事
	11.8	国連安保理、イラク大量破壊兵器査察決議採択
2003	2.24	米英西、国連安保理に対イラク武力行使を容認する決議案を提出
	4.9	バクダッド陥落
2004	4.2	日米地位協定の運用改善で合意
2005	10.12	在日米軍再編に関する審議官級協議開催
2007	1.11	ブッシュ、イラクの治安改善のために米軍増派を公表
	1.23	上院外交委員会、イラク駐留米軍増派に反対する超党派決議を可決
	2.16	下院、イラクへの米軍増派に反対する超党派決議可決
2009	1.20	オバマ大統領就任(44代)
2010	8.31	オバマ、イラクでの戦闘行動終了を宣言
	12.18	チュニジアでジャスミン革命、アラブの春起こる
2011	1.14	チュニジアで独裁政権崩壊
	2.11	エジプトで大規模デモ。ムバラク大統領辞任
	8.23	リビアのカダフィ政権崩壊
	12.18	米軍、イラクからの撤退完了
2012	7.6	オバマ、海上輸送法案に署名

年	月日	出来事
	3.24	リビア沖のシドラ湾で第6艦隊とリビア軍が交戦
	4.28	チェルノブイリ原発事故
	10.11-12	レーガン、ゴルバチョフとレイキャビク会談
1987	12.8	中距離核戦力全廃条約調印
1988	8.2	イランイラク戦争停戦発効
1989	1.20	ジョージ・H・W・ブッシュ大統領就任（41代）
	12.2-3	ブッシュ、ゴルバチョフとマルタ会談、冷戦終結宣言
	12.2	米軍、パナマ侵攻
1990	8.2	イラク、クウェートに侵攻
	8.6	イラク、クウェート併合宣言
	8.7	ブッシュ、サウジアラビア防衛のために米軍を派遣
	11.29	国連安保理、イラクへの軍事力行使を承認
1991	1.17	砂漠の嵐作戦開始、湾岸戦争開始
	2.24	砂漠の剣作戦開始、湾岸戦争地上戦開始
	2.27	クウェート解放
1992	1.28	ブッシュ、一般教書で冷戦の勝利を宣言し、国防予算削減を提唱
	2.1	ブッシュ、キャンプデーヴィッドでエリツィンと会談、公式に冷戦終結を宣言
1993	1.20	クリントン大統領就任（42代）
1994	6.3	パナマ運河から駐留米軍撤退
	10.9	イラクを抑止するためにペルシア湾岸地域に3万5000人の増派を発表
1996	4.12	日米、沖縄普天間基地返還について合意
	8.24	サウスカロライナ陸軍士官学校に4人の女性入学
1998	11.23	国防総省、新しい東アジア戦略報告発表
	12.16	国連査察の拒否を理由に米英、イラク空爆
1999	12.31	パナマ運河、正式に返還
2001	1.20	ジョージ・W・ブッシュ大統領就任（43代）
	9.11	同時多発テロ勃発
	9.2	ブッシュドクトリン発表
2002	6.6	ブッシュ、国家安全保障省新設を発表

年	月日	出来事
	7.5	在韓米軍6万4000人を2万人に削減することを韓国に通知
	8.22	ニクソン、ヴェトナムから15万人を撤退させることを表明
1971	6.17	沖縄返還協定調印
1972	2.21-27	ニクソン、訪中、毛沢東、周恩来と会談、米中共同声明発表
	8.13	米軍最後の戦闘部隊、ヴェトナムから撤退
1973	1.8	ヴェトナム和平交渉再開
	1.29	ニクソン、ヴェトナム戦争終結宣言
	3.29	南ヴェトナムから完全撤退
	10.6	第4次中東戦争勃発。第1次石油危機起こる
1974	2.7	パナマ運河をパナマ政府に委譲する原則宣言に調印
	8.9	フォード大統領就任（38代）
1975	4.23	フォード、対ヴェトナム戦争の終結宣言
	4.3	南ヴェトナム解放戦線、サイゴン突入、南ヴェトナム政府降伏
1976	1.28	上院、200海里専管水域法を採択
	6.27	サミット（先進7カ国首脳会議）開催
1977	1.20	カーター大統領就任（39代）
1978	4.18	新パナマ運河条約成立
1979	1.1	中華人民共和国と正式国交樹立
	1.7	米比、新基地協定調印、スービック米海軍基地返還
	1.16	イラン革命勃発
1980	1.23	カータードクトリン公表、ペルシャ湾岸地域への脅威を排除
	9.9	イランイラク戦争勃発
1981	1.20	レーガン大統領就任（40代）
1982	4.2	フォークランド紛争勃発
1983	2.16	レーガン、原子力空母「ニミッツ」をリビア沖に派遣
	3.23	レーガン、戦略防衛構想発表
	10.25	グレナダ侵攻
1984	2.7	ベイルート制圧した反政府勢力に対して第6艦隊参戦
1985	3.15	ゴルバチョフ、書記長就任
1986	1.3	米空母、リビア牽制のために地中海に出動

年	月日	出来事
1960	1.19	日米安全保障条約調印
	5.1	U-2偵察機、ソ連領内で撃墜される
1961	1.3	キューバと国交断絶
	1.20	ケネディ大統領就任（35代）
	2.1	最初の大陸間弾道ミサイル発射実験
1962	3.14	ジュネーヴ軍縮会議
	5.11	ケネディ、ラオス情勢に対処するために第7艦隊出動を命令
	10.22	ケネディ、キューバ海上封鎖。キューバ危機始まる
	10.28	フルシチョフ、ミサイル撤去を確約
	11.2	キューバ海上封鎖を解除
1963	6.21	仏大西洋艦隊、NATOから引き上げ、独自外交を推進
	11.22	ケネディ、テキサス州ダラスで暗殺される。リンドン・ジョンソン大統領就任（36代）
1964	1.9	パナマと国交断絶
	8.2	トンキン湾事件
1965	6.11	南ヴェトナムで軍事クーデター
	6.28	ジョンソン、南ヴェトナム派遣米軍を12万5000人に増員
1966	6.11	マクナマラ国防長官、南ヴェトナム派遣軍を25万8000人に増員すると発表
	6.29	ハノイ爆撃開始
	7.12	ジョンソン、アメリカを太平洋国家と規定、対アジア長期政策発表
1967	6.5	第3次中東戦争勃発
	6.26	米パナマ両国の運河に関する合意成立、パナマ、運河地帯の主権回復
1968	3.13	ジョンソン、ヴェトナムへの3万人増派と9万8000人の予備役召集を決定
	5.13	北ヴェトナムとパリでの和平会談開始
	10.31	ジョンソン、北爆の全面停止を表明
1969	1.20	ニクソン大統領就任（37代）
	7.8	ヴェトナムからの撤退開始
1970	6.22	日米安全保障条約自動延長

年	月日	出来事
1946	3.5	チャーチル、鉄のカーテン演説
	6.5	カーター、アナポリスの海軍士官学校卒業
	7.1	ビキニ環礁で原子爆弾実験
	12.19	第1次インドシナ戦争勃発
1947	7.26	国家安全保障法成立、国防省、中央情報局、国家安全保障会議設置
1949	4.4	北大西洋条約調印
	10.1	中華人民共和国成立
1950	4.7	国家安全保障会議、NSC68を提出
	6.25	朝鮮戦争勃発
	6.27	トルーマン、海空軍に韓国軍支援を指示
	7.1	地上部隊、朝鮮上陸
1951	1.3	国連軍、ソウルから撤退
	9.8	サンフランシスコ講和条約および日米安全保障条約調印
1952	4.28	対日平和条約と日米安全保障条約が発効し、日本独立
	11.1	最初の水爆実験に成功
1953	1.20	アイゼンハワー大統領就任(34代)
	7.27	朝鮮休戦協定調印
	10.1	米韓相互防衛条約調印
1954	1.12	ダレス国務長官、ニュールック政策発表
	3.8	日米相互防衛援助協定締結
	9.8	東南アジア集団防衛条約機構条約に調印
	12.2	台湾と相互防衛条約締結
1955	2.6	第7艦隊、台湾海峡で国民政府軍の大陳島撤退を援護
1956	10.29	第2次中東戦争開始
	11.8	イスラエル、停戦に合意、全軍停戦
1957	4.24	ヨルダン危機のために第6艦隊を派遣
1958	5.14	アイゼンハワー、地中海の第6艦隊を強化
	7.29	アメリカ航空宇宙局設立法制定
	8.4	原子力潜水艦「ノーチラス」、北極を潜航横断
1959	1.1	カストロ率いるキューバ革命派、バティスタ政権打倒

年	月日	出来事
1930	4.22	ロンドン海軍軍縮条約調印
1931	9.18	満州事変
	9.26	最初の空母起工
1933	3.4	フランクリン・ローズヴェルト大統領就任(32代)
	3.27	日本、国際連盟脱退
1938	9.1	第2次世界大戦勃発
	9.5	ローズヴェルト、中立を宣言
1940	1.26	日米通商航海条約失効
	7.2	海軍増強法成立
	9.27	日独伊3国同盟調印
1941	6.22	独ソ戦開始
	8.14	大西洋憲章発表
	12.7	真珠湾攻撃
	12.8	議会、対日宣戦布告を決定
	12.17	ローズヴェルト、太平洋艦隊指揮官にニミッツを指名
1942	2.28	ローズヴェルト、陸軍省再編のため大統領令発令
	3.12	ローズヴェルト、海軍省再編のため大統領令発令
1943	12.1	カイロ宣言発表
	12.17	ローズヴェルト、中国人移民排斥法を撤廃する法案に署名
1944	6.6	アイゼンハワー、ノルマンディー上陸作戦に成功
	6.15	日本本土への爆撃開始
	7.9	サイパン島陥落
	10.23-26	レイテ湾海戦で勝利
1945	2.4-11	ヤルタ会談
	4.1	米軍、沖縄本島に上陸
	4.12	ローズヴェルト死去。トルーマン大統領に就任(33代)
	7.16	原子爆弾実験に初成功
	7.26	ポツダム宣言
	8.14	日本、無条件降伏して第2次世界大戦終結
	9.2	日本、「ミズーリ」艦上で降伏文書調印

年	月日	出来事
1900	4.30	ハワイ、準州になる
1901	3.4	セオドア・ローズヴェルト、副大統領就任
	9.14	マッキンリ暗殺。セオドア・ローズヴェルト大統領就任（26代）
1902	12.14	太平洋海底電信敷設開始
1903	7.4	太平洋横断海底電線実用開始
1904	2.26	パナマ運河地帯を管轄下に
	5.9	パナマ運河建設開始
1908	10.18	グレートホワイトフリート日本寄港
1909	2.21	グレートホワイトフリート世界周遊完了
	3.4	タフト大統領就任（27代）
1912	3.4	ウッドロウ・ウィルソン大統領就任（28代）
1914	7.28	第1次世界大戦勃発
1917	2.3	独と国交断絶
	2.26	ウィルソン、両院合同会議で非常時大権と米商船の武装化の認可を求める
	3.18	米商船3隻が独潜水艦に撃沈される
	4.6	独に宣戦布告
1918	1.8	ウィルソン、「平和14ヶ条」演説
	7.18	ウィルソン、アメリカの海運業を政府が統制する法案に署名
	11.11	連合国と独、停戦に同意、第1次世界大戦終戦
1919	1.18	パリ講和会議開催
	6.28	国際連盟設立
1921	3.4	ハーディング大統領就任（29代）
	11.12	ワシントン軍縮会議開催
	12.13	日米英仏の4国条約調印
1922	2.6	ワシントン海軍軍縮条約と9国条約に調印
1923	8.2	クーリッジ大統領就任（30代）
1924	5.26	排日移民法（1924年移民法）成立
1927	6.20	ジュネーヴ海軍軍縮会議開催
1929	3.4	フーヴァー大統領就任（31代）

年	月日	出来事
1864	2.17	南軍の潜水艦「ハンレー」、北軍の砲艦を撃沈
	6.19	連邦海軍、南部連合の軍艦「アラバマ」を撃沈
1865	4.15	アンドリュー・ジョンソン大統領就任（17代）
1866	7.27	大西洋横断海底電線敷設工事、改良電線の敷設に成功
1867	3.30	アラスカ購入条約調印
1869	3.4	グラント大統領就任（18代）
	5.10	大陸横断鉄道開通
	11.17	スエズ運河開通
1877	3.4	ヘイズ大統領就任（19代）
1881	3.4	ガーフィールド大統領就任（20代）
	9.19	アーサー大統領就任（21代）
1882	8.5	議会、2隻の軍艦建造法案を可決
1883	3.3	アーサー、海軍再編予算法案に署名
1884	10.6	海軍大学校、ニューポートに創設
1885	2.28	アメリカ電話電信会社設立
	3.4	クリーヴランド大統領就任（22代）
1889	3.4	ハリソン大統領就任（23代）
1893	1.17	革命によりハワイ女王リリウオカラーニ退位
	3.4	クリーヴランド大統領就任（24代）
	3.9	クリーヴランド、ハワイ併合条約を撤回
1894	7.4	ハワイ共和国樹立
1897	3.4	マッキンリ大統領就任（25代）
1898	1.25	米艦「メイン」、自国民の身柄と財産保護のためハバナに寄港
	2.15	「メイン」爆沈事件
	3.9	議会、マッキンリの要請で海軍防衛に5000万ドルの予算を認める
	4.25	米西戦争勃発
	5.1	マニラ湾海戦で米海軍勝利
	6.13	セオドア・ローズヴェルト、ラフライダーを率いてキューバ出征
	8.12	米西、休戦協定に調印
1899	9.6	ジョン・ヘイ国務長官、第1次門戸開放通牒

年	月日	出来事
1825	3.4	ジョン・クインシー・アダムズ大統領就任(6代)
1829	3.4	ジャクソン大統領就任(7代)
1837	3.4	ヴァン・ビューレン大統領就任(8代)
1839	8.26	米艦「ワシントン」、奴隷貿易船「アミスタッド」を拿捕
1841	3.4	ハリソン大統領就任(9代)
	4.4	タイラー大統領就任(10代)
	6.27	捕鯨船「ジョン・ハウランド」、中濱万次郎らを救出
1844	4.12	テキサス併合条約調印
1845	3.4	ポーク大統領就任(11代)
	10.1	海軍兵学校開校
1846	5.13	メキシコに宣戦布告
	6.15	オレゴン協定によりイギリスとオレゴン分割
1848	2.2	メキシコと講和条約締結
1849	3.4	テイラー大統領就任(12代)
1850	4.27	蒸気船による大西洋横断定期航路開設
	7.9	フィルモア大統領就任(13代)
1851	11.14	メルヴィル『白鯨』刊行
1852	11.24	ペリー艦隊出航
1853	3.4	ピアス大統領就任(14代)
	7.8	ペリー、浦賀沖に到着
	7.14	ペリー、久里浜に上陸
1854	3.31	日米和親条約調印
1857	3.4	ブキャナン大統領就任(15代)
		この年、大西洋海底電信敷設工事開始
1858	8.5	大西洋海底電信完成
	8.16	ブキャナン、大西洋海底電信を使ってヴィクトリア女王と交信
1861	3.4	リンカーン大統領就任(16代)
	9.14	フロリダ州ペンサコーラ沖で南北戦争初の海戦
1863	1.1	奴隷解放宣言
	7.1-3	ゲティスバーグの戦い

資料【1】関連年表

年	月日	出来事
1776	7.4	議会、独立宣言採択
1783	9.3	パリ条約調印。独立戦争終結
1787	5.25	憲法制定会議開催(フィラディルフィア)
	10.27	「ザ・フェデラリスト」掲載開始
1789	4.30	ワシントン大統領就任(初代)
	7.27	外務省(現国務省)創設
	8.7	陸軍省創設
1794	3.11	議会、6隻のフリゲート艦の建造を認める
1797	3.4	ジョン・アダムズ大統領就任(2代)
	5.16	アダムズ、海軍増強を求める教書を議会に送付
	10.10	米艦「コンスティチューション」進水
1798	4.30	海軍省創設
	7.11	海兵隊創設
1801	3.4	ジェファソン大統領就任(3代)
1802	7.4	陸軍士官学校開校
1803	4.30	仏からルイジアナ購入
1804	7.11	ハミルトン、バーと決闘。翌日死去
1805	11.15	ルイスとクラークの探検隊が太平洋に到達
1807	6.22	米艦「チェサピーク」事件
	8.21	フルトンの蒸気船「クラーモント」、ハドソン川の往復航行に成功
1809	3.4	マディソン大統領就任(4代)
1812	1.27	下院、海軍の拡張を拒否
	6.19	英に宣戦布告、1812年戦争始まる
	12.26	英海軍、チェサピーク湾とデラウェア湾を封鎖
	12.29	米艦「コンスティチューション」、英艦「ジャバ」を破る
1815	2.17	マディソン、1812年戦争の終結を宣言
1817	3.4	モンロー大統領就任(5代)
1818	1.5	大西洋横断定期帆船航路開設
1820	3.22	ディケーター、バロンと決闘し、死亡
1823	12.2	モンロードクトリン発表

待鳥聡史（まちどり・さとし）第7章執筆

京都大学公共政策大学院・大学院法学研究科教授、博士（法学）
1971年福岡県生まれ。1993年京都大学法学部卒業。1996年京都大学大学院法学研究科博士後期課程退学。京都大学大学院法学研究科助教授などを経て2007年より現職。著書に『財政再建と民主主義』（有斐閣）、『〈代表〉と〈統治〉のアメリカ政治』（講談社選書メチエ）、『首相政治の制度分析』（千倉書房）など。

八木浩二（やぎ・こうじ）第8章執筆

海上自衛隊第15護衛隊司令、1等海佐
愛媛県生まれ。1991年防衛大学校卒業。海上自衛隊に入隊。
コロンビア大学国際公共政策大学院卒業（安全保障政策専攻）。
護衛艦ちくま艦長、海上幕僚監部装備体系課、統合幕僚監部運用第1課日米共同班長などを経て2013年より現職。

三上陽一（みかみ・よういち）第9章執筆

外務省中東アフリカ局中東第一課地域調整官
1964年京都府生まれ。1985年大阪市立大学法学部中退、同年外務省入省。在イスラエル大使館、在アメリカ合衆国大使館、外務省国際情報統括官組織などを経て2013年より現職。共著書に『イスラエルを知るための60章』（明石書店）、共訳書にマーク・M. ローエンタール著『インテリジェンス――機密から政策へ』（慶應義塾大学出版会）、ヘンリー・A. キッシンジャー著『外交』（日本経済新聞社）など。

簑原俊洋（みのはら・としひろ）第4章執筆

神戸大学大学院法学研究科教授、博士（政治学）
1971年生まれ。1992年カリフォルニア大学デイヴィス校卒業後、ユニオン・バンクに勤務。1998年神戸大学大学院法学研究科修了。神戸大学大学院法学研究科助教授などを経て2007年より現職。著書に『排日移民法と日米関係』（岩波書店）、『カリフォルニア州の排日運動と日米関係』（有斐閣）、*Tumultuous Decade: Empire, Society and Diplomacy in 1930s Japan*, University of Toronto Press, 2013（co-edited）など。

細谷雄一（ほそや・ゆういち）第5章執筆

慶應義塾大学法学部教授、博士（法学）
1971年千葉県生まれ。1994年立教大学法学部卒業。2000年慶應義塾大学大学院法学研究科博士課程修了。慶應義塾大学法学部専任講師・助教授などを経て2011年より現職。著書に『戦後国際秩序とイギリス外交』（創文社）、『外交による平和』『外交』（ともに有斐閣）、『倫理的な戦争』（慶應義塾大学出版会）、『国際秩序』（中公新書）など。

土屋大洋（つちや・もとひろ）第6章執筆

慶應義塾大学大学院政策・メディア研究科兼総合政策学部教授、博士（政策・メディア）
1994年慶應義塾大学法学部卒業。1999年慶應義塾大学大学院政策・メディア研究科後期博士課程修了。国際大学グローバル・コミュニケーション・センター主任研究員などを経て2011年より現職。著書に『情報による安全保障』（慶應義塾大学出版会）、『ネットワーク・パワー』（NTT出版）、『サイバー・テロ 日米vs.中国』（文春新書）など。

【執筆者略歴】

田所昌幸（たどころ・まさゆき）編者・序論、第2章執筆

慶應義塾大学法学部教授、法学博士
1956年大阪府生まれ。1979年京都大学法学部卒業。1981年同大学大学院法学研究科修士課程修了。1983年ロンドン・スクール・オブ・エコノミクス修了。1984年京都大学大学院法学研究科博士後期課程退学。防衛大学校教授などを経て2002年より現職。著書に『国連財政』（有斐閣）、『「アメリカ」を超えたドル』（中公叢書）、『国際政治経済学』（名古屋大学出版会）など。

阿川尚之（あがわ・なおゆき）編者・第1章、「あとがきにかえて」執筆

慶應義塾大学総合政策学部教授
1951年東京都生まれ。1977年米国ジョージタウン大学外交学部卒業。ソニー株式会社に入社。1984年米国ジョージタウン大学ロースクール卒業。日米の法律事務所などを経て1999年より現職。著書に『アメリカン・ロイヤーの誕生』『海の友情』（ともに中公新書）、『憲法で読むアメリカ史（上・下）』（PHP新書）など。

北川敬三（きたがわ・けいぞう）第3章執筆

在英国日本国大使館防衛駐在官、1等海佐
1968年山口県生まれ。1993年米国海軍兵学校卒業。海上自衛隊に入隊。護衛艦部隊勤務、海上自衛隊幹部候補生学校教官、第3護衛隊群司令部通信幕僚、国連兵力引き離し監視隊（UNDOF、シリア・ゴラン高原）司令部副広報幕僚などを経て、2007年防衛大学校総合安全保障研究科卒業（安全保障学修士）。海上幕僚監部防衛課、護衛艦まつゆき艦長などを経て2013年より現職。防衛大学校戦争史研究会の一員として『アメリカ社会と戦争の歴史——連邦防衛のために』（彩流社）を共訳。

海洋国家としてのアメリカ

パクス・アメリカーナへの道

二〇一三年一〇月一九日　初版第一刷発行

編者　田所昌幸・阿川尚之

発行者　千倉成示

発行所　株式会社 千倉書房
〒一〇四－〇〇三一　東京都中央区京橋二－四－一二
電話　〇三－三二七三－三九三一（代表）
http://www.chikura.co.jp/

造本装丁　米谷豪

印刷・製本　中央精版印刷株式会社

ISBN 978-4-8051-1013-3 C1031

叢書
21世紀の国際環境と日本

001
同盟の相剋
水本義彦 著
比類なき二国間関係と呼ばれた英米同盟は、なぜ戦後インドシナを巡って対立したのか。超大国との同盟が抱える試練とは。
❖A5判／本体 三八〇〇円＋税／978-4-8051-0936-6

002
武力行使の政治学
多湖淳 著
単独主義か、多角主義か。超大国アメリカの行動形態を左右するのは如何なる要素か。計量分析と事例研究から解き明かす。
❖A5判／本体 四二〇〇円＋税／978-4-8051-0937-3

003
首相政治の制度分析
待鳥聡史 著
選挙制度改革、官邸機能改革、政権交代を経て「日本政治」は如何に変貌したのか。二〇一二年度サントリー学芸賞受賞。
❖A5判／本体 三九〇〇円＋税／978-4-8051-0993-9

表示価格は二〇一三年一〇月現在

千倉書房